Klaus Willmann
Das Boot U 188

*Dieses Buch ist dem Andenken des am 6. Februar 2008
verstorbenen Anton Staller, Orgelbauer aus Grafing,
seinen Bootskameraden auf U 188 sowie allen
U-Boot-Fahrern seiner Zeit gewidmet.*

Klaus Willmann

Das Boot U 188

Der Bericht des Matrosen Anton Staller

Edition Förg

5. Auflage
© 2018 Edition Förg GmbH, Rosenheim

Das Titelfoto sowie alle Abbildungen im Bildteil stammen aus
Privatbesitz.
Die Urheberschaft der Fotos war nicht in jedem Fall zweifelsfrei
feststellbar. Sollten im Einzelfall unwissentlich Urheber- oder
Leistungsschutzrechte verletzt worden sein, bittet der Verlag,
dies zu entschuldigen. Er ist selbstverständlich bereit, eventuell
geltend gemachte zweifelsfrei rechtmäßige Ansprüche nach den
üblichen Honorarsätzen zu vergüten.

Lektorat: Dagmar Becker-Göthel, München
Satz: SF-Design GmbH, Stefan Felder, Rosenheim
Bildreproduktion: Stragenegg Scan, Kolbermoor
Druck und Bindung: GGP Media GmbH, Pößneck

ISBN 978-3-933708-90-8

Vorbemerkung

Als Angehöriger des Geburtsjahrgangs 1934, dem, wie dies unser Altbundeskanzler Kohl nannte, »die Gnade der späten Geburt« zuteil wurde, habe ich selbst den Krieg bis zum Einmarsch der Amerikaner nur zu Hause in einem Dorf im Bayerischen Wald bewusst miterlebt. Dies allerdings mit wachen Sinnen. Die fast unbeschreiblichen Ängste, Strapazen und Nöte der oftmals nur wenige Jahre älteren Kriegsteilnehmer kenne ich also nur aus ihren oft sehr beeindruckenden Erzählungen. Deshalb habe ich lange mit mir gerungen, ob ich es wagen kann, die Erlebnisse eines der wenigen heute noch lebenden U-Boot-Fahrer des Zweiten Weltkrieges so wiederzugeben, wie er sie mir aus der Sicht eines einfachen Besatzungsmitgliedes schilderte.

Erst als mir Toni die Kopie des Kriegstagebuches von Unterseeboot 188, kurz das KTB U 188, vorlegte, in dem die jeweils wachhabenden Offiziere und Kapitänleutnant – in der Soldatensprache kurz Kaleu – Lüdden alle wichtigen und ungewöhnlichen Ereignisse in knapper militärischer Sprache festgehalten haben, begann ich meine Bedenken zu überwinden. Dieses KTB geriet 1944 in die Hände der französischen Résistance und kam danach in den Besitz der Engländer. Diese haben die für sie aufschlussreichen Aufzeichnungen über die Bewegungen von U 188 auf See, alle durchgeführten Torpedoangriffe des Bootes, Versenkungen sowie auch die Orte und Zeitpunkte der Verfolgungen des deutschen U-Bootes durch ihre eigenen Seestreitkräfte ausgewertet. Erst Jahre nach dem Krieg gelangte dieses KTB nach Deutschland.

Es gibt heute nur noch wenige lebende Besatzungsmitglieder von U-Booten, die durch glückliche Umstände in einen deutschen Hafen zurückkehrten. Sie sind Zeitzeugen eines gnadenlosen Seekrieges. Einer von ihnen, Anton Staller, war von Anfang an als Matrose auf U 188.

Als er mir einen Besucher, Elektro-Maat Baumann, vorstellte, der mit ihm während dreier »Feindfahrten« auf U 188 zusammen war und Tonis Angaben bekräftigte, schwanden letzte Bedenken. Schließlich gab die Lektüre des Buches »Verlorene Ehre, verratene Treue« von Herbert Maeger den Ausschlag, die Erzählungen eines U-Boot-Fahrers in der Ich-Form wiederzugeben. Denn dabei gelangte ich zu der Überzeugung, dass man Lesern nur so nahebringen kann, wie junge Menschen im Dritten Reich missbraucht und in den Tod geschickt wurden.

Grafing, im Dezember 2007
Klaus Willmann

Schon seit Tagen umtoste uns die See. Unser Boot U 188 wurde wie ein Spielball durch die Wellen geschleudert und vermochte kaum noch Kurs zu halten. Hier im Nordatlantik sollten wir mit einigen anderen deutschen U-Booten zusammentreffen. Alle hatten Befehl, einen der von Kriegsschiffen stark bewachten Geleitzüge unserer Gegner anzugreifen, mit denen die Alliierten Kriegsmaterial aus den USA nach Europa beförderten.

Als Letzter kletterte ich, ausgerüstet mit meinem Öl- und Lederzeug, auf die Brücke, um die Brückenwache abzulösen. Das Heulen des Sturmes und das Tosen der graugrünen Wellen waren so laut, dass ich die Warnrufe der anderen kaum verstehen, sondern nur erraten konnte. Rasch befestigte ich den Karabinerhaken am Ende eines dünnen Stahlseiles in der Öse meines reißfesten Brustgurtes. Nun war ich fest mit dem brusthohen, unseren Turm umrahmenden Schanzkleid aus Stahl verbunden. Ohne diese Sicherung hätten uns die Brecher, die unablässig an unserem Boot zerrten und uns manchmal sogar überrollten, wie Strohhalme über Bord gespült.

So sehr sich U 188 auch gegen die aufgewühlte See stemmte – wir fühlten, dass wir kaum noch Fahrt machten. Und der Sturm wurde innerhalb der folgenden Stunde noch heftiger. Immer öfter vernahmen mein Nebenmann Rötters und ich die Warnrufe unseres Wachoffiziers Korn oder die von Steimer, die hinter uns durch ihre Gläser in Fahrtrichtung die See beobachteten: »Wahrschau!« Wir holten tief Luft, denn wir wussten, dass uns im nächsten Augenblick ein anrollender Brecher überspülen würde. Wir konnten beobachten, dass sich immer wieder schäumende, bis zu zehn Meter hohe Wellen auf uns zubewegten. Sie waren schneller als das Boot, begruben es von hinten, und jetzt musste jeweils einer von uns beiden laut und rechtzeitig warnen: »Wahrschau!« Die Beine wurden unter meinem Körper weggerissen. In der plötzlichen Dunkelheit wurden mir Sekunden zu Minuten, und meine klammen Hände in den durchnässten Handschuhen suchten krampfhaft nach dem Haltegriff des Schanzkleides. Dabei fühlte ich, wie das eiskalte Wasser in mein Ölzeug drang. Das zum Schutz gegen eindringendes Wasser um den Hals gewickelte Handtuch erwies sich als wirkungslos. Kein Faden an unseren Körpern blieb trocken.

Bei der Ablösung nach vier unendlich langen Stunden brannten unsere überanstrengten Augen, und wir taumelten – genau wie die Brückenwache vor uns – halb ertrunken und vor Kälte fast gefühllos hinab in die Zentrale. Durch das Turmluk, das Sprachrohr und auch den Dieselluftmast war ins Boot tonnenweise Wasser eingedrungen, das nun bedrohlich in der Bilge unter unseren Füßen schwappte. Die Lenzpumpen mussten pausenlos arbeiten, um es wieder hinauszubefördern.

Durch diese Wetterverhältnisse war Kaleu Lüdden gezwungen, sich zum Unterwassermarsch zu entschließen. Während wir tauchten, verwandelten sich die bisher heftigen Schlingerbewegungen des Bootes allmählich in sanftes Wiegen. Dabei stand ich im E-Raum (Elektroraum) und versuchte verzweifelt, mich aus meiner Schutzkleidung herauszuschälen. Einige Kameraden halfen mir schließlich und rieben mich mit Handtüchern trocken. Als ich bekleidet mit meinem blauen, dicken Rollkragenpullover, trockener Unterwäsche und Hose zusammen mit den anderen zur kleinen Kochstelle des Smuts eilte und dort einen großen Becher mit dampfendem Tee leerte, fühlte ich wohltuende Wärme meinen Körper durchströmen. Ich erholte mich rasch, und es überkam mich ein fast unwiderstehliches Schlafbedürfnis.

Zwischen dem Gewirr von Rohren dicht über meinem Kopf und dem Torpedo unter meiner Klappe (Liege) zwängte ich mich vom Längsflur aus in den schmalen Schlafplatz. Kurz bevor ich einschlief, stürmten Bilder und Erinnerungen aus nicht allzu fernen Tagen auf mich ein. Wie war es gekommen, dass ich jetzt hier in diesem U-Boot wie ein kleines Rädchen in einem Uhrwerk als Teil des Ganzen zu funktionieren hatte und dem Zeitgeschehen hilflos ausgeliefert war?

Am 9. September 1941, vierzehn Tage vor meinem achtzehnten Geburtstag, erhielt ich vom Wehrkreiskommando Rosenheim die Vorladung zur Musterung zugestellt. Es war ein kurzes Schreiben, auf dem selbstverständlich der Reichsadler mit dem Hakenkreuz prangte. Natürlich war auch ich wie alle meine gleichaltrigen Freunde und Bekannten in der Hitlerjugend gewesen, denn seit dem Jahr 1939 verpflichteten Durchführungsverordnungen zum Reichsjugendgesetz alle deutschen Jungen und Mädchen zur Mitgliedschaft in der HJ – der Hitlerjugend – oder beim Bund deutscher Mädchen. Es würde allerdings nicht der Wahrheit entsprechen, wenn ich heute behauptete, dass mir die Kameradschaft, das gemeinsame Singen an prasselnden Lagerfeuern oder die Wanderfahrten in Zeltlager, ganz einfach das Gefühl der Gemeinschaft keinen Spaß gemacht hätten. Jedoch sollte mir erst viel später bewusst werden, dass wir alle durch vormilitärische Geländespiele und Ähnliches zu unbedingtem Gehorsam erzogen wurden.

Während der kurzen Fahrt von Grafing nach Rosenheim – die Bahnstrecke von München nach Salzburg war damals schon elektrifiziert – dachte ich an die etwa dreihundert Arbeitsmänner beim RAD (Reichsarbeitsdienst), die ich schon oft beobachtet hatte, wenn sie auf der Wiese neben dem Urtelbach gleich hinter der Turnhalle in Grafing gedrillt wurden. Die Reichsarbeitsdienstler waren in drei großen, einfachen Baracken untergebracht, dort wo heute das Gymnasium steht. Natürlich war mir bekannt, dass die Arbeitsmänner nicht nur exerzierten, sondern hauptsächlich in unserem Umland Sumpfwiesen trockenlegten, einige Bäche begradigten und in anderen Lagern überall im Reichsgebiet nützliche Arbeiten verrichteten. An Arbeit war ich gewöhnt, denn auch ich arbeitete von früh bis spät, doch der Drill beim RAD wirkte abstoßend auf mich. Weder Gesänge wie »Es ist so schön Soldat zu sein« oder »Oh du schöner Westerwald« noch die schnurgeraden Marschkolonnen der braun Uniformierten oder ihre blank polierten Spaten konnten mich mit der von der Reichsführung gewünschten Begeisterung für diese staatliche Institution erfüllen. Ganz im Gegenteil; als mir der Altgeselle Lohhauser an meinem Arbeitsplatz, der Orgelbaufirma Siemann in München, nebenbei erzählte, dass sein Sohn sich freiwillig zur Kriegsmarine gemeldet hatte und deshalb nicht zum RAD musste, überlegte ich wochenlang mit wechselnden Ergebnissen, ob auch ich diesen Weg wählen sollte, um dem mir so unsympathischen RAD zu entgehen. Zudem sah ich in meinem erlernten Beruf als Orgelbauer damals wenig Zukunftschancen. So meldete ich mich freiwillig zur Kriegsmarine. Schon als Kind hatte ich von der Ferne geträumt, und Wasser hatte mich immer irgendwie angezogen. Außerdem gibt es, so dachte ich, auf einem Schiff keinen Kasernenhof, auf dem ich so gedrillt werden konnte wie diese bedauernswerten Reichsarbeitsdienstler. Solche und ähnliche Gedanken beschäftigten mich also, als ich im Zug nach Rosenheim saß.

In die klammheimliche Freude darüber, dem von mir so verabscheuten RAD entgangen zu sein, mischte sich jedoch auch ein bitterer Wermutstropfen: Von meinen gleichaltrigen Freunden und Bekannten fuhr keiner mit mir. Sie wurden alle in Wasserburg am Inn gemustert, wo das Heer seine Auswahl traf. Der größte Teil von ihnen würde wohl zu den Gebirgsjägern einberufen werden.

Das Gebäude, in dem sich das Wehrkreiskommando Rosenheim befand, war nicht weit von der Loretowiese, dem Volksfestplatz Rosenheims, entfernt. Dort stand ich eine Stunde später in einem geräumigen Untersuchungsraum zusammen mit zahlreichen jungen Männern nackt in einer Warteschlange. Es ging alles rasch vor sich. Einer nach dem anderen von uns wurde von einem Arzt flüchtig untersucht: Blutdruck messen, einige Kniebeugen, nochmals Blutdruck überprüfen, Herz und Lunge abhorchen, »Bücken!« (als ich dieser

Aufforderung Folge leistete, hätte ich liebend gern einen fahren lassen), »Mund auf!« und Ähnliches. Nach etwa zwei Stunden war die Musterung vorbei. Natürlich wurde ich kv. (kriegsverwendungsfähig) geschrieben. Da ich mich nicht nur kerngesund fühlte, sondern es auch war, hatte ich nichts anderes erwartet.

Zwei Tage später feierte ich in Grafing zusammen mit allen anderen des Jahrgangs 1923 unsere Musterung. Am 22. Juni 1941 hatte »der Führer« den Angriff auf die Sowjetunion befohlen, und das deutsche Heer stürmte siegreich und anscheinend unaufhaltsam nach Osten. Sondermeldungen im Rundfunk berichteten beinahe täglich vom Landgewinn in Russland, von vernichteten Divisionen der »kommunistischen Untermenschen«, die angeblich unser Land hatten überfallen wollen und denen der deutsche Angriff zuvorgekommen war. Deutsche U-Boote versenkten eine große Zahl »feindlicher Schiffe« und schienen auf See unschlagbar zu sein. Frankreich war besiegt und von deutschen Truppen besetzt. Die deutsche Luftwaffe flog gegen England. Wir frisch Gemusterten fühlten uns irgendwie auserkoren, denn bald schon sollten auch wir zu denjenigen gehören, die zum Sieg beitrugen.

Nicht nur bei uns in der Marktgemeinde Grafing bei München trafen schon seit Beginn des Polenfeldzuges immer wieder Todesnachrichten ein; doch was bedeutete dies schon für uns? Die Reichspropaganda verkündete immer wieder eindringlich, dass es für einen deutschen Mann eine Ehre sei, für Führer, Volk und Vaterland zu sterben und dass Deutschland seine gefallenen Helden niemals vergessen würde. Außerdem dachte wohl jeder von uns: Weshalb sollte es denn gerade mich treffen? Mir wird schon nichts passieren!

Mein Vater hatte schon am 22. Juni, als die Offensive gegen Russland begann, meine Euphorie sehr gedämpft. Es war Abend, Mutter und meine drei Schwestern hatten sich schon zur Nachtruhe begeben, und wir beide saßen allein in der Küche unserer kleinen Wohnung in der Griesstraße. Vater legte einen aufgeschlagenen Atlas vor mich auf den Tisch und erinnerte mich an Napoleons Russland-Feldzug. »Bub! Ich will dich nicht entmutigen, aber dieser Österreicher hat nichts dazugelernt. Erst veranlasst er mit seinem Polenfeldzug die Engländer dazu, sich mit uns anzulegen. Ausgerechnet die Engländer mit ihren vielen Beziehungen und Besitzungen rund um den Erdball. Und jetzt auch noch dieses große Russland!? Das kann niemals gut gehen.«

Als ich ihn betroffen anblickte, legte er mir seinen Arm um die Schulter und fügte hinzu: »Ich kann dir das sagen, weil ich weiß, dass du mich nicht bei den Nazis anzeigen wirst und mich die Gestapo deshalb nicht abholen wird. Ich weiß auch, dass du bald Soldat bist. Dein Ziel aber sollte einzig und allein darin bestehen, wieder gesund nach Hause zu kommen.« Leise fügte er hinzu: »Vielleicht holen sie mich altes Frontschwein des Ersten Weltkrieges am Ende ja auch wieder, wenn ihr ›Menschenmaterial‹ knapper wird.«

Es war früher Nachmittag, als ich am Treffpunkt unserer Musterungsfeier vor dem Bahnhofsgebäude von Grafing die Hände meiner gleichaltrigen Schulkameraden und Freunde schüttelte. Dabei lachte und scherzte ich so unbekümmert wie sie und ließ mich trotz meiner heimlichen Bedenken von ihrer Siegeszuversicht anstecken.

Fritz Meier trug eine kleine, auf einer Holzlatte befestigte weiße Kartontafel vor uns her, auf der mit großen Buchstaben »Jahrgang 1923« stand. So marschierten wir durch die Bahnhofstraße und drängten in die Gaststätte Grandauer am Marktplatz. Dort tranken wir das vom Wirt reichlich spendierte Freibier, und weil der Herbstabend sehr mild zu werden versprach, zogen wir bald darauf in den gegenüberliegenden Biergarten »Beim Wildbräu« um. Alle Feiernden wussten, dass sie zunächst beim RAD und anschließend bei den Gebirgsjägern oder anderen Waffengattungen der Wehrmacht ihren Dienst fürs Vaterland antreten mussten. Nur ich wartete auf meinen Einberufungsbefehl zur Kriegsmarine. Wir fühlten uns jedoch ausnahmslos als erwachsene Männer, wollten als solche ernst genommen werden und tranken auch hier im Biergarten unbeschwert das Freibier, das der Wirt und einige der Stammgäste auf unsere Tische stellten, die wir zu einer langen Tafel vor der Gaststätte zusammengeschoben hatten.

Nur ein sehr genauer Beobachter hätte unter uns laut lärmenden Zechern einige Gesichter entdecken können, die zurückhaltender und nachdenklich wirkten. Doch niemand wollte oder konnte im Abseits stehen, und so feierten alle lauthals mit.

Gegen 18 Uhr erklang lauter Gesang: »Es zittern die morschen Knochen der Welt vor dem großen Krieg. Wir haben den Schrecken gebrochen, für uns war's ein großer Sieg.« Ein Fähnlein der HJ marschierte über den Marktplatz. Julius Scheuer sprang von der Sitzbank auf und lief zu dem schmucken Steingeländer, das den etwas erhöhten Biergarten zum Marktplatz hin in kleinem Halbrund umfriedete. Lachend beugte er sich über das granitgraue Geländer, seine kräftige Stimme übertönte den Gesang: »Was wollt denn ihr lausigen Pimpfe!? Ihr könnt doch nicht einmal richtig marschieren!« Schon stand Schorsch Sauer neben ihm und rief: »Singen müsst ihr auch noch lernen!« Max Kreitmeier stellte sich lachend neben die beiden und lärmte: »Mit euch kleinen Brennesseldatschern können wir den Krieg natürlich nicht gewinnen! Das müssen wohl wir erledigen, damit sich von euch keiner wehtut!«

Wir anderen erhoben uns und konnten gerade noch sehen, wie sich im letzten Glied der HJ-Jungen einer von ihnen halb umwendete, seine Zunge weit herausstreckte, sich bückte und – ohne dabei den Gleichschritt zu verlieren – mit einer Hand auf sein Hinterteil deutete. Alles brüllte vor Lachen. Julius Scheuer hatte sich neben mich auf die Bank gestellt, um besser sehen zu können. Mit der einen Hand stützte er sich auf meine Schulter und wischte sich mit dem Handrücken der anderen die Lachtränen von den Wangen. »Dieses kleine Bürschlein scheint Humor zu haben«, stellte Konrad Trindl anerkennend fest.

Wohl auch vom vielen Alkohol beflügelt, war nun vollends die Angeberei ausgebrochen, und alle riefen durcheinander: »Bis diese kleinen Marschierer einmal so weit sein werden wie wir, haben wir doch dem Feind längst gezeigt, wo der Bartl den Most holt!«

»Klar, wir werden siegen! Ihr könnt dann die Siegesmeldungen anhören!«

»Der Führer hat doch gesagt, dass der Russlandfeldzug bald siegreich beendet sein wird!« Ich dachte an meinen Vater und zog es vor zu schweigen. Da hörte ich vom anderen Ende der langen Bank: »Wir wollen uns doch nicht drücken, wenn andere längst schon an vorderster Front kämpfen!« Hans Weber saß mir gegenüber und rief zurück: »Schorsch! Wenn du mir verraten kannst, wie man sich vor dem Barras drückt, dann zahle ich dir eine Mass Bier!«

Schallendes Gelächter übertönte sekundenlang alles andere, bis Max Kreitmeier ärgerlich feststellte: »So ein Blödsinn! Als ob einer von uns sich vor seiner Einberufung drücken könnte! Jeder weiß doch, was mit einem Drückeberger geschieht! So einer wird doch ohne viel Federlesens an die Wand gestellt und als ehrloser Volksverräter und Feigling erschossen!«

Nicht nur ich zuckte erschrocken zusammen, als ein mir unbekannter Mann von einem der Nachbartische laut kommentierte: »Genauso ist es! Und so soll es auch bleiben! Mein Sohn ist schon längst in Russland! Beeilt euch also und helft ihm beim Siegen!«

Nur wenige Sekunden herrschte betroffenes Schweigen an unserem Tisch, und Hans Weber beeilte sich zu sagen: »Sie sehen doch, dass wir auf dem Weg sind!« Julius Scheuer beendete die heikle Situation, indem er abwinkte: »Hans! Lass diesen alten Krauterer doch sagen, was er will! Der kann uns doch alle!« Wir wandten uns ab und unterhielten uns weiter, unsere jugendliche Sorglosigkeit gewann wieder die Oberhand. Später am Abend, kurz vor der Polizeistunde, bat uns der Wirt in die Gaststube: »Drinnen könnt ihr so lange feiern, wie ihr wollt. So jung kommt ihr alle nicht mehr zusammen, und die Ortspolizei wird wegen der Sperrstunde heute sicher für unsere künftigen Vaterlandsverteidiger ein Auge zudrücken.«

Nur wenige verabschiedeten sich. Auch ich blieb, und als wir sehr spät und auf etwas unsicheren Beinen auf den Marktplatz hinaustraten, konnten wir über den Dächern Grafings schon die heraufdämmernde Morgenröte erahnen.

Am Abend des 28. September 1941, fünf Tage nach meinem achtzehnten Geburtstag, betrat ich mit sehr gemischten Gefühlen das Gelände einer Kaserne der Kriegsmarine. Es war von einem hohen Maschendrahtzaun umgeben und lag auf offenem Gelände, nicht weit von der Stadt Buxtehude entfernt. Der erste Eindruck meines zukünftigen Aufenthaltsorts war mehr als ernüchternd. Die sauberen, grauen Baracken erinnerten mich unangenehm an die des RAD zu Hause, und als mir ein mürrischer Maat in der Schreibstube den Weg zu meiner Stube beschrieb, fühlte ich mich nicht nur wegen der langen Anreise mit der Bahn wie gerädert. Als zwölfter und letzter Ankömmling in meiner Bude bekam ich natürlich nur noch das Bett, das vom einzigen Fenster in dem muffigen Raum am weitesten entfernt stand.

Am nächsten Morgen ging es los: Die schrillende Pfeife eines Maates riss uns aus dem Schlaf. Nach dem Frühsport – bei dem wir nur unsere noch saubere Unterwäsche trugen – und einem nicht gerade als üppig zu bezeichnenden Frühstück in der Kantinenbaracke wurden wir zum Appell auf dem weiträumigen Kasernenhof befohlen. Wir waren etwa 300 angehende Rekruten, denen ein Oberbootsmann in beeindruckender Lautstärke befahl, in drei gleich starken Gruppen anzutreten, und zwar in einem zu ihm hin geöffneten Viereck. Jetzt machte sich die vormilitärische Ausbildung der

HJ bemerkbar, und nur einige Ausbilder, die von ihrer Wichtigkeit sehr überzeugt zu sein schienen, traten laut brüllend in Aktion, während sich die geforderten Dreierreihen verhältnismäßig rasch zu bilden begannen.

Ein tadellos uniformierter Oberleutnant zur See trat aus einer der Schreibstuben. Der Oberbootsmann ging ihm in strammer Haltung einige Schritte entgegen, grüßte und machte Meldung. Der Oberleutnant erklärte: »Sie werden nicht hier bei uns eingekleidet, sondern bei der für Sie zuständigen Ausbildungseinheit in Bergen op Zoom. In einigen Tagen geht ihr Transport nach Holland!« An dieser Stelle machte der Marineoffizier eine Kunstpause und blickte prüfend an unseren schnurgerade ausgerichteten Reihen entlang. »Bevor Sie uns hier wieder verlassen, müssen wir versuchen, aus Ihnen einigermaßen brauchbare Marinesoldaten zu machen! Der Führer erwartet von jedem unbedingten Gehorsam und vollen persönlichen Einsatz zur Verwirklichung unserer großen Ziele!«

In den folgenden Tagen fragte ich mich wieder und wieder, ob es richtig gewesen war, sich freiwillig zur Kriegsmarine zu melden. Wir wurden in Gruppen eingeteilt, und wildwütige Ausbilder der Kasernenstammmannschaft, Gefreite, Obergefreite, Maate, hetzten uns in unserer Zivilkleidung mit unbeschreiblicher Härte über den Kasernenhof: »Still gestanden!«

»Die Augen links!« Oder: »Volle Deckung!«

»Sprung auf! Marsch, marsch!« Jeden Abend waren wir damit beschäftigt, unsere zwangsläufig stark verschmutzten Anzüge zu reinigen und unsere verschwitzte Unterwäsche zu waschen. Dabei hofften wir, dass sie trotz der schon beginnenden feuchten Herbstkühle bis zum nächsten Morgen wieder trocken würde. Wir schliefen oftmals nackt, denn keiner von uns hatte damit gerechnet, so lange Zeit auf seine Privatkleidung angewiesen zu sein. Jeden Tag war Stubenkontrolle, und wehe dem Unglücksraben, dessen Bett nicht vorschriftsmäßig gebaut war oder in dessen Spind der Unteroffizier vom Dienst ein Stäubchen fand. Einige von uns fingen an, nachts laut zu träumen, und ich hoffte inständig, es möge in Holland besser für uns werden.

Endlich, erst sieben Tage später, begleiteten uns die Ausbilder in für die Kriegsmarine reservierten Eisenbahnwaggons nach Holland und übergaben uns am Bahnhof in Bergen op Zoom einigen feldgrau uniformierten Marinesoldaten. Wir wussten natürlich längst: Ab heute begann unsere Infanterieausbildung, die drei Monate lang dauern sollte.

Herbstlich milde Sonnenstrahlen übergossen die holländische Tiefebene mit warmem Licht, als wir, das kleine Köfferchen wie befohlen in der rechten Hand, laut singend an den Wachen vorbei durch das Kasernentor marschierten. Die gepflegten rotbraunen Klinkerbauten der ehemals niederländischen Kaserne strahlten auch im Inneren vor Sauberkeit. So hatte ich mir eine Kaserne der Kriegsmarine vorgestellt, und ich atmete wohl nicht als Einziger erleichtert auf, als ich mit elf anderen Rekruten in die uns zugewiesene Stube trat.

Schon am folgenden Morgen wurden unsere wohl etwas überzogenen Erwartungen im Keim erstickt. Die »Kammerbullen« bewiesen bei unserer Einkleidung Routine und ließen kaum einen von uns mit Einwänden wie »diese Stiefel sind mir zu groß – oder diese Drillichjacke ist für mich zu klein« zu Wort kommen.

Die Antworten lauteten fast durchwegs: »Tauschen Sie doch die Stiefel mit einem anderen, Sie Flasche!« Oder: »Die Jacke passt schon, Sie Muttersöhnchen. Ihr Bauch ist zu dick! Das wird sich aber bald ändern!« Nach kaum drei Stunden waren wir alle schon damit beschäftigt, unsere Spinde – noch etwas unbeholfen – nach Heeresdienstvorschrift einzuräumen. Ein Gefreiter des Stammpersonals lief durch den langen Flur, und als er die Tür unserer Stube aufstieß, brüllte er: »Zivilkleidung ist unverzüglich und in tadellosem Zustand in die mitgebrachten Koffer oder Kartons zu verpacken! Jedes Gepäckstück ist in gut leserlicher Schrift mit der jeweiligen Heimatanschrift zu versehen! Das geht aber zack, zack! Bis morgen kann sich keiner dazu Zeit lassen, auch wenn er schnell noch ein Brieflein an Mutter dazulegen möchte! Morgen werdet ihr auf unseren Führer Adolf Hitler, auf Volk und Vaterland vereidigt! Dann machen wir hier stramme Marinesoldaten aus euch verweichlichten Waschlappen!« Schon schlug der Gefreite die Tür wieder zu. Der Ostpreuße Heinz Lücker hatte seinen Spind neben meinem. Er blinzelte mir zu und murmelte leise: »Dieser kleine Angeber wird zwar irgendwann vor Wichtigkeit platzen, aber die Fische werden ihn kaum zu fressen bekommen. Diese Typen bleiben doch immer auf sicherem Land.« Schon in Buxtehude hatte ich mich hin und wieder darüber gewundert, wie offen und vertrauensvoll Heinz zu mir sprach, und auch ich erzählte ihm mehr als anderen.

Am nächsten Morgen waren wir mit unseren feldgrauen Uniformen, durchwegs blank polierten Stiefeln, den Knobelbechern, und Stahlhelmen in offenem Viereck zur Vereidigung angetreten. Schon am Nachmittag nach diesem feierlichen Treueschwur, den wir vor einem Korvettenkapitän, unserem Kompaniechef und einigen Marineoffizieren leisten mussten, entpuppten sich einige unserer Ausbilder als einfallsreiche Sadisten. Heinz Lücker und ich waren der gleichen Gruppe zugeteilt und schienen mit unserem Gruppenführer einen Glücksgriff getan zu haben. Bootsmann Maiwald schrie zwar genauso laut wie die anderen Ausbilder über den Kasernenhof, doch unter seiner rauen Schale glaubten wir schon am ersten Tag seinen gutmütigen, vielleicht sogar nachsichtigen Kern erkennen zu können. Wir schätzten, dass er etwa drei, vier Jahre älter als wir sein mochte. Das schwarze Verwundetenabzeichen, das Band des Eisernen Kreuzes auf seiner Brust und dazu sein leicht hinkender Gang verrieten uns, dass er schon im Einsatz gewesen sein musste, bevor er hier als Ausbilder gelandet war.

Doch auch unser Infanterie-Ausbilder hatte den Ausbildungsplan genau zu befolgen, denn Kapitänleutnant Wolters sah alles. Unseren unnachsichtig strengen Kompaniechef nannten wir schon nach wenigen Tagen den »Schrecken der Nordsee«, denn er hatte die unangenehme Angewohnheit, unvermutet bei irgendeiner der Gruppen zu erscheinen, dabei jeden Mann genau zu beobachten und hart durchzugreifen: »Wollen Sie nicht oder können Sie nicht? Nur keine Müdigkeit vortäuschen, sonst muss ich Sie persönlich so lange schleifen, bis Sie die Englein singen hören!«

Eines Tages hingen dunkle Herbstwolken über den Niederlanden, als wir den »Schrecken der Nordsee« wieder einmal auf dem Übungsgelände hinter den Kasernenblöcken umherstolzieren sahen. Ich ahnte

Schlimmes, als ich ihn direkt auf unsere Gruppe zukommen sah. Wir übten gerade das korrekte Vorbeigehen an Vorgesetzten in strammer Haltung. Kaleu Wolters war nur noch wenige Meter von uns entfernt, als er schrie: »Alles hört auf mein Kommando!«

Schon nach wenigen Minuten fühlte ich, wie mir der Schweiß von der Stirn lief und in meinen Augen brannte. Wir mussten nämlich in unseren grauen Drillichanzügen mit angelegten Gasmasken und vorgehaltenen Karabinern durch das feuchte Herbstgras robben. Das hieß, eng an die Erde geschmiegt sich so rasch wie möglich vorwärts zu bewegen. Durch den Filter der Gasmaske bekam ich kaum genügend Luft und hörte unseren Kompaniechef: »Das geht schneller! Einige von euch lahmen Enten glauben wohl, sie seien hier in einem Erholungsheim! Sprung auf! Marsch, marsch! Das Atmen auf Kriegsschiffen kann viel anstrengender sein als hier. Lernt also besser jetzt schon, sparsam zu atmen!« Heinz Lücker erzählte mir später, dass »dieser Arsch« ihn beim Robben mit dem Stiefel nach unten gedrückt und dabei halblaut gefragt habe: »Sie wollen sich wohl einen Heimatschuss einhandeln, weil Sie Ihr Hinterteil so zielgerecht darbieten?« Nach einer halben Ewigkeit entfernte sich der »Schrecken der Nordsee« endlich, nachdem er einige von uns mit verächtlichen Blicken bedacht hatte. Ich glaubte, dass seine stahlblauen Augen länger auf mir ruhten als auf meinen Kameraden.

»Gasmasken ab!« Die Stimme von Bootsmann Maiwald klang wie eine Erlösung. Heinz Lücker stand neben mir, als wir unsere Gasmasken von den Gesichtern zerrten. Wütend blickte er dem Offizier nach und raunte mir dabei halblaut ins Ohr: »Jetzt will er wohl die Gruppe Schmidt mit seinem Charme beglücken. Glaubt denn diese wandelnde Vogelscheuche, wir müssen demnächst in England landen, um dort mit unseren Knobelbechern und Karabinern nach London zu marschieren?«

Noch bevor ich antworten konnte, bemerkte ich Bootsmann Maiwald, der dicht hinter uns stand und leise feststellte: »Das möchte ich überhört haben, Lücker.« Laut wandte er sich an uns alle, die wir – immer noch schwer atmend – damit beschäftigt waren, unsere Gasmasken in den länglich-runden Blechbehältern zu verstauen. »Ihr könnt einen Halbkreis bilden und euch setzen.« Dieser hochwillkommenen Anordnung wollte ich gerade Folge leisten, als mich ein Wink Maiwalds zurückhielt: »Herr Kaleu Wolters scheint Sie besonders in sein Vaterherz geschlossen zu haben. Ich soll Sie fragen, ob Sie sein Aufklarer werden möchten.« Für alle anderen unhörbar fügte er leise hinzu: »Wehe Ihnen, wenn Sie es wagen sollten, dieses großzügige Angebot abzulehnen. Das würde für Sie hier künftig die Hölle auf Erden bedeuten.« Wieder laut fragte er: »Was kann ich Herrn Kaleu melden?«

In Sekundenschnelle wog ich die mir entstehenden Vor- und Nachteile gegeneinander ab, die mir durch die unmittelbare Nähe zum »Schrecken der Nordsee« entstehen würden. Dann stand ich stramm und meldete: »Diese Aufgabe übernehme ich gerne, Herr Bootsmann!«

Maiwald nickte mir kurz zu: »Dies und nichts anderes wird von Ihnen erwartet, Matrose Staller.«

Als am folgenden Tag meine Kameraden abends nach dem üblichen Kasernendrill damit beschäftigt waren, sämtliche Stuben, die Flure, die Duschen und auch die Toiletten aufzuklaren (reinigen), bevor der UvD kam, um sie zu inspizieren, musste ich mich bei Kaleu Wolters melden. Insgeheim fragte ich mich, ob ich etwa künftigen Strafmaßnahmen durch meine Tätigkeit als Aufklarer des Chefs entgehen könnte. Es war nämlich schon mehrmals sehr schlecht um unsere Nachtruhe bestellt gewesen, wenn der UvD in unserer Stube Staub- oder Schmutzreste in irgendwelchen Ritzen gefunden hatte und uns deshalb stundenlang über den Kasernenhof gejagt hatte.

Den Rat Maiwalds befolgend, ging ich nun mit blank gewienerten Knobelbechern, tadellos gereinigten Fingernägeln und sauberem Drillichanzug in den ersten Stock des Kasernenblocks und klopfte mit unguten Erwartungen an die Tür des Zimmers, hinter der unser allgewaltiger »Schrecken der Nordsee« wohnte.

Die Tür wurde schwungvoll geöffnet; ich stand stramm, grüßte vorschriftsmäßig und meldete mich zur Stelle. Zu meiner Überraschung benahm sich der Chef so freundlich zu mir, wie ich ihn niemals zuvor gesehen hatte. Er bat mich höflich in sein Zimmer, zeigte mir seine in einem großen Schrank hängenden Uniformen und die zu ihrer Pflege vorgesehenen Kleiderbürsten, seine Stiefel, die eleganten Schuhe der Ausgehuniform und seine sonstigen persönlichen Gegenstände, denen ich in den nächsten beiden Monaten meine Aufmerksamkeit zu schenken hatte. Von Maiwald wusste ich, dass der Chef besonderen Wert auf blankes Schuhwerk legte, und kannte auch schon einige Besonderheiten meines Vorgesetzten, die ich unbedingt beachten sollte.

24

Am Ende unserer infanteristischen Ausbildung in Holland war ich selbst überrascht, wie gut es mir gelungen war, den gestrengen »Schrecken der Nordsee« fast immer zufrieden zu stellen.

Einige Tage vor dem Weihnachtsfest des Jahres 1941 – dieser strenge Winter war auch in den Niederlanden ungewöhnlich kalt – wurden wir von einem Ärzteteam der Kriegsmarine sehr gründlich untersucht. Als einer der Letzten stand ich, nur mit meiner Unterhose bekleidet, in der mäßig beheizten Turnhalle der Kaserne vor dem Oberstabsarzt, der mir mit anerkennendem Kopfnicken einen Schein überreichte, auf dem ich als abschließende Bemerkung lesen konnte: »GFU«.

Vorschriftsmäßig stramm stehend fragte ich: »Bitte Herrn Oberstabsarzt fragen zu dürfen. Was bedeutet GFU?«

»Mann! Darauf können Sie stolz sein! Dieses Ergebnis steht nur bei sehr wenigen. Mit Ihrem seltsamen Beruf können Sie natürlich nicht in einem Maschinenraum oder an Elektromaschinen dienen. Aber für die seemännische Laufbahn auf einem U-Boot sind Sie gesundheitlich hervorragend geeignet. GFU bedeutet Geschützführer Unterseeboot!« Vor Schreck fiel mir nichts anderes ein: »Aber ich möchte doch über Wasser fahren. Dort unten bekomme ich ganz sicher Platzangst und gefährde dadurch andere. Ich halte mich für die U-Boot-Waffe für völlig ungeeignet.«

Die bisher zur Schau gestellte Freundlichkeit des Oberstabsarztes war wie weggeblasen: »Schweigen Sie!«, rief er laut und lenkte dadurch die Aufmerksamkeit aller Umstehenden auf uns. »Wo Sie für Führer, Volk und Vaterland eingesetzt werden, bestimmen nicht

Sie! Für irgendwelche Sonderwünsche ist die Kriegsmarine nicht zuständig. Wir alle haben unsere Pflicht dort zu erfüllen, wo wir hingestellt werden! Wegtreten!«

Schon am folgenden Morgen wurden wir am Bahnhof in Bergen op Zoom erneut in einige Eisenbahnwaggons gesetzt. Keiner von uns hatte von der holländischen Stadt viel zu sehen bekommen, denn wegen eines Falls von Scharlach in einem der Kasernenblöcke war wochenlang für alle Ausgangssperre angeordnet worden. Und als jetzt unsere Waggons angekoppelt wurden, herrschte Schneetreiben, das sich wie ein undurchdringlicher weißer Vorhang vor alle Fenster legte, sodass wir wieder nichts sahen.

Während der zögerlichen Fahrt in östlicher Richtung klarte es auf, und gegen Abend rief einer der Matrosen: »Wir überqueren die Ems! Jungs, wir sind fast schon wieder zu Hause!«

Bald danach hielten wir. Wir waren in Leer in Ostfriesland. Innerhalb kürzester Zeit waren alle auf dem Bahnhofsvorplatz angetreten und marschierten singend hinter den blau uniformierten Maaten zum Durchgangslager der Kriegsmarine. Es bestand aus einigen umzäunten unscheinbaren Baracken und lag auf freiem Feld außerhalb der Stadt. Nach dem Abendessen wurden wir wie immer auf die Stuben verteilt. Heinz Lücker lag neben mir, und jeder mutmaßte bis spät in die Nacht: Wann und wo würden wir nun wohl endlich für den Feindeinsatz auf Schiffen ausgebildet? Ich war der Stubenälteste und kassierte daher gegen Mitternacht von einem Gefreiten eine üble Rüge, denn auch unsere Stube hätte gefälligst die Nachtruhe einzuhalten: »Euer lautes Geschwafel ist überall zu hören! Schluss damit!«

26

Am Morgen stampfte ein Maat mit lauter Trillerpfeife durch den Barackenflur und rief: »Jungs! Seid froh darüber, dass ihr hier bei uns so friedlich schlummern konntet. Unsere Landser holen sich zurzeit in Russland erfrorene Glieder. Alles raustreten! Nach dem Frühstück die grauen Klamotten in tadellosem Zustand abliefern! Ihr werdet neu eingekleidet!«

Am Mittag bewunderten wir uns in den schmucken blauen Ausgehuniformen gegenseitig. Endlich Ausgang! Endlich wieder freundliche Zivilisten sehen. Endlich wieder mit jungen Mädchen lachen und plaudern … In kleineren Gruppen drängten wir zum Lagertor. Zuvor jedoch wurde jeder von uns in einer Bude neben der Wachstube von ein paar grinsenden Bootsmännern und Maaten genau inspiziert. Ein großer, schlanker, etwa 22 oder 23 Jahre alter Maat mit einer hässlichen, frisch aussehenden roten Narbe am Kinn erklärte: »Bevor wir euch brünftige Hirsche auf die zivilisierte Menschheit loslassen können, müssen wir jeden von euch genau unter die Lupe nehmen. Anständig und vorschriftsmäßig zu grüßen habt ihr ja gelernt. Wir möchten auch in dieser Hinsicht keinerlei Klagen zu hören bekommen.«

Vor mir stand der in Wien beheimatete Franz Plaschok in der Warteschlange. Er lag mit uns in der Stube. Der Maat befahl: »Fingernägel vorzeigen! Schuhe ausziehen und Socken runter!« Dann begann der Maat laut zu schnuppern. »Nun seht euch diesen Kerl an! Die Duschen wurden extra für euch geheizt, und dieses Ferkel möchte mit Stinkefüßen Ausgang bekommen. Habt ihr schon mal so was gerochen?« Er blickte Plaschok vorwurfsvoll an. »Füße waschen und frische

Socken anziehen! Heute wollen wir mal gnädig sein. Ihr Ausgangsschein bleibt hier bei mir liegen. Sie können später noch einmal bei mir vorsprechen – aber dann wie ein deutscher Matrose! Treten Sie ab!« Sofort wandte er sich an mich. »Kamm vorzeigen!« Wie alle anderen vor mir musste auch ich den Hosenlatz meiner Ausgehuniform öffnen und herunterklappen, damit meine Unterhose auf ihre Sauberkeit überprüft werden konnte. Anschließend war das jedem von uns überlassene Kondom vorzuzeigen. »Wir können euch doch unserer Stammkundschaft in der Stadt nicht schutzlos überlassen! Wehe demjenigen von euch, der sich irgendetwas einfängt! So etwas ist Wehrkraftzersetzung, und die wird bekanntlich strengstens geahndet! Dabei wird keiner froh. Deshalb also: unbedingte Sauberkeit und Hygiene in jeder Lebenslage!«

Zum dritten Kriegsweihnachtsfest im Marinedurchgangslager Leer bekam jede Stube einen äußerst dürftigen Weihnachtsbaum zugeteilt. Heinz Lücker erzählte uns, er habe auf einem seiner ausgedehnten Spaziergänge eine einsam gelegene Baumschule mit prachtvollen Tannenbäumchen entdeckt. »Dort hätten wir große Auswahl!« Sogleich stand der Entschluss unserer Stubenbesatzung fest: »Wenn wir schon nicht zu Hause feiern dürfen, weil diese Heinis immer noch nicht wissen, wohin Sie uns abkommandieren wollen, dann wollen wir wenigstens einen anständigen Baum haben!« Lücker meinte noch: »Wenn jemand dort draußen zugegen sein sollte, dann können wir ja zusammenlegen und uns ein Bäumchen kaufen!« Es war jedoch niemand in dieser Baumschule vorzufinden, und eine Stunde später beging ich als Stubenältester mit dem Absägen eines sehr sorgsam ausgewählten Tannenbäumchens den einzigen Diebstahl meiner jungen Jahre.

Am anderen Morgen riss ein Matrose aus einer Nachbarbaracke unsere Stubentür auf und warnte: »Die kommen gleich zu euch. Es wird ein gestohlener Weihnachtsbaum gesucht.« Blitzschnell riss Lücker das Tannenbäumchen aus dem Ständer und hastete damit aus der Stube: »Ich versteck' das Ding im Nebenraum der Baracke in der Dachnische! Stellt ihr inzwischen das Fichtenbäumchen wieder an seinen Platz!« Rasch verschwand er und war im Handumdrehen wieder bei uns. »Die finden das Bäumchen niemals. Was ein anständiger ostpreußischer Gärtner versteckt hat, bleibt unentdeckt.« Horst Krause und ich waren gerade damit fertig geworden, das magere Fichtenbäumchen wieder auf dem Tisch zwischen den beiden Bettreihen unserer Stube zu platzieren, als auch schon die Tür aufgerissen wurde. Oberbootsmann Heinisch und ein Herr in grüner Lodenjoppe schauten forschend in unsere Stube. Wir standen alle stramm und blickten die beiden so fragend wie nur irgend möglich an. Ich jedenfalls war erleichtert, als sich der Bootsmann an seinen Begleiter wandte: »Nun, Herr Manser, das war die letzte der hier zurzeit belegten Stuben. Die anderen sind alle verschlossen. Unsere Matrosen sägen doch keine fremden Tannen um! Mir war dies vorher schon klar.«

Am 9. Januar 1942 betrat ich an der Seite von Heinz Lücker und vier anderen Kameraden aus Bergen op Zoom in Gotenhafen bei Danzig das Deck der »Wilhelm Gustloff«. Wir wussten alle, dass mit diesem Schiff der NS-Organisation »Kraft durch Freude« vor dem Krieg verdiente Volksgenossen in die Fjorde Norwegens, zu sehenswerten Küstengebieten Europas und in entferntere Gegenden gefahren waren. Jetzt diente es der 2. U-Boot-Lehrdivision als schwimmende Kaserne. Es erschien mir riesengroß.

Da ich als gelernter Orgelbauer keinen technischen Beruf hatte, war ich genau wie Lücker für die seemännische Laufbahn auf einem U-Boot vorgesehen. Wegen unseres selten guten Gesundheitszustandes und unserer ärztlich bestätigten ausgezeichneten Sehkraft sollten wir als Ausguck auf dem Turm und die anderen Aufgaben der Brückenwache ausgebildet und mit dem Gebrauch der Bordkanone vertraut gemacht werden. Es überraschte uns, dass wir auf einem der unteren Decks, knapp über der Wasserlinie, in einer Zweibett-Außenkabine untergebracht wurden. Hier wohnte unsere Ausbildungskompanie. Rasch und wie schon oftmals geübt, leerten wir unsere Seesäcke und ordneten unsere Klamotten genau nach Vorschrift in die Spinde. Lücker war kurz vor mir fertig, prüfte sein Werk mit kritischem Blick, beobachtete dann kurz mich und bemerkte anschließend zufrieden: »Toni, uns beide kann wohl auch hier kein UvD am Wickel kriegen! Hoffentlich ist nicht dieser unsympathische Maat, du weißt schon, dieses kantige Flachgesicht, das wir vorhin grüßen mussten, in unserer Kompanie.« Mir war dieser Mann auch aufgefallen, und ich musste Lücker zustimmen. Dann aber meinte ich: »Egal, Heinz. Vor allem ist gut, dass wir zwei hier zusammen sind. So können wir uns gemeinsam bemühen, gut durchzukommen.«

Einige Tage lang kam uns das Gewirr von Längs- und Quergängen wie ein Labyrinth vor. Wir verwechselten mehrmals die Zwischendecks und fanden nicht ohne Schwierigkeiten zu den Unterrichtsräumen. Einmal mussten wir sogar unseren Speisesaal suchen.

Von nun an übten wir täglich beinahe bis zum Erbrechen, sichere Seemannsknoten in Rekordzeit zu knüpfen, lernten Leinen punktgenau zu werfen und mussten uns anhand zahlreicher Schautafeln die verschiedenartigen deutschen und gegnerischen Kriegsschiffe sowie ihre Bewaffnung und Kampfkraft einprägen. Auch Flugzeugtypen und ihre Reichweiten mussten wir auf Anhieb erkennen, wobei sich unsere Ausbilder nicht immer als geduldig erwiesen. Ebenso unermüdlich trainierten wir die visuelle Verständigung mittels Winkfähnchen oder Morselampen von Schiff zu Schiff, kurzum alles, was auf einem U-Boot-Turm erforderlich war. Auch hier auf der »Wilhelm Gustloff« war jeder Ausbilder ein König, und fast alle von ihnen bereiteten uns in einem überaus einprägsamen und rauen Umgangston auf das vor, was uns erwartete. »Auf einem U-Boot ist jedes Besatzungsmitglied auf das Können und die Zuverlässigkeit seiner Kameraden angewiesen. Ganz egal, an welcher Stelle des Bootes er eingesetzt ist!«

Morgens, jeden Tag pünktlich um sechs Uhr, riss uns die schrillende Trillerpfeife des UvD aus dem Schlaf: »Raus aus eurem Scheißkorb!« Sofort mussten wir alle in unseren knielangen weißen Nachthemden vor den Kojen strammstehen. Wehe dem Unglücksraben, dem dies nicht schnell genug gelang. »Verschlafenes Muttersöhnchen! 30 Liegestützen!« Vor allem das kantige Flachgesicht demonstrierte gerne seine Macht.

Lücker, das wusste ich schon aus Unterhaltungen in Bergen op Zoom, entstammte wie ich einer Familie, deren Angehörige man nicht gerade als überzeugte Nationalsozialisten bezeichnen konnte. Wir beide waren inzwischen enge Freunde geworden, die einander rückhaltlos vertrauten. Wenn wir nicht zu müde waren, flüsterten wir auch nach der befohlenen Nachtruhe, er aus der oberen und ich aus der unteren Koje, leise miteinander und tauschten zum Beispiel Kindheits- und Jugenderinnerungen aus. So erzählte ich ihm, dass ich im März 1932 als Neunjähriger mit meiner zwei Jahre jüngeren Schwester Lisa und zusammen mit meinem Vater im Auto von dessen SPD-Freund über Land gefahren war. Zwar war es wirklich keine Spazierfahrt gewesen, trotzdem hatten wir Kinder riesigen Spaß dabei, in den Dörfern SPD-Flugblätter gegen die Wahl Hitlers aus den Autofenstern zu werfen. Schon im Jahr darauf wurde mein Vater deshalb einige Zeit in sogenannte »Schutzhaft« genommen, und Lücker wusste, dass es mir unerklärlich war, wie mein Vater sich dazu hatte überreden lassen, als überzeugter Sozialdemokrat schließlich dennoch in die NSDAP einzutreten.

Von Heinz wusste ich, dass seine Eltern in Allenstein mit einer jüdischen Arztfamilie befreundet gewesen waren. Als diese Familie über Nacht plötzlich verschwunden war, bekam sein Vater, ein Katholik, wegen judenfreundlicher Äußerungen ganz ähnliche Schwierigkeiten, wie mein alter Herr sie erfahren hatte.

Dennoch glaubten wir beide, dass wir diesen Krieg gewinnen würden. Tägliche Erfolgsmeldungen, die nicht nur von der U-Boot-Waffe kamen, bestärkten uns in diesem Glauben und auch darin, dass wir den Krieg für gerechtfertigt hielten, denn der Friedensvertrag von Versailles, vielfach »Schandfrieden« genannt, konnte einfach nicht hingenommen werden. Solche und ähnliche Gedanken diskutierten wir oft, sobald wir ein wenig Zeit hatten.

Unnötige Schikanen unserer Ausbilder stießen uns beide gleichermaßen ab. Immer wieder kam es vor, dass trotz aller Sorgfalt einer der Kameraden seinen Spind nicht vorschriftsmäßig eingeräumt hatte. Der UvD, vor allem der allseits gefürchtete Bootsmaat Hansen, warf bei abendlichen Kontrollen so manches Mal den gesamten Inhalt eines Spindes auf den Boden. Der bedauernswerte »Übeltäter« musste dann sämtliche Gegenstände in Windeseile in seinen Seesack packen, ihn im Laufschritt an Oberdeck schaffen, dort entleeren und anschließend, selbstverständlich auch im Laufschritt, jedes Stück einzeln wieder herunterbringen und nach Vorschrift in seinen Spind räumen. Auf den Zwischendecks standen Beobachter der Stammmannschaft und beschimpften den Mann zusätzlich. Einige Rekruten brachen schon während dieses Dauerlaufes erschöpft zusammen. Uns allen fiel natürlich auf, dass bei so einem »Flaggeluzzi«, wie unsere Ausbilder diese Prozedur nannten, niemals ein Offizier zu sehen war. Lücker und ich waren peinlich darauf bedacht, dass unsere Spinde stets aussahen wie auf einem Reklamefoto der Kriegsmarine, und waren deshalb glücklicherweise nie betroffen.

Jeden Freitag musste unsere Kompanie, immer laut singend, an Land zu einem in der Nähe des Ankerplatzes unserer schwimmenden Kaserne errichteten Gebäude marschieren. Der schlechte Ruf, der diesem Ort vorausgeeilt war, bestätigte sich schon am ersten Freitag. Die raubeinigen Ausbilder dort bezeichneten uns mit schier unerschöpflichem Wortschatz als Muttersöhnchen, Schlappschwänze und was sonst auch immer.

Ich war nicht gerade wasserscheu, aber es kostete mich doch einige Überwindung, mich im Wasser des sogenannten Tauchtopfes bis zum etwa zehn Meter tiefen Grund absinken zu lassen. Zuvor mussten wir lernen, wie man den Dräger-Tauchretter fachgerecht umschnallt. Dabei handelte es sich um eine flache Schwimmweste, die mit einer integrierten Mini-Sauerstoffflasche sowie einer Nasenklemme und einem Mundstück versehen war. »Ihr wollt doch nicht ersaufen, wenn euer Boot verunglückt! Mit dem Tauchretter gibt es immer Hoffnung!«

Der Ausbilder schrie einen Kameraden an: »Sie Feigling sind ja immer noch hier oben im Trockenen! Ich habe Sie doch hier an der Sicherheitsleine! Wenn Ihnen dort unten bei den Haifischen unwohl werden sollte, dann ziehen Sie einfach. Aber wehe, wenn Sie versuchen sollten, mir etwas vorzuflunkern. Ich kann Sie zwar jederzeit wieder hochziehen, aber wenn Sie Unwohlsein nur vortäuschen, lasse ich Sie schleifen, bis Sie gern wieder gesund sind! Los, Bleigürtel anlegen, damit Sie runterkommen! Zuvor den Nasenklemmer des Drägers an Ihrem krummen Riechkolben befestigen, damit kein Wässerchen in Ihren Luxuskörper eindringen kann! Jetzt noch das Mundstück für die Sauerstoffzufuhr rein, ab mit Ihnen!« Einen anderen hörte ich brüllen: »Möchten Sie Langweiler sich etwa eine Sonderbehandlung verdienen? Wir können später mit Ihnen so lange strafexerzieren, bis Ihnen das Wasser im Arsch kocht!« Solche und ähnliche Sprüche hörte ich überall, und als ich an der Reihe war,

34

zwang ich mich, rasch zu tauchen. Unten waren das Deck und der Turm eines U-Bootes nachgebildet. Ich hatte den Turm einmal zu umrunden, und weil mich der Bleigürtel unten hielt, musste ich trotz des aufwärts strebenden Tauchretters nach oben gezogen werden. An diesem Abend kamen Lücker und ich zu dem Schluss, dass der Tauchretter im Ernstfall wohl mehr ein psychologisches als ein real wirksames Rettungsmittel wäre. Und es gab weitere schlechte Nachrichten: Beide hatten wir aus Briefen unserer Mütter erfahren, dass auch unsere Väter einberufen worden waren; der Vater von Heinz zur Infanterie, meiner zu den Gebirgsjägern.

An anderen Freitagen wurde im Tauchtopf mit uns geübt, wie man aus der Zentrale eines nicht allzu tief auf Grund liegenden Bootes aussteigt. Dazu gingen wir innerhalb des Gebäudes drei Stockwerke nach unten. Dort öffnete man für uns ein Schott, das ist eine wasserdicht verschließbare und druckfeste Stahlluke zwischen den einzelnen Abteilungen eines Bootes, und wir befanden uns in einem engen Raum, der der Zentrale eines U-Bootes nachgebildet war. Natürlich waren wir in der zuvorkommenden Ausdrucksweise unserer Ausbilder bestens darauf vorbereitet, was jetzt auf uns zukam: Je drei Mann stellten sich mit ihren Tauchrettern rechts und links neben dem Luftsüll (ein vom zentralen Luk in die Zentrale reichendes Stahlrohr) in Bereitschaft. »Strengste Disziplin! Keiner darf drängeln. Wir lassen jetzt Wasser eindringen. Dabei wird die Luft komprimiert, und die Köpfe bleiben neben dem Luftsüll in der dort zusammengepressten Luft über Wasser. Erst wenn das Turmluk über euch aufspringt, könnt ihr schön einer nach dem anderen hier in dieses Rohr und dann nach oben tauchen! Also, keine Angst und unbedingt Nerven behalten! Ist schon tausendmal geübt! Auch Ihr werdet lernen, wie man aus einem verunglückten U-Boot aussteigen kann!« Ich fühlte meinen Herzschlag wie noch selten zuvor.

Als ich endlich aus der Luftblase unter dem Luftsüll hindurchtauchte und nach oben schwebte, fühlte ich mich mehr als nur erleichtert. Am darauf folgenden Freitag mussten wir ohne Tauchretter aussteigen. Zuvor jedoch wurde uns eingeschärft, beim Auftauchen mehrmals die Luft aus unseren Lungen zu pressen und uns dadurch den verschiedenen Druckverhältnissen anzupassen – zur Vermeidung innerer Verletzungen.

Die Samstage nannten wir Schleiftage. Man jagte uns im eiskalten Januar des Jahres 1942 in unseren dünnen Drillichanzügen mit Gepäck und Karabinern durch Eis und Schnee. Wir sollten auf diese Art so widerstandsfähig gemacht werden, wie man es auf einem U-Boot zu sein hatte. Am dritten dieser Schleiftage befahl Bootsmann Kruse plötzlich: »Gasmasken aufsetzen!« Dann mussten wir zehn Kilometer laufen. Beständig und nicht allzu schnell immer hinter Lücker laufend, passierte ich einige Streckenposten auf der mir endlos scheinenden Wegstrecke, kämpfte dabei gegen aufkeimende Übelkeit und erreichte endlich völlig erschöpft das Ziel. Dort wartete Kruse in seinem warmen Wintermantel auf uns, und ich riss mir, ohne seinen Befehl abzuwarten, wütend die Gasmaske vom Gesicht. Lücker und ich blickten beide staunend zu den uns folgenden Kameraden zurück, konnten vor Überanstrengung kein Wort sprechen und auch nicht verstehen, was Kruse uns zurief. Beide konnten wir kaum glauben, dass wir unter den Ersten am Ziel angelangt waren. Einige Kameraden waren auf der Strecke umgefallen und liegen geblieben. Nur unter Aufbietung unserer letzten Kräfte konnten wir sie an Bord der »Wilhelm Gustloff« zurückbringen.

Beim Abendessen im Speisesaal wurde gemunkelt, dass Kruse zu Kaleu Bornstein befohlen und wegen dieses Gewaltmarsches zur Rechenschaft gezogen worden sei. Für uns änderte das allerdings nichts, auch in den folgenden Wochen blieb Kruse einer der gefürchtetsten Schleifer.

Aber für mich gab es doch eine Veränderung. Anscheinend war mir von Bergen op Zoom ein gewisser Ruf vorausgeeilt, denn nach einer der vielen Unterrichtsstunden hielt mich unser Zugführer Leutnant Unverzagt zurück und fragte höflich, ob ich nicht hier auf der »Gustloff« sein Aufklärer werden möchte. Unverzagt kannten wir alle als einen ruhigen, besonnenen Offizier, und deshalb sagte ich ohne langes Besinnen sofort zu. Als Aufklärer war ich ja nicht unerfahren. Es überraschte mich allerdings, als mich Unverzagt schon am ersten Abend, an dem ich mich bei ihm meldete, wegen einer ganz anderen Sache ansprach: »Matrose Staller, ich habe gehört, dass Sie ein ganz passabler Geiger sein sollen und in München bei einen Jugendorchester spielten. Stimmt das?«

»Jawohl, Herr Leutnant!«

»Menschenskind, Staller, weshalb sagen Sie denn nichts! Ich muss das so nebenbei von einem Ihrer Kameraden erfahren! Einer unserer Geiger im Offizierskasino wurde überraschend auf ein Boot abkommandiert. Vorschlag: Statt mit den anderen aufzuklaren, spielen Sie künftig am Abend bei uns. Einverstanden?«

»Jawohl, Herr Leutnant!«

»Besitzen Sie eine Geige?«

»Jawohl, Herr Leutnant. Sie liegt jedoch zu Hause.«

»Matrose Staller, bitte schreiben Sie noch heute an Ihre Mutter, sie möge doch so freundlich sein, die Geige rasch zu schicken. Ich verbürge mich persönlich dafür, dass Ihr Instrument wieder unbeschadet zu Ihnen nach Hause zurückgesandt wird, falls auch Sie unvorhergesehen abkommandiert werden sollten und dies deshalb nicht selbst besorgen können. Einverstanden?«

»Jawohl, Herr Leutnant!«

Lücker freute sich mit mir und gestand freimütig, dass er es war, der mich heute unserem Zugführer als Musiker empfohlen hatte. Während der folgenden drei Monate entging ich durch meine Mitgliedschaft im Quartett des Offizierskasinos auf der »Wilhelm Gustloff« so mancher Abendschikane der Ausbilder. Mich wunderte immer wieder, dass unsere Offiziere diese vielen Strafmaßnahmen stillschweigend zu dulden schienen und sich unwissend gaben. Uns wurde zwar immer wieder klargemacht, dass wir als künftige U-Boot-Fahrer besonders hart ausgebildet werden mussten, aber dieses Flaggeluzzi und ähnlicher Unsinn hatten meines Erachtens damit nur wenig zu tun. Einmal hörte ich Bootsmaat Hansen: »Treppenlaufen vor dem Einschlafen macht hart, Sie Mädchen. Später auf Ihrem U-Boot werden Sie mir dafür dankbar sein!« Gegen derartige Willkürakte waren wir völlig wehrlos. Auch deshalb fühlte ich mich als von den Offizieren geachteter Musiker geradezu wohl und genoss auch hin und wieder ein gutes Glas Wein oder Sekt in der Offizierskantine.

Am Ende unseres dreimonatigen Aufenthalts' auf dem ehemaligen KdF-Schiff wurden wir alle fast gleichzeitig in sämtliche Himmelsrichtungen verstreut. Mit ein paar Kameraden – Lücker und ich freuten uns, dass wir weiterhin zusammenbleiben konnten – fuhr ich nach Swinemünde zum Geschützführer-Lehrgang. Vor unserer Abreise schenkte mir Leutnant Unverzagt ein Exemplar des Buches »Wir hielten Narvik«. Als Widmung hatte er in seiner klaren Handschrift darin vermerkt: »Trotz allem Pech ein fröhlich Lied; nun Schicksal schlag nur zu. Wir werden seh'n, wer früher müd', ich oder du. In Dankbarkeit Ihr Leutnant Unverzagt.« Ich sah den von mir sehr geschätzten Offizier an diesem Abend zum letzten Mal. Am 26. Juni 1944 wurde er mit seinem Boot U 719 westlich von Nordirland vom britischen Zerstörer »Bulldog« mit Wasserbomben versenkt.

In Swinemünde wurden wir auf dem Handelsdampfer »General Osario«, der im Hafen ankerte, in Vier-Mann-Kabinen eingewiesen. Lücker und ich gehörten derselben Fünfzehn-Mann-Gruppe an, und er wohnte in meiner Nachbarkabine. In den folgenden Tagen wurden wir theoretisch mit allen Einzelteilen, der Reichweite sowie der Handhabung und Pflege von 10,5-cm-Geschützen sowie kleineren Kanonen vertraut gemacht. Zudem konnte schon bald jeder von uns die an Bord mitgeführten Handfeuerwaffen wie Maschinengewehre oder Maschinenpistolen fast schon mit verbundenen Augen zerlegen und pflegen. Dies hielt jedoch unsere Schleifer nicht davon ab, uns weiterhin »hart zu machen«. Schon bei geringen Verstößen und noch vor unserer ersten Schießübung lernten einige von uns das Gewicht der Granaten sehr gut kennen; es waren nicht weniger als 45 Kilogramm. Eines Abends traf es auch mich.

Bootsmaat Birkdorn fühlte sich kurz vor dem Zapfenstreich von mir nicht zackig genug gegrüßt, als ich mit Lücker und einigen Kameraden aus der Stadt zurückkehrte. Zur Strafe musste ich mit einer Granate in meinen Armen »Häschen-Hüpf« spielen, das bedeutete, einmal das gesamte Oberdeck hüpfend zu umrunden, und zwar in der Hocke. Birkdorn ging langsam neben mir her und wurde nicht müde, mich mit bösen Bemerkungen zu überschütten. Als ich mich gegen Ende der Runde nur noch mit letzter Willensanstrengung aufrecht halten konnte, rief er: »Zentnerschwere Weiber stemmen, das könnt ihr! Aber so einen kleinen Liebesgruß an unsere Gegner umarmen, ist euch zu schwer! Möchten Sie jetzt etwa schlappmachen, Matrose Staller? Das rate ich Ihnen nicht! Ich müsste mir ansonsten die ganze Nacht für Sie Zeit nehmen! Dreimal dürfen Sie raten, wem von uns beiden dies schlechter bekommen würde!« Wütend biss ich meine Zähne zusammen. Endlich an der zuvor bestimmten Ziellinie angelangt, bemühte ich mich, die schwere Granate so leise wie möglich auf dem Deck abzulegen. Birkdorn ließ mich dabei keine Sekunde aus den Augen. Mehrere Kameraden waren vor mir bei dieser Prozedur schon umgekippt. Doch obwohl auch mir die Knie zitterten und ich schwer atmen musste, fühlte ich mich in diesem Augenblick stark.

Wir hatten an den Kanonen alle Bedienungsgriffe, das Zerlegen und Zusammenbauen sowie das Anvisieren von Zielen geradezu bis zum Erbrechen geübt, bevor wir erstmals auf verschiedenen kleinen Kanonenbooten auf die ruhige Ostsee hinausfuhren. Dort trafen wir einen Schlepper, der in gebührendem Abstand ein gelblich weißes Netz als Zielscheibe hinter sich herzog, das auf einem Holzkahn aufmontiert war. Unser Boot sollte den ersten Kanonenschuss auf diese Attrappe abgeben. Durch meine optische Visiereinrichtung zielend, gab ich die Werte an. Als ich das Kommando »Feuer frei!« hörte, mich im Ziel glaubte und auf den Abschussknauf schlug, krachte der Schuss. Staunend bemerkte ich, wie das kleine Boot den kräftigen Rückstoß der Kanone abfederte. Dann sah ich, dass gleichzeitig mit dem dröhnenden Knall etwa auf halber Strecke zwischen Schlepper und Ziel eine weiße Wasserfontäne in den grauen Wolkenhimmel spritzte.

Unser Gruppenführer Bootsmann Kerner stand hinter mir und begann sofort zu toben: »Wollt ihr wohl anständig zielen, ihr Saukerle?« Der etwa 30 Jahre alte Mann war ein altgedienter Marinesoldat, mittelgroß, untersetzt und wirkte grobschlächtig. Er brülle weiter: »Seid ihr denn total verrückt geworden? Ihr habt mit eurem ersten scharfen Schuss diesen unschuldigen Schlepper, den Stolz unserer Ostseeflotte, fast auf den Meeresgrund befördert!« Er stemmte beide Arme in seine breiten Hüften und konnte sich kaum wieder beruhigen. »Das wird ein böses Nachspiel für euch Schlappschwänze haben! Wiederholung! Diesmal aber anständig! Das ist ja zum Mäusemelken mit euch Schlumpschützen. Laden! Feuer frei!« Als ich dieses

Mal mit meiner Hand auf den Abschussknauf schlug, wurde ein Treffer gemeldet, der unseren Gruppenführer allerdings auch nicht besänftigte.

Am Abend folgte die unvermeidliche und angekündigte »Sonderbehandlung« zur Strafe. Dann sanken wir Angehörigen der Kerner-Gruppe erschöpft in unsere Kojen. Nachts sah ich im Traum den Schlepper in Flammen stehen und schreckte aus dem Schlaf, als die Trillerpfeife des UvD durch die Gänge schrillte. Bootsmaat Müller wirkte an diesem Morgen irgendwie vergnügt, wir konnten uns kaum erklären, weshalb der ansonsten so bärbeißige Maat heute einen beinahe friedfertigen Eindruck machte.

Eine Stunde später wurde uns klar, was uns heute erwartete. Keiner hatte bisher dem kaum wahrnehmbaren leichten Schwanken unseres im Hafen fest vertäuten Mutterschiffes größere Bedeutung beigemessen. Jetzt befielen mich und wohl auch viele der anderen dunkle Vorahnungen, als wir auf Deck über die sturmgepeitschte Ostsee blicken konnten. Kerner trieb uns noch eiliger als sonst über die Gangway in das Kanonenboot, und kaum war der Letzte unserer Gruppe an Bord, da legten wir auch schon ab und nahmen Kurs auf die offene See. Breitbeinig stand ich an meinem Platz neben der Kanone am Bug, blickte hin und wieder in die angespannten Gesichter meiner Kameraden von der Bedienungsmannschaft und hielt mich an der Reling fest. Kaum hatten wir das ruhige Wasser des Hafenbeckens verlassen, da begann unsere Nussschale zu tanzen. Wenn der Bug sich senkte und sich gegen die aufgewühlte See stemmte, übersprühten uns immer wieder kalte Wasserschleier. Die dunkelgraue Wolkendecke über uns schien von unsichtbaren Händen ohne Unterlass in alle Himmelsrichtungen gezerrt zu werden. Dabei fühlte ich mich einmal ruckartig, dann wieder sanfter hochgehoben, um danach nach links, rechts, vorwärts oder auch nach hinten abzusinken. Immer fester umklammerte ich die Reling, fühlte, wie mir abwechselnd kalt oder heiß wurde und mir der Schweiß auf die Stirn trat. Ich war tief enttäuscht, als ich schon nach wenigen Minuten krampfhaft schluckend gegen meinen rebellierenden Magen ankämpfen musste. Ich dachte: »Beginnende Seekrankheit? Wie soll das auf einem U-Boot werden! Gleich muss ich mich übergeben! – Nein, Toni, dass darfst du auf keinen Fall!« Ich konzentrierte mich. Als ich jedoch Lücker einige Augenblicke später neben mir in seinem Mageninhalt auf den Planken liegen sah, überkam auch mich Brechreiz, und mein Frühstück drängte nach oben. Lücker jammerte: »Ich werde gleich sterben. Meine Glieder sind schon bleischwer. Kameraden, ich muss sterben!« Kerner stand mit weit gespreizten Beinen federnd neben uns, stieß Lücker mit seinen Schuhspitzen mehrmals in die Seiten und brüllte zornig: »Beherrschung, Mann! Stehen Sie endlich wieder auf!«

Der Kommandant des Bootes, Oberbootsmaat Kudowsky, ein älterer Mann mit grau melierten Schläfen, verließ nun seinen Platz auf der Brücke. Er blickte drohend und spöttisch in die Runde: »Nun seht euch diese Weichlinge an! Ihr wollt deutsche Matrosen sein?« Ein unbeschreiblich verächtlicher Blick traf den immer noch auf den Planken liegenden Lücker. »Sterben könnt ihr noch früh genug! Aber nicht hier auf meinem Boot! Ein deutscher Matrose hat sich an ruppigen

Seegang zu gewöhnen. Das gilt für alle! Aufstehen! An die Kanone! Wir sind gleich am Ziel!« Oberbootsmaat Kudowsky nickte Kerner kurz auffordernd zu, wandte sich um und ging mit sicherem, breitbeinigem Seemannsgang über das wankende Deck zurück an seinen Platz. Kerner tobte indessen weiter: »Jetzt haben wir endlich einmal Verhältnisse wie auf einem U-Boot im Einsatz, und ihr müden Kerle versucht schlappzumachen! So etwas gibt's doch nicht! So eine gute Gelegenheit zum Üben haben wir nicht alle Tage. Backbord voraus sehe ich schon immer wieder unser Ziel aus den Wellen auftauchen. – Laden! Feuer frei!«

Noch heute ist mir nicht klar, wie ich meine Übelkeit bezwingen konnte. Als wir nach zahlreichen Fehlschüssen und nur wenigen Treffern fast schon bei Dunkelheit endlich wieder längsseits unseres Mutterschiffes anlegten, wankte ich mit den anderen erschöpft an Deck. Staunend sah ich einige Kameraden, die miteinander lachten und scherzten und denen dieser Seegang offensichtlich nur wenig anhaben konnte. Im Gegenteil. Als ich und viele andere schon nach den ersten Essversuchen unsere Abendrationen von uns schoben, freuten sie sich ungeniert und verzehrten mit sichtlichem Wohlbehagen zusätzlich zu ihrem eigenen auch unseren Linseneintopf mit Würstchen.

Die von uns allen befürchtete Sonderbehandlung an diesem Abend unterblieb. Bevor ich endlich einschlafen konnte, bedrängten mich starke Zweifel, ob ich mich jemals an so starken Seegang würde gewöhnen können. Wir erholten uns zwar rasch wieder, doch waren wir deprimiert und sahen unserer Zukunft als Seeleute mit Bangen entgegen.

Auch am darauf folgenden Tag hielt der Sturm unvermindert an, und ich musste im Kanonenboot den ganzen Tag mit äußerster Willensanstrengung gegen den steten Brechreiz ankämpfen. Und tatsächlich: Es gelang mir, Neptun nicht opfern zu müssen.

In den letzten Julitagen des Jahres 1942 ging unser Geschützführerlehrgang zu Ende. Wir alle waren in unseren Ausgehuniformen an Deck angetreten. Von den markigen Abschiedsworten unseres Kompaniechefs ist mir kein Wort in Erinnerung geblieben. Jeder Kursteilnehmer erhielt seine Marschpapiere; ich selbst fuhr schon am nächsten Morgen mit der Reichsbahn nach Bremen.

Ich sah keiner der Kameraden je wieder. Gegen Ende des Krieges erfuhr ich, was aus Lücker geworden war: Er gehörte zu den Toten, die beim Verlust von U 257 am 21. Februar 1944 im Atlantik zu beklagen waren.

Im Gebäude einer ehemaligen Polizeikaserne in Bremen, nicht weit von der Deschimag-Werft entfernt, bezog ich zusammen mit zwei anderen Matrosen ein Zimmer. Unsere zweckmäßig einfach möblierte Unterkunft wirkte auf uns irgendwie anheimelnd. Auch wenn hier strenge militärische Ordnung herrschte, so strahlte die neue Umgebung für uns U-Boot-Fahrer irgendwie etwas Familiäres aus, weil in unserem Bereich die sogenannte U-Boot-Mutti regierte. Ihr richtiger Name ist mir entfallen, doch erfuhr ich schon an diesem Abend über sie, dass diese sehr streng wirkende ältere Frau im Ersten Weltkrieg ihren Mann verloren hatte. Dieser war Kommandant eines U-Bootes gewesen. Wohl auch deshalb betrachtete sie besonders uns

U-Boot-Fahrer in dem Marineheim als ihre Jungs. Sie wusste, dass in der Deschimag AG Weser ein Boot auf uns als seine künftige Besatzung wartete.

Die Luftabwehr über dem Reichsgebiet war im Jahr 1942 noch so stark, dass nur selten Fliegeralarm gegeben wurde. Wenn in Bremen die Sirenen heulten, nahmen wir dies nicht allzu ernst. Allerdings mussten alle Insassen der ehemaligen Polizeikaserne abwechselnd in den umliegenden Kaffeeröstereien Feuerwache schieben, um eventuelle Brände sofort zu melden.

U 188 vom Typ IX C 40 war eines der großen U-Boote. Es war für Operationen mit großen Reichweiten entwickelt und trug als Letztes von fünf in der Werft in Auftrag gegebenen Booten die Baunummer 1028. Am 18. August 1941 war es auf Kiel gelegt worden, und schon am 31. März 1942 war sein Stapellauf erfolgt. Das Boot lag zwar schon in seinem Element, doch wurde immer noch rund um die Uhr an seiner Fertigstellung gearbeitet.

Während der folgenden Tage drückte ich zusammen mit anderen in einem Unterrichtsraum in Werftnähe die Schulbank, wurde anhand von Schautafeln durch Ingenieure der Werft mit der Raumaufteilung von U 188, seiner Ausstattung, seiner Bewaffnung und zahlreichen technischen Daten bekannt gemacht. Außerdem lernte ich die anderen Mitglieder der Besatzung kennen. Dabei stellte ich fest, dass es außer mir noch andere unerfahrene Neulinge gab, die wie ich selbst voller Hochachtung zu den erfahrenen »Alten« aufblickten. Nur sehr wenige von ihnen waren allerdings schon auf Booten desselben Typs gefahren. Wir spürten, dass sie uns hin und wieder mit forschenden Blicken musterten. Jedem von uns war klar, dass demnächst unser aller Leben vom Pflichtbewusstsein des Einzelnen, seiner Einsatzbereitschaft, seiner Kameradschaft und Hilfsbereitschaft und letztendlich auch von seinem Können abhängen würde. Bei allem eingedrillten Respekt vor den Vorgesetzten fühlten wir Neue uns vom ersten Augenblick an in die Bordkameradschaft aufgenommen. Ich nahm mir fest vor, die mir zugedachten Aufgaben an Bord stets äußerst gewissenhaft zu erfüllen.

Kapitänleutnant Lüdden, unser künftiger Kommandant, der Leitende Ingenieur – kurz LI – Oberleutnant Kießling und die beiden Wachoffiziere – wir sagten Wos – Leutnant Meenen und Leutnant Benetschik saßen hin und wieder bei uns im Unterricht. Dabei hatte ich den Eindruck, dass sie uns genau kennenlernen wollten, um unsere Aufmerksamkeit und Aufnahmefähigkeit abschätzen zu können.

Vier Tage später saßen wir im Aufenthaltsraum in fröhlicher Runde zusammen. Dabei ergab es sich wie von selbst, dass die Unteroffiziere sich um Obersteuermann Heinrich Korn (wir wussten schon, dass er später an Bord als dritter Wachoffizier fungieren würde) gruppierten und wir Mannschaftsdienstgrade uns zusammenfanden. Ich glaube, wohl bei kaum einer anderen Waffengattung wurde auf Rangordnung, Disziplin und unbedingten Gehorsam so viel Wert gelegt wie bei uns. Sogar jetzt, wo wir so unbeschwert einige steife Grogs unserer U-Boot-Mutti genossen, waren die Rangunterschiede zwischen uns wie eine unsichtbare Glaswand zu spüren. Maschinenmaat Baumann saß gegenüber von Oberfunkmaat Schulz und berichtete über einige Tage, die er in München-Allach bei den

Junkers-Werken verbracht hatte, um dort mit der Herstellung und Wirkungsweise der Junker-Luftverdichter, die er Jumbos nannte, vertraut gemacht zu werden: »Bei meiner letzten Fahrt mit Kaleu Merten fuhr ich zwar auch auf einem IX C 40-Boot, aber diesen mit Diesel betriebenen Presslufterzeuger im E-Raum hat's damals noch nicht gegeben. Es ist schon erstaunlich, was unsere Ingenieure so alles erfinden. Mit diesem Jumbo soll man angeblich mehr Pressluft in die Flaschen bringen, als nötig ist.« Wir alle hörten gespannt zu. Oberfunkmaat Schulz entgegnete: »Nun gib bloß nicht so an, Gottlieb. Die Tommys schlafen auch nicht. Hab' gehört, dass sie jetzt Geräte entwickelt haben, mit denen sie uns auf viel größere Entfernungen orten können. Hoffentlich ist das nur ein Gerücht. Umso beruhigender ist, wenn wir jetzt angeblich nicht nur zum Tauchen und Auftauchen immer genügend Pressluft haben.« Er blickte in die Runde. »Dann brauchen wir unsere Ausscheidungen nicht mehr per Hand aus dem WC zu pumpen. Unten duftet unsere Notdurft nach wie vor aus den Kübeln, weil vielen die Angst die Därme entleert.« Geradezu wieherndes Gelächter übertönte das folgende Wortgeplänkel. Die U-Boot-Mutti betrat lächelnd den Raum, und ich sah, wie sie dem direkt neben der Tür sitzenden Matrosen Helmut Heinze aus Leipzig ein Schifferklavier auf den Schoß legte. »Nun zeig mal, was du kannst, Helmut! Ich möchte alle singen hören, dann kommt ihr auf andere Gedanken!«

Nach dem Frühstück marschierten wir singend aufs Werksgelände der Deschimag, und ich ging mit einigen anderen Neuen zum ersten Mal an Bord unseres Bootes. Natürlich war ich durch zahlreiche Schilderungen auf die unglaubliche Enge im Bootsinneren vorbereitet, doch als ich nun hinter einem Werksingenieur erstmals durch das Turmluk kletterte, beschlich mich ein banges Gefühl.

Bei der sogenannten Baubelehrung während der vergangenen Woche hatte ich Landratte aus dem bayerischen Voralpenland gelernt, wie dieses Boot unterteilt war. Im Heckraum standen zwei Neunzylinder-Dieselmotoren, je einer an Backbord und Steuerbord, von denen jeder zweitausend PS leistete. Damit konnte das Boot über Wasser bei voller Leistung eine Geschwindigkeit von 18 Seemeilen erreichen. Der E-Raum befand sich direkt vor dem Dieselraum und war durch ein druckfestes Luk von diesem getrennt. Als wir ihn betraten, verwirrte uns die Vielzahl von Rohren, Hebeln und Messgeräten, die rechts, links und an der niedrigen Decke angebracht waren. Ich war so beeindruckt, dass ich den Ausführungen des Deschimag-Vertreters kaum noch folgen konnte. Er deutete auf den Luftverdichter neben einer der E-Maschinen und erklärte dessen Wirkungsweise. »Hoffentlich funktioniert dieses Gerät so gut, wie die Junkers-Werke behaupten«, hörte ich ihn. Der grauhaarige Mann stand halb nach vorn gebeugt direkt vor mir, und ich sah ein feines Lächeln auf seinem abgehärmten, schmalen Gesicht: »Jungs, wenn dieser Kasten tut, was er soll, dann habt ihr wirklich eine große Sorge weniger und immer genügend Pressluft zum Auftauchen und für alles andere verfügbar.«

Jetzt deutete er mit der freien Hand auf die beiden Elektromotoren: »Diese E-Maschinen sind zum einen Stromgeber und laden die Batterien vorne unter dem Bugraum auf, zum anderen sind sie bei Überwasserfahrt mit dieser Kupplung zwischen dem E-Raum und dem Dieselraum mit den Dieseln verbunden. Unter Wasser sind sie Stromnehmer aus den Batterien und leisten jeweils fünfhundert PS. Damit kann unser Boot unter Wasser eine Höchstgeschwindigkeit von 10 Seemeilen erreichen. Dies allerdings nur etwa zwei Stunden lang. Bei der langsamen Schleichfahrt und dem damit verbundenen geringeren Stromverbrauch halten wir wesentlich länger durch. Sie werden noch früh genug all die Tricks kennenlernen, die dann zum Sparen der nur beschränkt verfügbaren Atemluft notwendig werden.«

Wir bestaunten noch die Torpedorohre und maßen einander mit den Augen, als wir die schmalen und engen Kojen, die sogenannten Klappen, für die Mannschaft in Bug- und Heckraum begutachteten. Wir wussten schon, dass auf Feindfahrt, wenn über und unter den Klappen Torpedos gelagert wurden, der Raum zum Liegen so eng sein würde, dass jeder sich erst auf den schmalen Längsgang herauszwängen musste, wenn er sich umdrehen wollte. Wir Mannschaftsdienstgrade mussten uns aus Platzmangel jeweils eine Klappe teilen und konnten sie nur benutzen, wenn der Klappenpartner Dienst hatte und man selbst der Freiwache angehörte. Außerdem war uns bekannt, dass wir bei den kommenden Übungsfahrten zum Schlafen einen Hafen anlaufen würden. Auf Feindfahrten konnte uns solcher Luxus dann natürlich nicht mehr geboten werden.

Als wir nach der Bootsbesichtigung durch das zentrale Luk auf der schmalen Stahlleiter zum Turmluk hinaufkletterten, waren alle nachdenklich und schweigsam geworden. So eng hatte sich keiner von uns den Innenraum des Bootes vorgestellt, das wegen seiner

Größe und Reichweite im Marinejargon immerhin als »Seekuh« bezeichnet wurde.

Während der folgenden Tage wurden wir als künftige Brückenwache von Ingenieuren der Werft in der Wirkungsweise und Handhabung der Tiefenruder unterwiesen, denn beim Alarmtauchen gehörte auch die Bedienung dieser Ruder zu unseren Aufgaben.

Die Zeit der Baubelehrung in Bremen verging rasch. Am 5. August 1942 wurde das Boot bei einer Indienststellungsfeier der Deutschen Kriegsmarine übergeben. Es waren einige hohe Marineoffiziere zugegen, und ausgerechnet ich war mit dem Matrosenobergefreiten Willi Pollner ausgewählt worden, die Reichskriegsflagge am sogenannten Wintergarten, wie die kleine Plattform hinter dem Turm hieß, zu hissen. Gegen Mittag hatte unsere U-Boot-Mutti in einem nahe bei der Werft gelegenen Lokal für uns Besatzungsmitglieder ein Abschiedsessen organisiert, bei dem auch die Ehefrauen von Kaleu Lüdden und unserem LI Kießling zugegen waren. Die beiden durften das Boot jedoch nicht betreten, denn nach altem Aberglauben bringen Frauen an Bord eines U-Bootes Unglück.

Am frühen Nachmittag schlüpften wir in unsere U-Boot-Päckchen, die zweckmäßige Bordbekleidung. Als Brückenwache bekam ich drei graugrüne Overalls als Arbeitszeug, eine blaue Schiffchenmütze, eine lange graue Lederjacke, Ölzeug für schlechtes Wetter, zwei blaue Pullover, gestrickte blaue Unterwäsche, Gummistiefel, mit Filz ausgelegte Lederstiefel mit rutschfester Sohle und dicke Lederhandschuhe. Mit den anderen Angehörigen der Freiwache stand ich auf dem Vordeck angetreten, als unser Boot das Werksgelände verließ.

Später glitten wir weserabwärts, durften uns an Deck aufhalten und dabei den Sonnenschein und die frische Luft genießen.

Kaleu Lüdden, Wachoffizier Meenen und die drei zu seiner Brückenwache gehörenden Männer befanden sich selbstverständlich auf dem Turm, und ich sah, dass ihre Gläser viel länger auf das beiderseits vorbeiziehende Land gerichtet waren, als dass sie den Himmel absuchten. Im August 1942 konnten wir uns vor feindlichen Fliegerangriffen in der Heimat noch sicher fühlen.

Bald schon zogen an Backbord Nordenham und dann an Steuerbord Bremerhaven vorüber, beide entglitten achteraus unseren Blicken. Die Dieselmotoren brummten kraftvoll gleichmäßig, als wir die Wesermündung hinter uns ließen, kurz durch die Nordsee pflügten und dann in langsamer Fahrt in das spiegelglatte Wasser des Nord-Ostsee-Kanals fuhren. Hier wurde ich mit einigen anderen zum Kartoffelschälen beordert, doch dabei durften wir uns weiterhin an Deck aufhalten. Wir saßen im Schneidersitz um unseren großen »Küchenpott« und betrachteten dabei die friedliche grüne Landschaft Schleswig-Holsteins. Von beiden Ufern winkten uns immer wieder Menschen zu, und als wir zurückwinkten, fühlten wir uns wie die jungen Helden und Retter des deutschen Volkes, als die uns U-Boot-Fahrer die Reichspropaganda hinstellte.

Am Abend machte unser Boot im Kriegshafen von Kiel fest. Ab diesem 5. August 1942 gehörten wir zur vierten U-Flottille in Stettin, zur AGru (Ausbildungsgruppe) Front. Die Nacht verbrachten wir in einer Marinekaserne, und schon am nächsten Morgen liefen wir aus zu unserer ersten Übungsfahrt in die Ostsee.

Keinem an Bord konnte dabei verborgen bleiben, dass zwei fremde Offiziere zugestiegen waren. Wir hatten noch keine Übungstorpedos an Bord, deshalb hatte ich als Angehöriger der Freiwache genügend Platz, um im Bugraum mit unter dem Kopf verschränkten Armen auf der Klappe zu liegen. Erst in vier Stunden sollte ich mit Obersteuermann Korn, der als fronterfahrener U-Boot-Fahrer auf U 188 als dritter Wachoffizier fungierte, einem Bootsmaat und einem weiteren Matrosengefreiten meine erste Übungswache antreten. Matrosengefreiter Karl Bauer zwängte sich an meiner Klappe vorbei durch den Gang und bemerkte dabei grinsend: »Mann, Toni, ohne Torpedos finde ich es hier fast gemütlich. Nur die Luft ist gewöhnungsbedürftig. Ich muss schnell mal in den Heckraum, um dort unser Erleichterungsbüro zu testen, so lange das winzige Klo noch nicht überfrequentiert ist.«

In diesem Augenblick klang eine laute Stimme aus der Bordsprechanlage: »Hier spricht Kaleu Lüdden.« Seine nun folgenden Worte prägten sich so tief in mein Gedächtnis, dass ich sie fast wörtlich wiedergeben kann: »Wie Sie alle wissen, sind die Küsten der Ostsee deutsch, in deutscher Hand oder gehören zum neutralen Schweden oder zu dem mit uns verbündeten Finnland. Leningrad ist von unseren Kameraden der Marine stark vermint und zudem so gut bewacht, dass es unwahrscheinlich ist, hier einem russischen Kriegsschiff zu begegnen. Die Ostsee wird also unser Übungsgebiet sein, auch wenn ihre Tiefe für unsere Zwecke zu wünschen übrig lässt. Wir können jedoch hier unsere Zeit nicht unbegrenzt zubringen. Jeder unnötige Übungstag ist einer zu viel, denn wir fehlen an der Front. Wann dieses neue Boot und wir als seine Besatzung zu einer kampftauglichen Einheit verschmolzen und allen nur erdenklichen Anforderungen für den Ernstfall gewachsen sein werden, habe nicht ich alleine zu entscheiden. Führer, Volk und Vaterland erwarten jedoch, dass dies so früh wie nur irgend möglich der Fall ist, denn nur wir U-Boot-Fahrer können verhindern, dass aus den USA ungeheure Mengen an Kriegsmaterial nach England und zu seinen Verbündeten gelangen können. Von uns erwartet man deshalb jetzt schon vollen persönlichen Einsatz! Wir werden jetzt erstmals mit unserem neuen Boot tauchen!«

Es wurde ungewohnt still um uns herum, das Dröhnen der Dieselmotoren im Heckraum verstummte. Karl Bauer musste seine Visite im WC zwangsläufig verschieben und stand jetzt genauso angespannt wie ich im Längsgang. Trotz der fahlen, grün-bläulichen Notbeleuchtung zur Stromersparnis beim Tauchen fühlte ich die belustigten Blicke von einigen der Alten aus dem noch unbestückten Torpedoraum auf uns gerichtet und glaubte über mir das Gurgeln und Plätschern zu hören, als das Wasser durch die geöffneten Ventile über meinem Kopf in die ansonsten mit Luft gefüllten Zellen strömte, auf denen das Boot in aufgetauchtem Zustand schwamm. »Untertriebszelle ausblasen! Untertriebsventil schließen!!« Dabei hatte ich ein Gefühl wie in einem schnell abwärts schwebenden Lift.

Beim Auftauchen nach einer knappen halben Stunde hörte ich erstmals das zischende, pfeifende Geräusch, mit der die Pressluft kraftvoll in die Tauchzellen gedrückt wurde, um das Wasser wieder zu entfernen. Das

Boot wurde leichter, und ich fühlte, wie wir nach oben schwebten, und hörte, wie sich »die Alten« über diesen ersten Tauchgang amüsierten: »Der Alte« – damit war Kaleu Lüdden gemeint – »hat doch das Boot ohne Fahrt und ohne Tiefenruder senkrecht nach unten gebracht.« Nun wandte sich einer von ihnen direkt an mich, Karl Bauer und einige andere der Neuen: »Nun guckt doch nicht so dämlich aus der Wäsche! Das war doch eben sanfter als in einem Lift. Alarmtauchen wird ganz anders! Da schrillen alle Glocken, und wir gehen steil über den Bug und mit voller Fahrt in die Tiefe. Sollten wir einmal über Wasser überrascht und angegriffen werden, dann müssen wir doch schnell verschwinden.«

Einige Minuten später kam der Maschinengefreite Hausmann aus dem Dieselraum zu uns nach vorn und rief anscheinend belustigt: »Habt ihr hier nicht mitgekriegt, dass wir im Dieselraum Wassereinbruch hatten? Einer dieser fremden Offiziere muss klammheimlich ein Druckventil gelockert haben. Das kann doch durch den Außendruck beim Detonieren von Wasserbomben vorkommen. Unser Gastoffizier schien sehr zufrieden, als er vom E-Raum aus zusah, wie rasch Maschinenmaat Herbert Wolf die Sache in den Griff bekam. Über solche Kinkerlitzchen können wir doch nur lachen.«

In diesem Augenblick kehrte Karl Bauer von seiner inzwischen erfolgten WC-Inspektion zurück. Er hatte die letzten Worte von Hausmann wohl auch gehört und verkündete wie immer selbstsicher grinsend: »Der zweite Gast an Bord hat wohl auch heimlich einige Hebelchen im Boot verstellt und damit Situationen simuliert, wie sie im Ernstfall angeblich vorkommen sollen. Die beiden hohen Herren unterhalten sich jetzt mit unserem Kaleu und dem LI in der Zentrale. Sie werden in Stettin wieder von Bord gehen und uns mit euch alten Hasen allein üben lassen.«

Anderntags nahmen wir in Stettin Übungstorpedos an Bord. Das war Schwerstarbeit, denn ein sogenannter »Aal« wog etwa 30 Zentner. Die langen, schlanken Torpedos wurden in speziellen Loren auf Gleisen bis zu uns an den Kai geschoben und mit einem Kran an Bord gehievt. Von da an mussten wir den Rest mit Muskelkraft bewerkstelligen. Durch das zur Aufnahme der Torpedos konstruierte druckfeste vordere Luk im Deck des Bugraumes fierten wir zunächst vier schlanke Aale schräg nach unten in den vorderen Torpedoraum, wo die Torpedomannschaft, wir nannten sie Mixer, sie in drangvoller Enge und mit Hilfe von flaschenzugähnlichen Geräten im Unterflur verstauten. Die vier folgenden Aale schoben sie in die Bugtorpedorohre, und zwei befestigten sie in den dafür vorgesehenen Halterungen unter unseren Klappen. Anschließend schoben wir durch das Torpedoluk im Achterdeck zwei Aale für die Rohre im Heck-Torpedoraum und zwei für die Halterungen unter den dortigen Klappen. Zusätzlich konnte unser IX C 40-Boot noch zehn Torpedos in druckfesten Tuben an Deck aufnehmen. Jeweils fünf dieser Behälter befanden sich an beiden Seiten, und die dort verstauten Aale konnten bei Bedarf auf See von uns unter Deck geschafft werden. Wir wussten, dass diese Übungstorpedos in der Ostsee nach dem Abschuss aufgrund unserer Positionsangabe von anderen Schiffen wieder eingeholt wurden und deshalb nach genau berechneter Laufzeit zum leichteren Auffinden senkrecht im Wasser stehen bleiben würden. Dies zu beobachten, sollte ich allerdings niemals die Gelegenheit bekommen.

In den folgenden beiden Monaten übten wir pausenlos. Dabei mussten ich und einige andere im Boot bei stürmischer See oft gegen die Seekrankheit ankämpfen. Doch sobald ich oben an die frische Luft kam, erholte ich mich rasch und fühlte mich wieder besser. Das war für mich ein großer Fortschritt. Mit der Zeit glaubte ich schon ein alter Seemann zu sein, der Wind und Wellen standhalten konnte.

Als Brückenwache mussten wir lernen, bei Alarm innerhalb von Sekunden von unseren Ausguckplätzen oben auf dem Turm an den Holmen der Stahlleiter im Turm in die Zentrale hinabzurutschen, ohne dabei unsere Gläser zu beschädigen. Dabei war die Reihenfolge genau festgelegt. Als Erster musste ich einsteigen, das Turm-MG mitnehmen und dabei besonders schnell sein, damit der nachfolgende Mann mir nicht auf die Schultern sprang. Trotzdem bekam ich mehrmals blaue Flecken oder kleinere Schrammen, wenn es mir nicht gelang, mich unten schnell genug aus der Luftsüll in die Zentrale zu bücken. In unserem Ölzeug und den Südwestern auf den Köpfen – es wurde inzwischen schon kalt und feucht auf dem Wasser – konnten wir lange Zeit nicht schnell genug vor den Rädern sitzen, mit denen wir in der Zentrale bei Tauchfahrt die Tiefenruder zu bedienen hatten. Heute noch höre ich den Alten schimpfen, wenn es uns beiden Anfängern beim Auftauchen nicht gelingen wollte, unser Boot genau auf Sehrohrtiefe (zehn Meter vom Turmluk bis zur Wasseroberfläche) zu halten.

Doch allmählich gelang uns dies immer besser, und wir waren beide ein wenig stolz, als uns der Kaleu sogar lobte.

In der Nacht vom 6. zum 7. Oktober stand ich wieder einmal auf der feucht-kalten Brücke. Grauschwarze Nebelbänke behinderten unsere Sicht, umschwebten aber auch den grau gestrichenen Turm von U 188 und machten ihn fast unsichtbar. Unser Boot durchpflügte die See mit aller Kraft. Wir waren einer der grauen Wölfe, wie die U-Boote wegen ihrer Fähigkeit, sich an Schiffe anzupirschen, und wegen der so zahlreich versenkten Feindschiffe respektvoll bezeichnet wurden. Wir hatten den Auftrag bekommen, einen nach Osten fahrenden deutschen Geleitzug zu verfolgen und mit unseren Übungstorpedos anzugreifen. Kaleu Lüdden stand mit auf der Brücke.

Er trug seine lange, hellgraue Lederjacke, und seine Füße steckten in etwas zu großen, mit Filz ausgelegten Stiefeln, die unter seiner Lederhose hervorlugten. Einzig die weiße Mütze, die nur der Kapitän an Bord tragen durfte, unterschied ihn von uns. Wegen der schlechten Sichtverhältnisse hatte er sich dazu entschlossen, einen Überwasserangriff zu simulieren – auch, um dabei festzustellen, wie weit er sich bei solchen Wetterbedingungen einem Geleitzug nähern konnte, ohne entdeckt zu werden.

Der Alte saß nun hinter meinem Rücken auf einem kleinen Sitz vor dem auf dem Schanzkleid montierten UZV (Zielgerät für Überwasserangriffe). Ich beobachtete wie immer stehend steuerbord achteraus, als Obersteuermann Korn meldete: »Dunkle Schatten steuerbord voraus!«

Von nun an hörte ich die ruhige Stimme von Kaleu Lüdden, der unser Boot mit knappen Befehlen in die für uns günstigste Abschussposition dirigierte. Es war mir zwar strengstens untersagt, meine Beobachtungen in dem mir zugewiesenen Sektor von etwas mehr als neunzig Grad zu unterbrechen. Dennoch riskierte ich es mehrmals, mich mit meinem Glas vor den Augen kurz umzuwenden, um zu sehen, wie aus den gemeldeten Schatten die Umrisse von Schiffen wurden. Mein Fehlverhalten blieb unentdeckt, und ich entschuldigte es vor mir selbst damit, dass ich doch wissen musste, wie Schiffe nachts und bei Nebel von der Brücke aus aussahen. Immer wieder konnte ich hören, wie unser Alter die von ihm mit dem UZV ermittelten Werte nach unten weitergab. Dort saß Bootsmaat Jupp Steimer vor dem Torpedovorhalterechner und gab die Geschwindigkeit des Zielobjektes in den Rechner ein. Die eigene Geschwindigkeit parallel zum Angriffsziel war ja bekannt. Es dauerte ziemlich lange, bis die Entfernung zum Zielobjekt feststand, denn Lüdden wollte sich so nah wie nur irgend möglich heranpirschen. Auch der Kurs musste einmal berichtigt werden, da der Geleitzug seine Fahrtrichtung änderte. Dabei konnte ich hören, wie der Alte leise zum dritten WO bemerkte: »Anfänger scheinen die dort drüben nicht gerade zu sein. Gut so! Dann können wir auch davon ausgehen, dass ihre Wachen nicht schlafen.«

Aus unseren Übungssaalen waren nicht nur die Sprengsätze entfernt, sondern ihre Lauftiefen wurden jetzt zudem so eingestellt, dass sie die Angriffsziele unterlaufen mussten und diese nicht beschädigen konnten. In den Torpedorohren hinter den Aalen waren

Kolben angebracht, die mit Pressluft nach vorn gestoßen wurden und dabei die Torpedos ins nasse Element beförderten. Nach dem Ausstoß begannen die beiden Antriebsschrauben der Aale sich in verschiedenen Richtungen gegeneinander zu drehen und erzeugten hinter sich an der Wasseroberfläche eine Blasenbahn, die aber nur bei klarer Sicht und ruhiger See sichtbar war. Bei Übungsaalen blinkte am Heck ein Licht, damit vom Turm oder bei Unterwasserfahrten durch das Sehrohr ihr Lauf verfolgt werden konnte. Sobald der Aal das Zielschiff unterlief, blitzte an dessen Bordwand ein Lichtstreifen auf, der Treffer bestätigte und bei Fehlschüssen ausblieb. Am Ende unseres nächtlichen Überwasserangriffs gab Kaleu Lüdden über die Bordsprechanlage bekannt: »Drei aus diesem Geleit hätten wir versenkt, bevor uns der begleitende Kreuzer abgedrängt hätte. Der allerdings hätte uns im Ernstfall gefährlich werden können. Unsere Kameraden auf den Brücken dort drüben haben uns beim Anlaufen nicht bemerkt. Wir werden also zu Recht als graue Wölfe bezeichnet.«

Unsere Offiziere und Unteroffiziere waren nicht leicht zufriedenzustellen. Manchmal herrschte deshalb angespannte Nervosität an Bord, die jedoch mit zunehmender Fertigkeit jedes Einzelnen einer gewissen Gelassenheit Platz machte. Bei einer unserer Übungsfahrten überraschte uns ein Wintereinbruch mitten auf der Ostsee. Die wenigen Bootsteile, die aus dem Wasser ragten, waren in immer kürzeren Abständen mit Eis überzogen. Nur durch wiederholtes Tauchen wurden wir es wieder los. Der Aufenthalt auf der Brücke war mehr als unangenehm.

Nach einer vierstündigen Wache waren wir selbst so steif gefroren wie unser Ölzeug, das uns kaum vor der eisigen Kälte und dem schneidenden Wind zu schützen vermochte. Ich stand neben Bootsmaat Jupp Steimer im E-Raum, der uns auch als Trocken- und Umkleidebereich diente. Ich konnte mich kaum ohne fremde Hilfe aus meiner vereisten Umhüllung schälen, und den drei anderen Mitgliedern unserer abgelösten Brückenwache erging es nicht besser. Wir hatten zwar keine Heizung an Bord, doch hier unten schien es mir jetzt geradezu gemütlich warm zu sein. Meine Glieder begannen mit der wieder einsetzenden Durchblutung zu schmerzen, und ich bedauerte, mich in dieser Enge nur durch einige Kniebeugen und kräftiges Reiben wieder warm machen zu können.

Aus den Augenwinkeln sah ich, wie Jupp Steimer seine hart gefrorene Hose mit dem Brustlatz an eines der Stahlgeländer lehnte. Dabei sagte er zu E-Maschinenmaat Baumann: »Gottlieb, unsere durchnässten filzgefütterten Schuhe sind hart gefroren, das gesamte Leder- und Ölzeug konnte bei dieser Kälte kaum verhindern, dass wir alle vier dort oben fast zu Gefrierfleisch erstarrten.« In seiner gemütlich klingenden hessischen Mundart entgegnete Gottlieb: »Aber Jupp! Nun werd doch wieder friedlich. Du wirst sehen, in acht Stunden bist du wieder topfit. Außerdem ist es hier auf der gutmütigen Ostsee längst nicht so kalt wie im Nordatlantik. Aber was nicht ist, kann ja noch werden.«

»Gottlieb, du hast hier unten in deinem gemütlichen E-Maschinenraum leicht reden. Male mal bitte nicht den Teufel an unsere Bordwand.«

»Nein, Jupp; aber Maschinenmaat Braun von nebenan hat mir bereits vor zwei Stunden verklickert, dass einer unserer Diesel zu husten beginnt, und ich konnte es auch schon mehrmals hören. Unser LI Kießling war deshalb schon beim Alten.« Die beiden begannen zu grinsen, was Jupp Steimer schon wieder gelang, nachdem er sich zuvor seine froststarren Wangen gerieben hatte. Auch ich taute langsam auf, und Baumann fügte hinzu: »Unserem Diesel schmeckt wohl das Eiswasser auch nicht, das er bei diesem Seegang immer mal wieder durch sein Belüftungsrohr zu schlucken bekommt. Alle Kraft schafft er jedenfalls nicht mehr zuverlässig. So viel ist jetzt schon sicher.«

Zwei Stunden später lag ich wieder halbwegs durchgewärmt in der Klappe, als sich die Nachricht wie ein Lauffeuer im Boot verbreitete: »Unser Steuerborddiesel musste abgeschaltet werden. Wir sind zur Reparatur in die Werft nach Königsberg befohlen worden.« Den Rest des Tages fuhren wir mit nur einem Diesel Richtung Königsberg und machten am Abend im dortigen Werfthafen fest.

Gegen Mittag des folgenden Tages erzählte mir der stets bestens informierte Karl Bauer in der Kantine der Marinekaserne: »Toni, ich hab' gehört, dass das hier fünf bis sechs Wochen dauern soll. Viel länger, als wir alle angenommen haben. Wir bekommen einen neuen Steuerborddiesel, weil der alte nicht mehr zu reparieren ist.« Karl grinste in seiner bekannt selbstsicheren Art und beugte sich näher an mein Ohr. »Und jetzt kommt's, Toni: Wir sollen alle abwechselnd Urlaub bekommen, soweit sie uns hier nicht brauchen. Zum Aus- und Einbau der Diesel muss nämlich die Bordwand geöffnet und anschließend wieder druckfest verschweißt werden. Das können nur die Fachleute hier.« Wahrscheinlich bekam ich rote Ohren, denn ich fühlte, wie sie vor Aufregung heiß wurden, als Karl weitersprach: »Mann, nun guck doch nicht so ungläubig! Als hätte ich dich jemals angelogen. Wirst schon sehen, die schicken uns in Urlaub.«

Tatsächlich kam bald darauf ein Kleinlaster der Marine aus unserer »Last«, dem Lagerraum für Seesäcke der 4. U-Flottille in Stettin, der unsere Seesäcke mit den Ausgehuniformen und allem, was wir an Bord nicht benötigten, für uns nach Königsberg lieferte. Am 3. November fuhr die erste von zwei Gruppen für 14 Tage in Urlaub. Mit der zweiten Gruppe durfte ich am 27. November um vier Uhr früh auf einen Mannschafts-Transportwagen klettern und zum Bahnhof in Königsberg fahren. In kleinen Gruppen verteilten wir uns auf dem Bahnsteig und stiegen in den schon wenige Minuten später aus Russland kommenden Fronturlauberzug. Als Matrosenobergefreiter Willi Roy und ich uns mit unseren Seesäcken in eines der Abteile zwängten, bestaunten uns die Infanteristen wie Wesen aus einer anderen Welt. Ein junger Heeresunteroffizier rieb sich ungläubig seine schlaftrunkenen Augen und blickte uns fragend an: »Nanu! Aus welchem Modesalon seid denn ihr ausgebrochen?«

Willi Roy entgegnete schlagfertig: »Unsere Uniformen wirken nur deshalb so piekfein, weil wir sie in unserem U-Boot nie anziehen können. Du solltest uns mal in unserer Bordkluft sehen, wenn wir euch den schwimmenden feindlichen Nachschub vom Leib halten müssen. Dagegen siehst du geradezu komfortabel

aus.« Sofort schlug in dem nun vollbesetzten, rauchgeschwängerten Abteil die anfängliche Skepsis uns
gegenüber in anerkennende Bewunderung um. Einige
bestürmten uns mit Fragen. Roy hatte schon zwei sehr
erfolgreiche Feindfahrten hinter sich und schilderte
einige seiner Erlebnisse. Seine Worte ließen mir einen
Schauer über den Rücken laufen: »Jungs, wir tun zwar,
was wir können, eines aber ist klar. Die Zeiten eines
Günter Prien, wo ein Boot unentdeckt in einen Hafen
des Feindes fahren konnte, sind vorbei. Technik und
Bewaffnung unserer Gegner machen uns inzwischen
schwer zu schaffen!«

Die Russlandkämpfer erzählten von ihren Entbeh-
rungen, über die völlig anders gearteten Gefahren der
Front an Land und die unendliche Weite des Landes.
Schweigend hörte ich zu, dachte dabei auch an meinen
Vater, der irgendwo im Bergland Jugoslawiens gegen
Partisanen eingesetzt war. Ein paar der Soldaten gingen
mit ihren Bemerkungen bis an die Grenze der damals gerade noch zulässigen Meinungsäußerung: »Über Krieg
und Frieden haben wir nicht entschieden, sondern diese
bekloppten Politiker auf beiden Seiten der Front. Wir
armen Schweine müssen diesen Salat nun ausbaden.«

Wir blickten einander betroffen an. Ich spürte,
dass jetzt, wo die Sechste Armee in Stalingrad einge-
schlossen war, die unausgesprochene Frage zwischen
den Wolken des Zigarettenrauches in unserem Abteil
schwebte: Können wir unser Vaterland vor dem täglich
stärker werdenden Iwan, den Tommys, den Amis und
ihren Verbündeten überhaupt noch retten oder werden
wir diesen Krieg etwa verlieren? Mich jedenfalls plagten in diesem Augenblick leise Zweifel.

Ein schon älterer Pionierfeldwebel saß mit halb aufgeknöpfter Uniformjacke auf der Holzbank am Fenster, und es wirkte, als gehörten sein Eisernes Kreuz und die anderen Orden so selbstverständlich zu ihm wie die Knöpfe seines abgetragenen Waffenrocks. Jetzt strich er mit einer Hand nachdenklich über seine Bartstoppeln und kommentierte: »Kinder, quatscht euch doch nicht gegenseitig die Ohren voll. Natürlich haben wir einfachen Soldaten das Chaos nicht begonnen, aber verlieren dürfen wir dieses ungeheure Kräfteringen auf keinen Fall, denn sonst geht unser Deutschland unter. Wenn die Rote Armee bei uns eindringt, dann gnade Gott unseren Eltern, Frauen und Kindern. Die Iwans würden alles niederwalzen. Das werden und müssen wir unbedingt verhindern. Und wenn unsere U-Boot-Kameraden weiterhin den feindlichen Nachschub auf den Meeresboden befördern, dann schaffen wir das auch!« Der Zug rollte weiter durch das verschneite Ostpreußen, und die Fahrzeit bis Berlin verging wie im Flug.

Am späten Nachmittag des 28. November verließ ich in Grafing-Bahnhof den Zug von München nach Salzburg, schwang meinen Seesack auf den Rücken und ärgerte mich insgeheim darüber, dass ich auch hier ständig darauf achten musste, jeden Uniformträger, der einen höheren Dienstgrad innehatte, vorschriftsmäßig zu grüßen. Ich war froh, als ich endlich auf der mir so vertrauten Straße von Grafing-Bahnhof nach Grafing-Markt allein war und mit langen Schritten durch die Abenddämmerung zur elterlichen Wohnung in der Griesstraße eilte. Da ich in Königsberg bis zum letzten Augenblick nicht sicher war, ob ich einen Urlaubsschein bekommen würde, hatte ich mich zu Hause nicht angemeldet. Als ich jetzt überraschend unsere Wohnung betrat und Mutter und Schwestern mich überschwänglich begrüßten, blickte ich mich um. Plötzlich schienen mir die kleinen Räume im ersten Stock des einfachen Hauses viel geräumiger, als ich sie in Erinnerung hatte. So sehr hatte ich mich schon an die Enge auf unserem Boot gewöhnt, wo man ja bei jeder unvorsichtigen Bewegung oder bei unbedacht aufrechtem Gang an irgendwelche Hebel, Rohre oder Ecken stieß.

Meine Familie und einige Bekannte verwöhnten mich während der kurzen Urlaubstage so sehr, dass mir bei meiner Abreise der Abschied sehr schwerfiel. Dabei hatte ich mich in den vergangenen Tagen mit meiner blauen Uniform bei Besuchen, auf den Straßen und auch in einigen der Gaststätten nicht immer wohlgefühlt. Oft hatte ich, wenn ich mich nach meinen Schulkameraden oder Freunden erkundigte, hören müssen: »Unser Max ist im Kaukasus gefallen.« Oder: »Franz ist vor Stalingrad als vermisst gemeldet.«

»Unser Schorsch kam in Afrika in Gefangenschaft. Wir haben erfahren, dass er schwer verwundet in einem englischen Lazarett liegt.«

»Wir warten schon lange auf Post von Hermann. Hoffentlich lebt er noch.«

Als ich schließlich in der Königsberger Marinekaserne wieder mit meinen Bordkameraden zusammentraf, fühlte ich Zufriedenheit und Zusammengehörigkeit, so als wäre es ganz selbstverständlich, mit ihnen auf dieses Boot zu gehören. Für uns alle war es keine Frage, dass wir die in uns gesetzten Erwartungen, eben unsere Pflicht, zu erfüllen hatten. In dieser Hinsicht waren Kaleu Lüdden und LI Kießling unsere Vorbilder, denn sie waren beide nicht in Urlaub gefahren, sondern während der Zeit der Reparatur fast den ganzen Tag über bei ihrem Boot in der Werft geblieben. Ihre Ehefrauen waren zwar nach Königsberg gekommen, doch sooft ich mich als Verantwortlicher für unsere Kanone um die druckfest eingelagerten Granaten, die im Unterflur verstauten Handfeuerwaffen und die dazugehörige Munition zu kümmern hatte, indem ich sie ölte, polierte und wieder platzsparend verstaute, waren beide Offiziere beim Boot anzutreffen. Ihre Frauen sahen wir mehrmals zusammen in der Stadt, wenn uns großzügig Ausgang gewährt wurde.

Gegen Mittag des 10. Dezember waren wir wieder bereit zum Auslaufen. Eisiger Ostwind trieb dichte Nebelschleier über das Wasser, als das Boot langsam das Werftgelände verließ. Gefreiter Rötters stand neben mir als hinterer Ausguck. Im ruhigen Fahrwasser des Frischen Haffs befahl hinter mir Kaleu Lüdden: »Halbe Fahrt voraus!« Kaum hatten wir die offene See erreicht, hieß es: »Volle Fahrt voraus!« Deutlich konnte ich danach noch verstehen, wie Kaleu Lüdden zu dem neben ihm stehenden Leutnant Benetschik leise bemerkte: »Nun wollen wir doch mal sehen, was dieser Diesel kann. Im Ernstfall müssen wir uns bei AK (alle Kraft) voll auf ihn verlassen können. Sollte er streiken, dann jetzt gleich. Wir werden dem Boot und der Besatzung in nächster Zeit nichts schenken können.«

Auf dieser Fahrt übten wir alles nur Erdenkliche. Unter anderem ließ der Alte einen Fall simulieren, bei dem uns feindliche U-Boot-Jäger längere Zeit unter Wasser hielten und auf uns Jagd machten. Dabei wurde die Luft im Boot im wahrsten Sinne des Wortes dick, sämtliche Lampen waren zur Stromersparnis ausgeschaltet und nur noch die Instrumente schwach beleuchtet. Jeder Mann, der nicht gebraucht wurde, hatte still zu liegen. Wir atmeten alle so flach wie möglich, und die Stickstoff bindenden Alkalipatronen wurden jeweils nach etwa vier Stunden so heiß, dass sie ausgewechselt werden mussten. Bei dieser Übung bekamen wir einen bitteren Vorgeschmack auf das, was einmal auf uns zukommen würde. Als wir endlich wieder auftauchten und das Boot durchgelüftet werden konnte, hoffte ich ehrlich, niemals wieder so lang unter Wasser bleiben zu müssen. Die Alten aber machten uns klar, dass ein Unterwassermarsch mehrere Tage dauern konnte und wir im Ernstfall unsere Tauchretter tragen würden. Um diese Übung realistischer zu machen, hatte der Kaleu bei Schleichfahrt mehrmals die Tauchtiefe und den Kurs geändert.

Weihnachten 1942 feierten wir in feucht-fröhlicher Männerrunde in einer Marinekaserne in Danzig. Mitte Januar erhielten Bootsmaat Jupp Steimer und ich Marschpapiere von Stettin nach Esslingen bei Stuttgart, um dort in einer darauf spezialisierten Druckerei Seekarten abzuholen und an Bord zu bringen. Jupp stellte klar: »Toni, das ist ein untrügliches Zeichen dafür, dass wir bald in die Weltmeere geschickt werden. Also: Heute Nacht vor unserer Abreise möchte ich dich keinesfalls hier in der Kaserne finden. Du solltest deine kostbare Zeit mit deiner Freundin zubringen. Wir treffen uns morgen pünktlich am Bahnhof. Mann, nun hau schon ab!« Natürlich ließ ich mir dies nicht zweimal sagen, warf mich in meine Ausgehuniform und fuhr mit der Straßenbahn zu Gisela.

Nachdem Jupp Steimer und ich die gut verpackten und nicht leichtgewichtigen Seekarten aus Esslingen bei Kaleu Lüdden abgeliefert hatten, erfuhren wir, dass U 188 ab dem 1. Februar 1943 der zehnten U-Flottille in Lorient zugeteilt war. Jetzt wussten alle, dass die Zeit des Übens zu Ende ging, und bald verbreitete sich in Windeseile die Nachricht: »Wir haben soeben den Funkbefehl vom BdU, dem Befehlshaber der Unterseeboote, bekommen: ›Einlaufen für Lüdden Kiel‹!«

Boot und Besatzung waren mittlerweile zu einer echten Einheit verschmolzen, denn jeder Mann kannte seine Aufgaben und die dafür erforderlichen Handgriffe an Bord genau. Sechs Tage lang lagen wir am Kai des Kriegshafens von Kiel. Unsere Übungssaale ersetzten wir durch vierundzwanzig scharfe Torpedos. Beim Einlagern der Granaten, der Maschinengewehr-Munition und der Munition für unsere Maschinenpistolen in druckfeste Behälter unter den Flurplatten der Zentrale war ich wegen der dort herrschenden Enge allein. Allerdings überprüfte Leutnant Benetschik meine Arbeit mehrmals sehr exakt. Abschließend wurde in jedem verfügbaren Winkel des Bootes Proviant verstaut, und an manchen Stellen baumelten Hartwürste unter Rohren und Hebeln. Sogar das WC im Bugraum wurde bis zum letzten Quadratzentimeter mit Konservendosen voll gepackt. Dabei hörte ich einen der Alten ahnungsvoll bemerken: »Jungs, das wird sicher eine längere Reise. Wenn 54 Mann in diesem Boot nur mit einer Erleichterungszelle auskommen müssen, dann sind wohl Platzkarten angesagt. Hoffentlich ist jeder von uns kräftig genug, seinen Mist gegen den Widerstand der Druckzelle hinauszupumpen.«

Während der letzten Nächte in unseren Kasernenbetten schlief ich unruhig, und es bedurfte deshalb keiner großen Überredungskünste von Karl Bauer, mit ihm und einigen anderen »auszubüchsen«. Jeder von uns versuchte, seine Gedanken mit allen erlaubten und verbotenen Mitteln von den auf uns zukommenden Gefahren abzulenken, die uns von den Alten ziemlich drastisch geschildert worden waren. Keiner wusste es mit Gewissheit, doch wir waren alle überzeugt, unser Einsatzgebiet konnte nur der Nordatlantik sein.

Am 4. März 1943 um acht Uhr stand ich mit allen unter Deck entbehrlichen Kameraden der Freiwache auf dem Vordeck angetreten. Ein wolkenloser, klarer Frühlingshimmel wölbte sich über Kiel und ließ das Wasser der Bucht in friedlichem Blau schimmern. Wir waren einheitlich mit unseren U-Boot-Päckchen bekleidet. Auf der Brücke standen Kaleu Lüdden und unsere drei Wachoffiziere, als sich unser Boot langsam vom Kai löste. Eine Marinekapelle begann, uns mit zündender Marschmusik »hinauszuspielen«. Dabei ertappte ich mich bei dem Gedanken, dass ich jetzt gern mit einem ihrer Mitglieder tauschen würde, und bekam eine Gänsehaut. Später gestanden mir einige der anderen, dass es ihnen ähnlich ergangen war. Wie es uns allen eingedrillt war, grüßten wir militärisch vorschriftsmäßig mit angewinkelten Armen und an unsere Mützen angelegten Händen sowie unbewegten Gesichtern eine Gruppe von höheren Standortoffizieren, die sich zu unserer Verabschiedung am Kai eingefunden hatte.

Unser Boot gewann rasch an Fahrt. Ein paar Marinehelferinnen in ihren adretten blauen Uniformen liefen an der Pier entlang und versuchten winkend, mit uns Schritt zu halten. Ein paar Augenblicke verschmolzen Männerstimmen, die Rufe der Frauen, das Brummen der Dieselmotoren und die Klänge der Marinekapelle zu undefinierbarem Lärm. Bald versperrte mir unser Turm die Sicht auf die Zurückbleibenden. U 188 wurde immer schneller, die Bugwelle begann zu rauschen, während die Musik achteraus immer leiser wurde, um schließlich völlig zu verstummen. Wir waren sehr still geworden. Nur das Rauschen der Wellen und die heiseren Schreie der uns begleitenden Möwen waren noch zu hören.

»Alle Mann unter Deck!« Die Stimme von Kaleu Lüdden brachte Bewegung in unsere Reihen und riss uns aus unseren Gedanken. Als einer der Letzten schwang ich mich durchs Turmluk, ging von der Zentrale zu meiner Klappe im Bugraum und zwängte mich in den Spalt, den mir der darunter liegende Torpedo übrig ließ. Mit offenen Augen wehrte ich mich gegen ein neues beklemmendes Angstgefühl: »Wie wird es wirklich sein, wenn ...?« Zahlreiche Fragen stürmten auf mich ein, und alle blieben sie unbeantwortet.

Irgendwie fühlte ich mich befreit, als ich nach zwei Stunden zum Backschaftsdienst bei den Unteroffizieren eingeteilt wurde und mich körperlich betätigen konnte. Einige Unteroffiziere der Freiwache, darunter auch Maschinenmaat Bischoff, saßen eng nebeneinander an einem schmalen Tisch auf dem Flur im sogenannten Unteroffiziersraum. Auch dieser Teil war von Rohren durchzogen, auch Unteroffiziere der Freiwache mussten ihre Klappen mit einem Dienst verrichtenden

Kameraden teilen, und zudem war der Unteroffiziersraum ein Durchgangsraum wie alles an Bord. Jeder Mann, der aus der Zentrale oder dem Bugraum kam oder dort hinmusste, zwängte sich durch den schmalen Gang, auch wenn dort die Freiwache beim Essen saß.

Als ich nun die erst frisch eingeräumten Teller aus dem kleinen Spind und der darunter befindlichen Spülschüssel herausnahm und verteilte, fiel mir auf, dass Bischoff seinen Teller zuerst kritisch hin und her drehte, bevor er ihn vor sich abstellte. Längst schon hatte ich bemerkt, dass nicht nur ich ihm unsympathisch zu sein schien. An Bord gab es zwar keinerlei Schikanen, dennoch hatte Bischoff schon mehrmals versucht, Macht zu demonstrieren. Dass er jetzt aber versuchen würde, mich für eventuelle Makel am überreichten Essbesteck verantwortlich zu machen, überraschte mich, und ich war froh, dass ich mit ihm nur dann zu tun hatte, wenn ich als Backschafter eingeteilt war. Ich tat, als hätte ich es nicht bemerkt, stieg durch das Luk und nahm vom Smut an seiner kleinen Kochstelle zwischen Unteroffiziers- und Offiziersraum den Topf mit dampfendem Eintopf und ein Tablett mit frisch geschnittenem Brot in Empfang. Frisches Brot, Obst, Gemüse und Kartoffeln gab es nur während der ersten Zeit der Fahrt. Später sollten diese Herrlichkeiten von Konserven, Trockenkartoffeln und Dörrobst abgelöst werden.

Im Boot konnte aus Seewasser destilliertes Wasser erzeugt werden, das für unsere Batterien im Unterflur des Torpedo- und Mannschaftsraumes im Bug benötigt wurde. Die Reste dieses Destillats wurden zuerst gefiltert und danach von unserem Smut zum Kochen verwendet. Trinkwasser stand nur in begrenzter Menge zur Verfügung. Wir mussten sparsam damit umgehen. Deshalb spülten die jeweiligen Backschafter das Geschirr nach dem Essen in der kleinen Metallschüssel mit Meerwasser, dem P 3 (Persil 3) als Weichmacher zugefügt war.

Um zwölf Uhr begann mein Wachdienst auf der Brücke. Die Ablösung der zweiten Brückenwache mit Leutnant Benetschik ging sehr rasch vor sich. Bei unserem Wachgang fungierten Obersteuermann Korn als Wachoffizier und Bootsmaat Steimer als vorderer Ausguck, während Matrosengefreiter Rötters und ich wie üblich den Himmel und die See hinter uns zu überwachen hatten. Bei der Ablösung entging mir nicht, dass Leutnant Benetschik zu Korn bemerkte: »Seit 11.45 Uhr fahren wir gemäß Auslaufbefehl im Geleit.« Während dieser Worte deutete er mit ausgestrecktem Arm auf zwei nebeneinander vor uns herfahrende deutsche Minenräumboote, die auch mit Fliegerabwehrkanonen bestückt waren. Wir vermuteten, dass die beiden uns durchs Kattegat und das Skagerrak bis zur Nordsee geleiten würden, um zu verhindern, dass wir auf Minen liefen. Unser genauer Einsatzplan war nur den Offizieren bekannt.

Die Küsten der dänischen Inseln glitten langsam an uns vorüber. Wir fühlten uns hier zwar noch sicher, doch jedem von uns war bewusst, dass das Boot auch jetzt schon auf unsere Aufmerksamkeit angewiesen war. Wir hatten gehört, dass unsere Gegner sogenannte Radargeräte besaßen, mit denen sie Schiffe sogar bei Nebel und Dunkelheit erfassen konnten. Wir waren über Wasser auf unsere Augen und scharf zeichnende Gläser und unter Wasser auf unser Horchgerät angewiesen.

Als wir am 8. März in der nördlichen Nordsee vom Geleit entlassen wurden, stand ich wieder auf der Brücke. Von jetzt an waren wir auf uns selbst gestellt. Angespannter als je zuvor suchten meine Blicke durch das Doppelglas in dem mir zugewiesenen rückwärtigen Sektor zunächst das Wasser der Kimm, dem Treffpunkt von Wasserfläche und dem bewölkten Himmel am Horizont, und danach den darüber gewölbten Luftraum, Letzteren zeitweilig auch ohne Glas, ab. Unsere Gläser befanden sich ausnahmslos langsam und beständig in ovalen Bewegungen. Dabei hatte ich die Stimmen meiner Ausbilder im Ohr: »Wenn Sie ein herannahendes Flugzeug zu spät melden, einen feindlichen Zerstörer oder U-Boot-Jäger zu spät erkennen, kann dies den Tod der gesamten Besatzung, das Ende bedeuten. Von Ihrer Konzentration und Ausdauer bis zur letzten Sekunde der vierstündigen Wache hängt sehr viel ab. Die Gefahr für das Boot kann aus allen Richtungen, aus jeder Wolke oder auch aus dem Wasser kommen. Aber Achtung: Unbedachte Hast schadet ebenso, nämlich dann, wenn jede Möwe zum angreifenden Flugzeug oder jeder am Horizont aufsteigende Wolkenfetzen zur Rauchfahne erklärt wird. Derartige Überreaktionen sind schädlich, da sie unnötige Unruhe verursachen. Bleiben Sie deshalb stets aufmerksam, konzentriert und immer ruhig.«

Eine plötzliche Übung riss mich aus meinen Gedanken. Kaleu Lüdden befahl Alarmtauchen bis 140 Meter und dazu Unterwassermarsch, wobei an mehreren Stellen im Boot auftretende Leckagen beseitigt werden sollten. Während die Männer vom technischen Personal, allen voran unser Leitender Ingenieur, vollauf mit diesem Befehl beschäftigt waren, musste ich still auf meiner Klappe liegen und kam mir überflüssig vor. Kaum waren wir wieder oben, meldete Schulz aus dem Funkraum Ortung durch feindliches Radar. Auf der Brücke war ein einfaches, mit Drähten bespanntes Holzkreuz in einer Halterung befestigt, das sogenannte Biskaya-Kreuz oder Funkmessgerät, mit dem uns erfassende Radarstrahlen festgestellt und über ein Kabel in den Funkraum gemeldet wurden. Kaum war die zweite Brückenwache mit Leutnant Benetschik im Boot und das Turmluk hinter ihnen wieder geschlossen, da gingen wir wieder »in den Keller«. Das Biskaya-Kreuz sowie das MG hatten sie wie üblich mit heruntergebracht. Vor meinem geistigen Auge sah ich nun Schulz in dem kleinen Funkraum am Horchgerät sitzen und angespannt lauschen, doch er meldete keine Schraubengeräusche. Matrosengefreiter Koch, er war als Mitglied der zweiten Brückenwache mit Leutnant Benetschik oben gewesen, erzählte mir später, dass sie die Isolierung des Kabels am Funkmessgerät an drei aufgescheuerten Stellen erneuern mussten. Der Fehlalarm war durch die Reibung dieser defekten Kabelstellen an Metallteilen entstanden. Da sich während der folgenden Tage ähnliche Fehlalarme mehrmals wiederholten, weswegen viel unnötige Aufregung entstand und wir Zeit verloren, schien der Kaleu keineswegs enttäuscht, als unser Biskaya-Kreuz bald darauf bei sehr schwerer See zerbarst und nicht mehr verwendet werden konnte.

Am 11. März erreichten wir das Nordmeer. Unserem Boot machten heftige Stürme zu schaffen. Auf den hohen Wellen taumelnd, fühlte ich mich unvermittelt auf die mir schon bekannte Weise unwohl. Einmal schaffte ich es gerade noch rechtzeitig, das WC im Heckraum zu erreichen. Dabei war es mein Glück, dass sich vor unserem »Erleichterungsbüro« nicht die sonst übliche Warteschlange befand. Kaum einer meiner Kameraden bemerkte den Vorfall. Es beruhigte mich nur wenig, dass es einigen anderen ähnlich erging. Später kam ich als Brückenwache an die frische, raue Seeluft und erholte mich trotz des Sturmes und der schweren See rasch.

Vor Beginn meiner Wache um zwölf Uhr am 12. März holte ich meine Brückenbekleidung aus dem E-Raum und erntete dort beim Anziehen des längst nicht wieder getrockneten Leder- und Ölzeugs mitleidige Blicke von E-Maschinenmaat Baumann. Dabei ließ mich das nur mäßig schlingernde Boot hoffen, dass wir ohne Sicherheitsleinen auskommen würden. Tatsächlich, als ich durchs Turmluk auf die Brücke kletterte, gebärdete sich die See im Vergleich zur Wache davor geradezu friedlich. Der Himmel verbarg sich nach wie vor hinter tief hängenden grauen Wolken. Abwechselnde Schnee- und Graupelschauer gestatteten uns eine Sicht von höchstens sechs bis sieben Kilometern. Zwanzig Minuten mochten vergangen sein, als der Befehl von Obersteuermann Korn kam: »Ruder hart backbord! Treibmine voraus!« Schon einige Sekunden später sah ich an Steuerbord etwa 200 Meter von uns entfernt den dunkel glänzenden und mit spitzen, kegelförmigen Zündern bewehrten Sprengkörper einige Male aus Wellentälern emportauchen und rasch an uns vorübergleiten. Im gleichen Augenblick hörte ich Lüdden, der auf die Brücke geeilt war: »Gut gemacht, Korn! Das war knapp!«

»Danke, Herr Kaleu.« Die Stimme Korns war so ruhig und unbewegt wie immer. Er nahm dabei sein Glas nicht eine Sekunde von den Augen. Wieder einmal wurde mir klar, wie wichtig unsere Aufmerksamkeit für das Leben aller an Bord war.

Am 13. befanden wir uns westlich von Island. Wir waren der Ansicht, dass es in amerikanischen Häfen offenbar deutsche Agenten gab, die dem BdU das Auslaufen von Konvois sowie auch die vorgegebene Fahrtroute meldeten. Wohl deshalb waren wir in den hohen Norden beordert worden. Am Tag darauf fuhren wir durch die Island-Passage. Immer wieder einsetzendes Schneetreiben gestattete uns nur unzureichende Sicht. Wir wussten, dass auf Island, also in unserer unmittelbaren Nähe, britische Luft- und Seestreitkräfte stationiert waren. Auch aus diesem Grund wachte ich noch angespannter. Vor allem Bomber konnten uns wegen ihrer Geschwindigkeit sehr gefährlich werden. Wir mussten sie unbedingt früh sehen.

»Alarm!« Schon schwang ich mich durchs Turmluk, rutschte in die Zentrale an meinen Platz vor dem Rad für das vordere Tiefenruder. Bevor die Tauchbeleuchtung eingeschaltet wurde, warnte an- und ausgehendes Licht auch den letzten Mann im Boot. Alarmglocken schrillten laut, dennoch konnte ich die Meldung Korns an Kaleu Lüdden gut verstehen: »Zerstörer steuerbord querab. Kommt aus Schneewand in Lage null Grad direkt auf uns zu. Entfernung etwa 5000 Meter!«

»Sein Radar hat uns wohl erfasst. Wir werden uns anstrengen müssen, um ihn auszutricksen.« Ein kurzer Blick auf das Manometer zeigte mir, dass wir gerade 100 Meter Tiefe erreichten, im gleichen Augenblick hörte ich vor uns zum ersten Mal das Dröhnen explodierender Wabos (Wasserbomben). Jetzt wusste ich, wie schauerlich laut sich dies unter Wasser anhörte. Ich hatte Angst, konzentrierte mich aber auf mein Tiefenruder und fragte mich, ob ich im Leben noch jemals etwas anderes hören würde, wenn die nächste Abwurfwelle nur fünfzig Meter oder weniger von uns entfernt war. Unsere Druckventile könnten einer so nahen Explosion nicht standhalten, wir wären alle verloren.

»Schreck-Wabos«, sagte Kaleu Lüdden hinter mir. Er war vollkommen ruhig. »Auf hundertfünfzig Meter gehen! Je tiefer wir sind, desto weniger Wirkung haben diese Dinger.« Ob diese letzte Bemerkung für mich und den Gefreiten Rötters gedacht war? Jedenfalls waren wir beide die Einzigen in der Zentrale, die zum ersten Mal Wabos detonieren hörten.

Jetzt vernahmen wir die Schraubengeräusche des Zerstörers direkt über uns. Ein kurzer Blick zurück zu Kaleu Lüdden zeigte mir, dass dieser seine weiße Mütze ins Genick geschoben hatte und wie alle in der Zentrale starr nach oben blickte. »Wirft er jetzt die nächste Wabo-Serie oder erst achteraus?« Diese bange Frage schien sich in diesem Augenblick wohl jeder im Boot zu stellen, und ich ertappte mich dabei, dass ich angstvoll betete, die Sekunden zählte und das Tiefenruder fast automatisch bediente. Eine Serie von acht Wabos fiel hinter uns, und mir schienen die dröhnenden Detonationen weiter entfernt zu sein als die des ersten Angriffs. Das Boot wurde erneut von Druckwellen gerüttelt. Die fahle Beleuchtung flackerte gespensterhaft. Wenig später folgten nochmals etwa zwanzig Wabos. Oberleutnant Kießling hielt unser Boot mit knappen, leisen Anweisungen auf genau einhundertfünfzig Metern. Kaleu Lüdden befahl Schleichfahrt, bei der es gerade noch möglich war, das Boot zu steuern, und wechselte den Kurs. Dabei bemerkte er leise zu Kießling: »Wir werden diesen Burschen mit unseren Häkchen verunsichern. Gott sei Dank scheint er allein zu sein. Gegen mehrere von dieser Sorte wären wir ohne jede Chance.« Kießling antwortete nicht, doch während ich meine Blicke starr auf das Tiefenmessgerät gerichtet hielt, vermutete ich, dass er zustimmend nickte. Der Zerstörer irgendwo über uns war etwa 15 Minuten lang nicht mehr zu hören. Er hatte seine Maschinen gestoppt und schien nach uns zu peilen, denn sein Suchgerät war mehrmals leise zu vernehmen. Er lauerte dort oben wie ein Jäger auf seine Beute. Wir wussten, dass jede der nächsten Minuten unsere letzte sein konnte. Ein kurzer Seitenblick auf Rötters zeigte mir, dass dessen weiße Stirn mit kleinen Schweißperlen übersät war und seine tief in den Höhlen liegenden Augen ebenfalls starr auf das Manometer gerichtet waren. Es mag jeder von uns anders empfunden haben, ich jedoch fühlte mich in dieser bedrohlichen Situation hilflos eingesperrt, an meinen Platz gefesselt. Trotz meiner Angst empfand ich Wut darüber, dass die Tommys dort oben versuchten, uns zu vernichten, uns allen nach dem Leben trachteten. An einen meiner Gedanken kann ich mich noch genau erinnern: »Eine verrückt gewordene Welt ist das, in der Männer von der anderen Feldpostnummer ihre Gegner gnadenlos ins Jenseits befördern und dafür auch noch von ihrer Führung belobigt werden.«

Im Boot war außer dem leisen Surren der E-Maschinen kein Laut zu hören. Dieses Katz-und-Maus-Spiel, dieses zielstrebige Belauern auf Leben und Tod erlebte ich an diesem Tag zum ersten Mal. »Ob wir wieder auftauchen können? Müssen wir hier unten ersaufen wie Katzen in einem Sack?« Dies fragte ich mich immer wieder, während ich das Manometer schräg über mir nicht aus den Augen ließ. Nach etwa zehn Minuten begannen die Schraubengeräusche des Zerstörers nicht weit entfernt über uns backbord achteraus einen geräuschvoll gurgelnden Suchbogen zu beschreiben. Dabei zerrissen zwanzig Detonationen die kurze, trügerische Ruhepause, und das Boot wurde von ihrer Wucht wie von einer unsichtbaren Riesenfaust durchgerüttelt. Wieder begann die schwache Beleuchtung unruhig zu flackern. Aus einigen Teilen des Bootes wurden Schäden gemeldet. Die Schraubengeräusche näherten sich nun von der anderen Seite, und ich glaubte, dass sie nicht mehr so nah schienen wie zuvor. Als ich mir eine Schweißperle von der Stirn wischte, sah ich den Alten mit zwar angespanntem Gesichtsausdruck, doch mit triumphierendem Leuchten in den Augen neben dem Sehrohr stehen und bemerkte zudem, wie Kießling neben ihm erleichtert zu grinsen begann. Das beruhigte mich ungemein, und ich dachte: »Die beiden haben diesen Feuerzauber ja schon öfter mitgemacht und scheinen jetzt anzunehmen, dass wir diesem Wabo-Werfer entkommen können.«

»Schleichfahrt beibehalten. Kurs Süd-West«, lautete der halblaute Befehl von Kaleu Lüdden. Kurz darauf antwortete der Rudergänger: »Kurs liegt an.« Obwohl ich neue Hoffnung schöpfte, umklammerte noch immer Todesangst meine Brust mit eiserner Faust. Das Atmen fiel mir schwer, doch ich bediente das Tiefenruder so selbstverständlich und ruhig, wie es uns eingedrillt worden war. Der Abstand zu unserem Verfolger schien mir kaum größer zu werden. Dabei fielen innerhalb banger, langer Stunden immer wieder Wabos, bald bedrohlich nahe, dann wieder weiter entfernt. Längst hatte ich es aufgegeben, die Detonationen zu zählen, doch bei jedem dieser im Wasser so unheimlich laut klingenden Explosionen musste ich mich sehr beherrschen, um meine Unruhe nicht zu zeigen. Obwohl ich eine Wabo-Verfolgung niemals zuvor selbst erlebt hatte, glaubte ich, dass die letzte Serie nicht weit von uns genau auf unserer Tiefe zu liegen schien. Ich zog in Erwartung des Todes unwillkürlich meinen Kopf zwischen die Schultern. Meine Annahme wurde sogleich bestätigt, denn ich hörte den Kaleu: »Auf einhundertdreißig Meter gehen.« Rötters und ich waren vollauf damit beschäftigt, dieser Anordnung Folge zu leisten.

Die Schraubengeräusche des Zerstörers zeigten uns akustisch seine einmal entfernter, dann wieder bedrohlich nahe liegenden Suchbögen an. »Dieser Kerl hat eine ungeheure Ausdauer«, hörte ich Kaleu Lüdden sehr leise zu dem neben ihm stehenden Leutnant Meenen sagen.

»Hoffentlich bleibt er allein.« Meenen klang skeptisch, und ich fragte mich unwillkürlich: »Was wird aus uns, wenn dieser Tommy über Funk Verstärkung angefordert hat?«

Während ich zusammen mit Rötters ständig darum bemüht sein musste, U 188 genau auf der uns befohlenen Tiefe zu halten, plagten mich im Stillen immer wieder Zweifel, ob uns dieser verfluchte Zerstörer mit seinen Wabos nicht doch einmal zu nahe kommen würde. Wir waren schon sechs Stunden unter Wasser. Die Luft in der engen Stahlröhre war dementsprechend stickig.

Jede der nun folgenden Minuten erschien mir länger als die vorangegangene.

Endlich! Kurz nach 18 Uhr schienen die Schraubengeräusche langsam und beständig leiser zu werden. Weiter entfernt fielen einige Wabos, dann war nichts mehr zu hören. »Hoffentlich löst diesen Kerl nicht ein anderer ab, um uns zu jagen«, mit dieser Befürchtung begann ich gerade unser Glück zu bezweifeln, als Oberfunkmaat Schulz die Tür seines kleinen Funkraumes aufstieß und meldete: »Zerstörer entfernt sich rasch nach Nord-Ost! Keine anderen Schraubengeräusche!« Die Stimme unseres Kapitäns klang ruhig und so beherrscht wie immer, als er antwortete: »Danke, Schulz.«

In diesem Augenblick hätte ich vor Freude und trotz der von Angst geschwängerten sauerstoffarmen und kaum noch als solche zu bezeichnenden Luft am liebsten laut zu jodeln begonnen. In all den blassen, schon bärtigen Gesichtern ringsum konnte ich freudige Erleichterung erkennen. Diese war auch in Kaleu Lüddens Stimme nicht zu überhören, als er wieder in gewohnter Lautstärke befahl: »Auftauchen bis Sehrohrtiefe!« Rötters und ich waren wieder gefordert, und niemals zuvor hatte ich die mir zugedachten Aufgaben so gern erfüllt.

Unser Kaleu überließ nichts dem Zufall. Er machte zunächst einen langen, gründlichen Rundblick durch das wieder reparierte Sehrohr, in das während der hinter uns liegenden Stürme Wasser eingedrungen war. Anschließend suchte er durch das Luftsehrohr auch noch den Himmel ab, denn er vermutete wohl Flugzeuge, die der Zerstörer herbeigerufen haben könnte. Erst dann gab er Befehl zum Auftauchen und Durchlüften des Bootes. Noch während Meenen und die Männer seiner Wache gewohnt rasch auf die Brücke kletterten, trat Lüdden an den Kartentisch, befahl den neuen Kurs und AK (Alle Kraft) voraus. Die Diesel brummten, die verbrauchte Luft wurde abgesaugt, und durch das Ansaugrohr strömte Frischluft herein, die sich durch unser Belüftungssystem überall im Boot verteilte. Wir atmeten befreit auf. Während ich mich im E-Raum aus meinem Ölzeug schälte, stellte ich fest, dass dort wie immer nach dem Auftauchen als Erstes Pressluft erzeugt und die Batterien wieder aufgeladen wurden. Wie selbstverständlich benahmen wir uns alle, wie es uns während unserer Ausbildung eingeschärft worden war: so, als wäre nichts Außergewöhnliches geschehen. Jeder erfüllte seine Aufgaben. »Das Boot und seine Besatzung sind eine untrennbare Einheit, die immer funktionieren muss!« Diesen Satz hatten wir während der Ausbildung so oft gehört, dass er jedem in Fleisch und Blut übergegangen war.

Am 21. März erreichten wir das befohlene Zielgebiet. Die unwirtlich kalte Wasserwüste, auf der ich nicht selten Treibeis sichtete, sagte mir persönlich nur wenig über unseren genauen Standort. Dieser war nach wie vor nur unseren Offizieren bekannt. Das war eine Sicherheitsmaßnahme. Sollten wir im schlimmsten Fall als Überlebende des gesunkenen Bootes in Gefangenschaft geraten, so würden wir selbst die geschicktesten Fangfragen bei Verhören nicht beantworten können. Wir einfache Seeleute wussten nur, dass wir uns hier irgendwo südlich von Grönland befanden, um mit anderen, ebenfalls in dieses Seegebiet beorderten Booten zusammenzutreffen. Uns war außerdem bekannt, dass wir hier im hohen Norden eine Postenkette zu fahren hatten, das hieß: Der Abstand von Boot zu Boot betrug bei guter Sicht etwa zwanzig bis dreißig Seemeilen, um einen gemeldeten Geleitzug zunächst aufzuspüren. Der Erste von uns, der ihn fand, wurde der sogenannte Fühlungshalter. Dieser hatte andere Boote mit Funksignalen an die Seekriegsleitung an das Geleit heranzuführen, um erst dann als Gruppe möglichst viele von den schwer beladenen Transportschiffen zu vernichten und somit den unseren Gegnern zugedachten Nachschub zu unterbinden.

U 188 hatte die Stürme und auch den Angriff des englischen Zerstörers nicht unbeschadet überstanden. An einigen Stellen des Bootes wurde fieberhaft gearbeitet. Nicht nur das Biskaya-Kreuz hatte der Sturm zerschmettert, sondern auch Bleche an der Außenverkleidung losgeschlagen, die unangenehme Geräusche verursachten und überall im Boot zu hören waren. Neben der 6,7-Zentimeter-Flak klaffte ein großes Loch in der Fläche unseres Decks, und einige Oberdecksklappen waren weggeschlagen.

Während ich die lang hingezogenen Wellen achteraus und den Himmel absuchte, vernahm ich hinter mir auf der Brücke ungewohnte Geräusche. Kurz danach bemerkte ich mit einem hastigen Blick, wie Maschinenmaat Hannes Arnold ein Schweißgerät zum Loch neben unserer Flak zog. Soweit ich mich erinnern konnte, waren auch in der wasserdichten Back Risse gewesen, wodurch dort Luft entweichen und ein Unterschneiden des Bootes möglich werden konnte. Diese Gefahr musste jetzt trotz der bedrohlichen Nähe des Feindes rasch beseitigt werden. Willi Roy zerrte ein Kabel zu

Maschinenmaat Arnold. Sie begannen sofort mit dem Schweißen. Dabei blendeten mich die sprühenden Funkenbögen. Mein Mund war schon zum Alarmruf geöffnet, als ich gerade noch rechtzeitig erkennen konnte, dass es sich bei dem an der Kimm wahrgenommenen Schatten nicht um ein Schiff, sondern um eine große Eisscholle handelte.

Auch am Vordeck übertönten die Geräusche der dortigen Reparaturarbeiten das heute fast angenehme Rauschen des Windes. Mich durchzuckte ein schrecklicher Gedanke, während meine Augen unablässig suchten. »Wenn uns jetzt ein Flugzeug oder Zerstörer angreift, können wir nicht schnell genug verschwinden. Bis dieses Kabel ins Boot gezogen oder gekappt ist und die Männer vom Deck vor uns eingestiegen sind, vergeht viel kostbare Zeit. Ein Flugzeug ist doch so schnell, und wir bieten ihm in unserem derzeitigen Zustand ein kaum zu verfehlendes Ziel für seine Bomben. Zudem schweißen die Kameraden dort, kaum drei Meter unter mir, mit dem Strom einer unserer E-Maschinen.« Eine Minute später fragte ich mich: »Reicht denn eine E-Maschine für den Schraubenantrieb beim Tauchen? Können die im E-Raum denn so schnell umschalten, dass wir mit der Kraft beider E-Maschinen in den Keller gehen können?« Walter Rötters hatte wohl ähnlich gedacht, denn er neigte überraschend und wider jede Vorschrift kurz seinen Kopf an mein rechtes Ohr und flüsterte: »Wenn das mal gut geht.«

Nach etwa zwei Stunden vernahm ich hinter mir die Stimme unseres LI. Oberleutnant Kießling war Maschinenbauingenieur und mit seinen 35 Jahren mit Abstand der Älteste an Bord: »Das habt ihr gut gemacht,

Jungs! Jetzt aber rasch runter mit dem ganzen Kram!«
Als wir wieder allein auf der Brücke standen, raunte
mir Rötters nochmals leise ins Ohr: »Die Entscheidung zu diesen Reparaturen ist unserer Feldherrnhalle
trotz der heute so friedlichen See sicher nicht leichtge-
fallen.« Mit meinem Ellenbogen drückte ich Rütters
weg, denn in diesem Augenblick schob sich die Hand
unseres Wachoffiziers vor mein Glas. Ohne sein eigenes Beobachten zu unterbrechen, wollte Korn prüfen,
ob ich auch aufmerksam war. Ich bestätigte, indem ich
mit meinem Glas leicht gegen seine im Handschuh
verpackte Handfläche stieß, und hatte sofort wieder
freie Sicht.

Gegen 16 Uhr machte immer dichter werdender Nebel sicheres Beobachten fast unmöglich. Wir vermochten kaum noch 800 Meter weit zu sehen. Kaleu Lüdden
kam deshalb zu uns auf die Brücke, und ich konnte hören, wie er Korn leise erklärte: »Nach Fiedlers Funk-
meldung müssten wir vor dem gemeldeten Geleit stehen. Anscheinend sind die Bestecke der anderen Boote
wegen dieses Schmuddelwetters so ungenau wie unsere eigenen. Bei diesen Verhältnissen scheint es Erfolg
versprechender, wenn wir unter Wasser horchen.« Wir
tauchten. Im Boot herrschte fast greifbare Nervosität
bei absoluter Stille. Die Männer von Oberfunkmaat
Schulz lauschten in ihre Kopfhörer. Auf meiner Klappe
liegend, lauschte ich ebenfalls und glaubte mehrmals,
Schraubengeräusche zu hören. Nichts geschah. Irgendwann riss mich das unangenehm pfeifende Geräusch
der in die Tauchtanks strömenden Pressluft aus unruhigem Schlummer, und ich fühlte, wie wir wieder aufwärts schwebten.

Aber gegen 22 Uhr schrillten die Alarmglocken, und ein Blinklicht warnte zusätzlich, bevor die fahle Sparbeleuchtung anging. Im selben Augenblick vernahm ich den Befehl des LI: »Alle Mann voraus!« Der Tauchvorgang sollte dadurch beschleunigt werden. Wir hatten gelernt, auf Strümpfen fast lautlos zu laufen, und eilten in den Bugraum. Sekunden später standen wir dort eng zusammengepresst Schulter an Schulter und rochen unseren Körpergeruch durch verschwitzte Pullover oder Hemden. Die einzige Dusche an Bord war defekt. Es war klar, dass wir steil in einem Winkel von etwa 45 Grad in die Tiefe gingen. Unsere Hände suchten nach Halt. Einige Konservendosen rollten polternd über die eisernen Flurplatten, und aus den Akkus im Batterieraum floss Säure und versickerte zwischen den Plattenritzen.

»Alle Mann achteraus!« Wir kletterten aufwärts ins Heck. Erleichtert fühlten wir, wie sich – wohl auch durch unser Gewicht bedingt – das Boot langsam in die Waagrechte begab. Wir spürten jedoch auch, dass der Bootskörper viel schneller als sonst sank und jetzt sogar mit dem Heck voraus durchsackte. »Alle Mann voraus!« Kießling klang aufgeregt. Schon spurteten wir los, hechteten einer hinter dem anderen fast geräuschlos durch die Luks und standen nun wieder zusammengedrängt als lebender Gewichtsausgleich im Bugraum. Über uns dröhnten Wabos. Beim Vorbeihasten an der Zentrale hatte ich kurz sehen können, dass das Manometer über den Tiefenrudern nicht wie sonst immer die zunehmende Tiefe einmeterweise, sondern zehnmeterweise anzeigte und schon kurz vor dem roten Gefahrenfeld pendelte. Panische Todesangst ergriff mich, als ich in den Gesichtern der Alten Schrecken, Panik und schwer zu beschreibende Ratlosigkeit erblickte. »Ist das nun meine letzte Stunde?«, fragte ich mich und befolgte den neuen Befehl: »Alle Mann achteraus!«

Über eine Stunde jagte uns Kießling von einem Ende des Bootes zum anderen. Wir liefen um unser Leben. Immer wieder detonierten Wabos, doch mir schienen die Detonationen weiter als sonst über uns zu liegen. Keiner sprach ein Wort. Wir sanken nicht mehr. Irgendwie war es dem LI gelungen, den Bootskörper auszubalancieren. Alle schienen mit hochgezogenen Schultern darauf zu warten, dass der Druckkörper dem ungeheuren Wasserdruck nicht mehr standhielt. Jetzt hörte ich Karl Bauer dicht neben mir ein fast tonlos leises Selbstgespräch führen: »Unser großer Tiefenmesser blieb bei 200 stehen. Ich hab' doch gesehen, dass das kleine Manometer an der Lenzpumpe 260 Meter anzeigt.« Trotz meiner Angst begann ich nachzurechnen, was wir auf der »Wilhelm Gustloff« erklärt bekommen hatten: Bei einer Tiefe von 100 Metern drücken zehn Kilogramm auf jeden Quadratzentimeter unserer Hülle aus Martin-Stahl, bei 200 Metern sind es doppelt so viel, und jetzt bei 260 Metern sind das nach Adam Riese 26 Kilogramm! Jeder hörte das plötzliche leise Knacken unseres Stahlmantels und der Spanten in der ansonsten unheimlich anmutenden Stille. In den Gesichtern der Alten um mich herum sah ich nur eines: nackte Todesangst. So tief wie heute war keiner von ihnen jemals zuvor in einem Boot getaucht.

Lauter als sonst erklang plötzlich das Zischen und Pfeifen der aus den Pressluftflaschen in die Tauchzellen eindringenden Luft. Jeder wartete angespannt darauf, dass U 188 sich hob. Das betäubend laute Ringen unserer Pressluft gegen den Außendruck in dieser ungewöhnlichen Tiefe verursachte mir Ohrenschmerzen. Endlich! In allen Gesichtern sah ich aufkeimende Hoffnung und Erleichterung, als wir langsam emporgehoben wurden. Doch ein Kobold schien mitzuwirken, denn wir spürten, dass wir wie ein Luftballon in starkem Aufwind sehr rasch aufwärts drängten. Mit einigen anderen stand ich auf dem Flur des Bugraums und hörte Kießling in der Zentrale Befehle erteilen. Dann fühlten wir deutlich, dass wir wie ein Spielball auf der Wasseroberfläche schaukelten. »Liegen wir etwa als wehr- und hilflose Zielscheibe für die Artillerie dieses Zerstörers auf dem Wasser?« Alle waren starr vor Schreck. Wir erwarteten, im nächsten Augenblick von Granaten zerfetzt zu werden.

»Alle Mann voraus!« Die laute Stimme des Leitenden riss uns aus unserer Angst. Diesmal gingen wir normal und in gewohnter Geschwindigkeit in den Keller. Noch während sich jeder von uns wieder an seinen Platz im Boot begeben konnte, hörten wir weit achteraus eine Serie Wabos detonieren. Wie üblich ungeniert grinsend, bemerkte Karl Bauer leise: »Da hat der liebe Gott wohl einen Nebelschleier um uns gebreitet, als wir dort oben auf- und abpendelten. Der Kerl konnte uns nicht sehen. Ob Lüdden durchs Sehrohr einen Rundblick machte?« Wir waren alle noch so geschockt, dass keiner ihn beachtete. Später mutmaßten einige, dass beim ersten Alarmtauchen das Verbindungsventil zwischen druckfester Lenz- und Flutzelle offen gewesen war. Statt zu lenzen, wurde geflutet und das Boot somit immer schwerer. Der Zentralemaat hatte demnach diesen Fehler gerade noch rechtzeitig beheben können.

»Diesen 24. März 1943 wird wohl kaum einer von uns jemals vergessen, wenn wir überhaupt einmal alt werden«, dachte ich still bei mir und sah vor meinem geistigen Auge wieder die angstvollen, starren Gesichter des Zentralemaates Hannes Arnold sowie von Kießling, Lüdden, Meenen, Benetschik und den anderen erfahrenen Alten. Das war ernst, sonst hätte es diese alten Hasen nicht so mitgenommen. Funkmaat Wilhelm Autenrieth unterbrach meine Gedanken: »Zerstörer Kurs Süd-Süd-Ost abgelaufen. Keine weiteren Schraubengeräusche!« Die allgemeine Erleichterung war fast mit Händen zu greifen. Und Kaleu Lüdden befahl: »Auf Sehrohrtiefe gehen!«

Wir feierten, jede Freiwache und schichtweise, unseren Bootsgeburtstag. Da ich nicht zum Backschaftsdienst eingeteilt war, saßen wir – Karl Bauer, Wilhelm Rolfing, Willi Pollner und ein paar andere – auf Kisten oder auf dem Boden, und jeder von uns genoss mit gutem Appetit sein Büchsengulasch und dazu die von unserem Smut heute besonders gut zubereiteten Trockenkartoffeln. Die von unserem Alten freigegebene Flasche Bier fand großen Beifall. Unsere jugendliche Sorglosigkeit beeinträchtigte es kaum, dass wenige Meter von uns entfernt der Junkers-Verdichter zerlegt am Boden lag. Maschinenmaat Baumann, unser LI und einige andere waren mit besorgtem Blick und deutlicher Hast damit beschäftigt, ihn wieder zu reparieren. Nur Karl Bauer bemerkte mit leichtem Kopfnicken in Richtung Luk zu den im E-Raum Arbeitenden: »Angeblich haben wir zu wenig Pressluft.« Wie immer begann er jungenhaft zu grinsen. »Dann müssen wir wohl selbst blasen oder furzen, wenn wir beim nächsten Mal wieder aus dem Keller nach oben wollen.« Trotz des Ernstes unserer Lage mussten wir über das fröhliche Gesicht von Bauer lachen, als er anerkennend feststellte: »Die haben doch bisher auch immer alles geschafft.«

Nachts begannen die Diesel zu dröhnen, das Boot zitterte, dann verbreitete sich das Gerücht: »Wir folgen mit AK einem vor uns fahrenden Geleitzug.« Um null Uhr sollte ich auf die Brücke und war gespannt, wie sich diese Verfolgungsjagd dort oben entwickeln würde. Endlich wurden wir selbst zu Jägern. Was würde ich bei dem bevorstehenden Angriff erleben? Gegen 23 Uhr hastete Kießling aus dem Dieselraum an meiner Klappe vorbei zur Zentrale. Einige Minuten später hörte ich, dass unser Steuerborddiesel abgeschaltet wurde. Um 23.45 Uhr stand ich mit unserem WO Korn und den anderen in meinem Ölzeug in der Zentrale und setzte eine dunkle Brille auf. Unsere Augen sollten sich an die Dunkelheit oben gewöhnen. Noch während ich darauf wartete, nach oben zu klettern, erfuhr ich, dass sich unser Alter zur sofortigen Reparatur des Diesels entschlossen hatte, um morgen voll einsatzfähig zu sein. Wir verloren das Geleit, und erst am 29. März waren unsere Diesel wieder klar.

Doch es gab neue Schwierigkeiten. Das frisch geschweißte Gehäuse des Junkers-Verdichters riss beim Zusammenbau erneut. Eine Reparatur mit Bordmitteln war nicht mehr möglich. Künftig musste unser E-Verdichter allein die für uns so lebenswichtige Druckluft erzeugen. Ob er dieser Überbelastung wohl würde standhalten können?

Innerhalb der nun folgenden Tage wurden wir von U-Boot-Jägern immer wieder in schon beschriebener Weise unter Wasser gedrückt. Unsere Nerven waren stark strapaziert, und ich fragte mich, wie lange unser Boot die Überbeanspruchung noch aushalten könne. Auch wenn wir einfachen Seeleute nicht genau informiert waren, nahmen wir es als sicher an, dass wir auf einen neuen Geleitzug angesetzt und in ein anderes Operationsgebiet befohlen worden waren.

In der Nacht vom 11. auf den 12. April stand Kaleu Lüdden mit uns auf der Brücke. Kurz zuvor hatten wir Meenens Männer abgelöst, und zwar einer nach dem anderen, so dass keine Beobachtungslücken entstehen konnten. Überall im Boot waren alle angespannt, denn wir fuhren seit einigen Stunden als Fühlungshalter neben einem Konvoi, der schon mehrmals seinen Kurs geändert hatte. Die Nacht war mondhell und die Sichtverhältnisse gut. Kaleu Lüdden war stets darauf bedacht, einen Abstand von zwölf bis 15 Seemeilen zum Gegner zu halten, um die dunklen Schatten nicht aus den Augen zu verlieren, sobald sie sich entfernten. Wenn sie näher kamen, änderte Kaleu Lüdden unseren Kurs, um nicht von einem der kleineren Schatten, das waren die Bewacher, entdeckt und unter Wasser gedrückt zu werden. Wieder einmal waren höchste Konzentration, gute Augen und die hervorragende Optik unserer Gläser gefordert.

Bei meiner nächsten Wache von zwölf bis 16 Uhr war der Himmel bedeckt und die See unruhig. Von Zeit zu Zeit erschien in Richtung des Geleits eine kaum wahrnehmbare Rauchwolke, die das Maschinenpersonal der Frachter und Tanker nicht ganz vermeiden konnte. Dieser Rauchschleier stand jeweils nur kurze Zeit über den Schiffen und löste sich schnell wieder auf. Es war unsere Aufgabe, immer in der Nähe dieses verräterischen Zeichens zu bleiben und auch mit den hin und wieder an der Kimm auftauchenden Mastspitzen Sichtkontakt zu halten. Es war die aufregende Ouvertüre zu dem für die kommende Nacht geplanten Angriff. Die Alten nannten dieses Fühlunghalten, das ich heute zum ersten Mal erlebte, den »Kampf der langen Messer«. – »Auf Flugzeuge achten!« Die Mahnung unseres WOs empfanden wir als überflüssig, denn alle waren ohnehin aufs Äußerste angespannt.

Mir war sehr wohl bewusst, dass jetzt unter uns in der Zentrale am Kartentisch jede Bewegung des Gegners und unseres Bootes mitgekoppelt und über kurze Funksignale der Seekriegsleitung übermittelt wurde. Während ich meine Aufregung unterdrückte, fragte ich mich: »Wie viele andere Boote unserer Gruppe konnten wir mit unseren Funksignalen inzwischen ans Geleit heranführen, damit sie es mit uns zusammen belauerten und verfolgten?«

Nach vierstündiger Wache kletterte ich wieder ins Boot. Der Geruch von über 50 schwitzenden Männern, von Dieselöl, Schmieröl, verdorbenen Nahrungsmitteln und verschimmeltem Brot vermischte sich mit dem Duft der Kochstelle und dem winzigen Abort. Dies zusammen mit dem fortwährenden Schlingern und Rollen des Bootes und dem Eingeschlossensein in der nasskalten Röhre machten mich schwindlig und benommen.

Kurz nach 16 Uhr überprüfte ich zunächst die Granaten und die Munition unserer Handfeuerwaffen, war danach als Backschafter eingeteilt und fand deshalb nur eine Mütze voll unruhigem Schlaf, bevor ich pünktlich um null Uhr wieder auf die Brücke kam. Kaleu Lüdden saß zwischen den beiden vorderen Brückenwachen auf einem kleinen Sitz am Schanzkleid vor dem Zielgerät. Bei seinem Anblick wurde mir schlagartig klar: Er will den gefährlichen, aber wirkungsvollen und schnellen Angriff über Wasser wagen. Er will die schmierig-dunkle Kimm im Rücken unseres Bootes nutzen. Unwillkürlich begann mein Herz aufgeregt zu klopfen, und ich fragte mich, wie das denn gut gehen sollte. Können wir über Wasser die Bewacherkette dieser schnellen und wendigen Zerstörer ungesehen durchbrechen, um uns nah genug an die Transportschiffe heranzupirschen? Tief durchatmend beruhigte ich mich mit dem Gedanken, Lüdden weiß sicher, was er tut. Eine Regenböe schob sich zwischen das Geleit und U 188. Mit entschlossener und ruhiger Stimme befahl der Kommandant sofort eine Kursänderung nach steuerbord, um das Geleit bei den fortwährenden Kurswechseln nicht zu verlieren. Einige Zeit konnte ich in meinem Glas nur dunkle wogende See und die aus einer tief hängenden Wolke herabsprühenden Wasserschleier erkennen. Kaleu Lüdden sagte zu Leutnant Benetschik: »Wir müssen jetzt unbedingt dranbleiben.« Wenig später hörte ich unseren WO hinter mir rufen: »Schatten in spitzer Lage Bug steuerbord.« Der Konvoi hatte also in der Dunkelheit einen Haken nach Süden und direkt auf uns zu gemacht. Jetzt standen wir an seiner Steuerbordseite. Sofort ließ der Kommandant an die Seekriegsleitung melden: »AJ 9364, Kurs 240 Grad, Fahrt acht Seemeilen.« Dann befahl er: »AK voraus!« Seine Bemerkung zu Leutnant Benetschik sagte mir, wir würden auf seinem Kurs vor ihm herlaufen und uns durch seinen Verteidigungsgürtel schleichen, sobald das Wetter dies erlaubte.

In angemessener Entfernung liefen wir schon längere Zeit vor dem Geleitzug her. Die großen dunklen Schatten waren im Glas gut zu erkennen. Die vielen Schiffe fuhren in breiter Formation nebeneinander und in Kolonnen hintereinander. Wir befanden uns vor der Steuerbordkolonne. Die kleineren, schnellen Schatten der Bewacher schienen mir jetzt viel näher zu sein, als dies bei unserer alten Position der Fall gewesen war. Alle starrten angestrengt durch die Gläser. Plötzlich hielt der vordere Zerstörer aus der Dunkelheit heraus direkt auf uns zu. Kaum hatte ich meine Meldung gemacht und aus den Augenwinkeln heraus bemerkt, dass der Kommandant dies selbst schon beobachtet hatte, da feuerte der Zerstörer aus seiner Mittelartillerie eine Serie von Leuchtraketen ab. Die bisher dunkel wogende See an beiden Seiten unseres Turmes war weithin beleuchtet, und eine der Leuchtgranaten übergoss unsere Brücke sekundenlang mit gleißendem Licht. Es war so hell, dass man mühelos lesen konnte. Ich stand wie gelähmt und dachte, jetzt ist es aus. Diesen Zerstörern werden wir nicht entkommen. Trotz meines Schreckens bewunderte ich den Kommandanten, der völlig ruhig Befehle ins Sprachrohr rief und uns routiniert mit AK (Aller Kraft) vom Verfolger absetzte. Die befürchtete Jagd auf uns unterblieb. Die Suchgläser der Tommys hatten uns nicht entdeckt.

Das Verhalten des Bewachers mag verschiedene Gründe gehabt haben. Er könnte uns mit seinem Radargerät (damalige Geräte hatten je nach Seegang nur geringe Reichweiten) geortet und wieder verloren haben. Vielleicht aber hatte er für kurze Zeit unsere Hecksee optisch erfasst, als für wenige Minuten fahles Mondlicht die Wolkendecke durchbrach. Es könnte aber auch sein, dass er unser Kurzsignal an die Seekriegsleitung gehört und ihm dies zu nahe am Geleit erschienen war. All dies ging mir in Sekundenschnelle durch den Kopf, und ich kam zu dem Schluss: Die Behauptungen von einigen unserer Alten sind also doch zutreffend: Flugzeuge können gefährlicher werden als Zerstörer. Gott sei Dank sind hier keine dieser Bienen am Himmel.

Soldaten vergessen schnell, was hinter ihnen liegt. Mir jedoch hafteten die Schrecken der erst kurz hinter uns liegenden Verfolgungen durch Zerstörer frisch im Gedächtnis. Daran musste ich mich noch gewöhnen und zwang mich deshalb augenblicklich zur Ruhe. Anscheinend waren wir doch nicht so leicht zu orten, und unser Alter war ein erfahrener Fuchs, der ähnliche Situationen schon öfter erlebt hatte, wenn auch jetzt erstmals als Kommandant. Und wie zur Bestätigung hörte ich Kaleu Lüdden unserem WO erklären: »Der fühlt sich wohl sehr sicher. Sein Radargerät scheint defekt oder schlecht bedient zu sein. Vielleicht hat er eines an Bord, mit dem er jeweils nur einige seiner Seitengrade bestreichen kann. Wir aber kennen inzwischen seine Gewohnheiten. Er wird gleich sein Backbordhäkchen schlagen. Die Schatten der Regenwolken machen uns fast unsichtbar. Wir werden bei halber Fahrt nicht einmal durch unser Kielwasser auffallen.«

Lüdden klang so ruhig wie immer, als er nun alle Mann auf Gefechtsstation befahl und alle Rohre klar

96

zum Schuss machen ließ. Obwohl ich unser Kielwasser in der dunkel gischtenden See selbst kaum erkennen konnte, stockte mir fast der Atem, als der Alte U 188 hinter den Zerstörer dirigierte. Jetzt konnte ich den Tommy achteraus sehen. Dabei kamen wir uns zeitweilig so nahe, dass ich jeden An- und Aufbau auf seinem Achterdeck erkennen konnte. Mein Herz klopfte wild. Was hinter mir, also vor unserem Bug vor sich ging, konnte ich nicht sehen, nur hören. Das waren keine durch Treffer anderer Boote hervorgerufenen Detonationen, sondern die mir schon zur Genüge bekannten dumpf grollenden Explosionen von Wasserbomben. »Dort fängt sich wohl Rahe oder Uphoff seinen Teil. Das lenkt sie von uns ab.« Die Bemerkung des Kommandanten bestätigte meine Annahme. Endlich, endlich gab es die letzten Fragen und Befehle vor dem Schuss: »Lage?«

»Lage 70 ... Lage 75 ...« Dann der energische Befehl: »Schaltung Rohr I, Rohr I los! ... Schaltung Rohr II, Rohr II los!« Auch die Torpedos aus den Rohren III und IV wurden auf ihre vernichtende Bahn geschickt.

Was dann folgte, schildert das Kriegstagebuch besser, als ich es könnte: »Nach 94 Sekunden Treffer auf Tanker im achteren Drittel. Detonationspilz, aus dem sich eine hohe weiße Sprengsäule erhebt. Tanker knickt achtern ein und sinkt nach 45 Sekunden über den Achtersteven. Zweiter Torpedo fehl. Zweiter Treffer auf rechts überlappenden Dampfer. Laufzeit 118 Sekunden. Dicker, dreckiger Detonationspilz und Feuerschein hinter vorderem Mast. Durch hartes Abdrehen nach backbord wurde Dampfer kurz nach der Detonation verdeckt, so dass sein weiteres Schicksal nicht beobachtet werden konnte. Beim Ablaufen Feuerschein nicht mehr gesehen. Halte schnelles Sinken infolge Trefferlage für wahrscheinlich. Mittlerer Dampfer, geschätzt 5000 BRT, dritter Treffer nach 131 Sekunden auf links überlappenden Dampfer, der in der Mitte durchbricht. Bug und Heck richten sich steil auf und sinken hintereinander nach eineinhalb Minuten. Geschätzt 5000 BRT.«

Die Wolkendecke wurde plötzlich dünner. Der Wind trieb nur noch einige Nebelschleier über uns hinweg. Bei starkem Nordlicht war es zwar nicht so hell wie bei normalem Tageslicht, doch wir konnten weiter und klarer sehen. Leicht erschrocken stellte ich fest, dass dies umgekehrt auch so war. Als wir abdrehten – der Alte suchte wohl noch Opfer für unsere beiden Hecktorpedos –, konnte ich in meinem Beobachtungssektor die vernichtende Wirkung der von uns abgeschossenen Torpedos nur teilweise und kurz sehen. Die schauerlich weit übers Meer hallenden Detonationen gingen mir durch Mark und Bein. Unwillkürlich musste ich dabei an die sterbenden Seeleute denken.

Obwohl ich damit rechnete, dass jeden Augenblick ein Zerstörer hinter uns herjagen würde, ich diesen dann sofort zu melden hatte und es wie immer beim Alarmtauchen auf Sekunden ankommen würde, musste ich mich dazu zwingen, scharf zu beobachten. Der Kommandant stand währenddessen mit seinem Glas vor den Augen dicht hinter Rötters und mir. Er registrierte jede Einzelheit des Vernichtungswerkes. Dabei befahl er leise: »Auf Verfolger achten!«

»Dampfer steuerbord voraus!« Die Meldung von Leutnant Benetschik schien den Kommandanten zu elektrisieren, denn er streifte mich kurz mit seiner

Schulter, als er sich umdrehte. Es konnte sich nur um einen Nachzügler handeln, der aus irgendwelchen Gründen den Anschluss an den Konvoi verloren hatte. Was dann folgte, ging sehr schnell vor sich: »Ruder hart backbord! Rohr V und VI los!«

Noch während Lüdden anschließend den Kurs wiederum änderte, um uns dem immer noch bedrohlich nahen Bereich der Bewacher zu entziehen, dachte ich daran, welch unheimliches Glück uns bisher beschieden gewesen war, wenn wir bis jetzt den suchenden Blicken und Geräten der Bewacher und auch denjenigen auf den Brücken der Dampfer entgangen waren. Nun sah ich den einsamen Nachzügler, der in etwa 2000 Metern Entfernung langsam an uns vorbeifuhr. Kaum hatte ich ihn in meinem Glas, als der Torpedo aus Rohr V in seinem vorderen Drittel explodierte und ihn einsacken ließ. Das weithin über das Meer hallende schauerliche Krachen der Detonation werde ich niemals vergessen. Kurz danach bewirkte der zweite Treffer im Achterschiff des mir riesengroß erscheinenden Schiffes außer der akustischen Wirkung gelb-rötlichen Feuerschein. Sekunden danach hallte ein dumpf dröhnender Knall durch die in weitem Umkreis hell beleuchtete Nacht. Der explodierende Kessel des Dampfers hüllte ihn in eine weiße Dampfwolke und zerfetzte sein Achterschiff. Mit Gewalt musste ich mich dazu zwingen, mein Glas von dem rasch in den eisigen Fluten versinkenden Schiff abzuwenden und mich meiner Pflicht, nämlich der lückenlosen Beobachtung meines Sektors, zu widmen. Dabei schimpfte ich selbst mit mir: »Mensch Toni, pass doch auf! Du weißt doch, wie schnell wir angegriffen werden können! Lass dich nicht ablenken!«

Achteraus hörte ich weitere Detonationen von Torpedotreffern. Dort waren unsere anderen Boote am Werk. Zeitweilig sah ich auch Feuerschein.

Während ich, äußerlich unbeeindruckt, wieder konzentriert beobachtete, war ich innerlich vollkommen aufgewühlt. Einerseits fühlte ich unwillkürlich Triumph darüber, dass mit den von uns versenkten Schiffen gegnerischer Nachschub vernichtet und die Kampfkraft unserer Gegner geschwächt worden war. Andererseits empfand ich tiefes Mitleid mit den Besatzungsmitgliedern, die dabei qualvoll ihr Leben lassen mussten. »Ob die dort drüben wohl älter als wir waren? Sicher hätten auch sie noch gerne gelebt.« Tausend Gedanken waren in meinem Gehirn. »Warum ist dieser Krieg so rücksichtslos und grausam? – Weil wir Soldaten Staaten angehören, deren Führer lieber Kämpfe austragen lassen, anstatt vernünftig miteinander zu reden. Denen dort drüben wird genauso wie uns fortwährend eingeschärft, dass jeder Seemann für sein Volk seine Pflicht zu tun hat, auch wenn dies für eine bessere Zukunft unter Einsatz des Lebens geschehen muss … Dabei werden wir alle, die dort drüben ebenso wie wir, zu Torpedo- und Kanonenfutter degradiert … Der Fahneneid ist doch international verpflichtend, und ich weiß sicher, dass jeder Fahnenflüchtige oder Befehlsverweigerer bei uns ohne Gnade an die Wand gestellt oder gehenkt wird … Sollte dies bei unseren Gegnern etwa nicht der Fall sein? … Befehle sind international! Und das Gehorchen auch! … Dabei büßen doch alle Soldaten das Recht ein, sich als denkende Individuen zu fühlen … Wie wird denn das nach diesem Krieg werden? … Wehe uns, wenn wir ihn verlieren … Wie würden wohl meine Vorgesetzten reagieren, wenn sie Gedanken lesen könnten? ... Wie denken sie wohl selbst darüber, wenn sie von mir und all ihren Untergebenen unbedingten Gehorsam verlangen? ...« Diese Frage konnte ich mir nicht selbst beantworten.

Trotz der Gefühle, die mich beim Anblick sinkender Schiffe und ihrer Besatzungen aus so geringer Entfernung quälten, suchte ich pausenlos und gründlich die Kimm, das Wasser und den Himmel ab. Wir wollen doch überleben! Plötzlich fielen mir die Worte meines Vaters ein: »Nach jedem Krieg herrscht das Recht des Siegers, und Kriegsverbrechen gab und gibt es immer nur bei den Verlierern. Der Sieger sagt dir genau, wer schuldig ist.«

»Auf Verfolger achten!« Die Stimme des Kommandanten riss mich aus meinen Gedanken. Dann hörte ich ihn ins Sprachrohr rufen: »Alle Rohre nachladen! Ruder hart backbord. Volle Fahrt voraus! Kurs ...«

Wieder jagten wir hinter dem Geleit her. Noch bevor ich abgelöst wurde, hörte ich Kaleu Lüdden zu Leutnant Benetschik sagen: »Wenn Rahe und die anderen dort vor uns die Bewacher so beanspruchen, dass sie für uns keine Zeit zu haben scheinen, dann müssen wir nachstoßen und es nochmals versuchen. Die Wetterfront, die dort heraufzieht, ist wie für uns geschaffen.«

Beim Umziehen unten im E-Raum sah ich, wie sich Rötters seine wieder einmal am Körper getrocknete Unterwäsche vom Leib riss und die im Stoff haftende Salzschicht ausklopfte. Ich folgte seinem Beispiel, rieb dabei auch kräftig über meine brennende Haut und fühlte mich danach besser. Aus dem Dieselraum quoll beißender Qualm. Nur kurz blickte ich hinein und sah Maschinenmaat Bischoff, unseren Leitenden und andere Gestalten mit ernsten Gesichtern am Abgasrohr unseres Backborddiesels arbeiten. Eine stinkende, graublaue Rauchwolke schwebte im Dieselraum, und immer wieder mussten die Männer abwechselnd hustend und prustend durchs Luk in den E-Raum fliehen, hier kurz Luft holen, um dann sogleich wieder an ihren Arbeitsplatz zurückzukehren. Die Männer versuchten, einen bei der stundenlangen Überbeanspruchung der Diesel und der dadurch bewirkten Überhitzung der Abgasrohre entstandenen Riss im Backbordrohr abzudichten. Ich bemerkte noch, wie Bischoff mit resignierendem Achselzucken auf das am Boden stehende Schweißgerät und eine daneben liegende Azetylenflasche deutete. Der Qualm breitete sich schon im gesamten Heckraum aus, und ich eilte rasch nach vorn. Hier war die Luft noch etwas besser. Die Torpedomixer waren trotz der sich auch hier rasch verschlechternden Luft damit beschäftigt, die schweren Torpedos in die Rohre zu schieben. Unsere Klappen waren wegen des unter ihr entfernten Torpedos schon nach unten versetzt und geräumiger geworden. Wegen der miesen Luft konnte ich die ungewohnte Bewegungsfreiheit aber kaum genießen. Vielmehr musste ich mir ein Handtuch vor die Nase halten, um die Atemluft ein wenig zu filtern. Meine Augen brannten, doch im Gegensatz zu den vor den Torpedorohren arbeitenden Mixern konnte ich sie schließen, um sie zu schonen.

Das Atmen fiel uns immer schwerer. Die völlig verpestete Luft verursachte Kopfschmerzen, und einige begannen sich zu erbrechen. Da ließ endlich das laute Dröhnen der Dieselmotoren nach, und die Luft wurde langsam besser, da bei nur halber Fahrt keine Abgase durch die provisorisch angelegte Abdichtung am Riss des Abgasrohres ins Boot entwichen. Im Kriegstagebuch konnte ich Jahre später nachlesen, dass U 188 trotz der Meldung seiner nur noch bedingten Einsatzfähigkeit an die Seekriegsleitung zu einem neuen Angriff auf einen anderen Geleitzug befohlen wurde. Doch dazu sollte es nicht mehr kommen, denn ein Zerstörer drückte uns unter Wasser, konnte uns aber wohl nicht orten und warf seine Wabos wirkungslos ins Meer. Er entfernte sich viel früher, als wir erwartet hatten. Wir mutmaßten, dass er sich wichtigeren Aufgaben zu widmen hatte und uns deshalb ungeschoren davonkommen lassen musste.

Inzwischen wusste jeder im Boot, dass der Junkers-Verdichter endgültig ausgefallen war und unser E-Verdichter wegen der lang anhaltenden Überbelastung und wohl auch durch Wabo-Schäden nicht mehr zuverlässig arbeitete. Dadurch wurde die für uns beim Auftauchen benötigte und zum Atmen lebenswichtige Pressluft unsicher. Wir fühlten uns entsprechend. Dennoch gab jeder sich gelassen.

Gegen Ende meiner Wache kurz vor 16 Uhr am 24. April hörte ich Korn hinter mir: »Sehrohr backbord voraus!« Fast augenblicklich stand unser Kommandant auf der Brücke, sein Befehl lautete: »Volle Kraft voraus!« Mit gischtender Heckwelle schoss U 188 vorwärts. Wenig später sah auch ich das etwa einen Meter aus dem Wasser ragende Sehrohr in der heute ungewöhnlich ruhigen See. Etwa eine Stunde lang wurde unseren Motoren alles abverlangt, was sie zu leisten vermochten, und ich fragte mich mehrmals, ob die

inzwischen verstärkte Rohrabdichtung am Backborddiesel das aushalten würde. Unsere Gegner setzten gegen uns natürlich ebenfalls U-Boote ein, und erst nach
Kriegsende stellte man fest, dass ihre Boote technisch
ausgereifter waren als die unsrigen.

Wieder einmal kauerte ich bald darauf in der engen
Waffenkammer unter der Zentrale, um unsere Granaten zu pflegen und die MGs von Salzresten zu befrei-
en. Dabei spürte ich, dass wir bei offensichtlich starkem
Seegang heftig zu schlingern begannen. Die Arbeiten
im Dieselraum wurden dadurch so stark behindert,
dass Lüdden befahl, zu tauchen. Später konnte ich sehen, dass es vor unseren Dieseln aussah wie in einer
Feldschmiede. Der Zylinderdeckel der Steuerbordma-
schine musste ausgewechselt werden.

Die Meldung des Kommandanten an den BdU über
den bedenklichen Zustand von U 188 zeigte endlich
Wirkung, denn am 25. April verbreitete sich die Nachricht wie ein Lauffeuer bis in den letzten Winkel des
Bootes: »Wir müssen in Lorient einlaufen.« Zunächst
erkannte ich die Tragweite dieses Befehls nicht. Erst
durch die kurzen Wortwechsel zwischen einigen unserer Alten wurde mir bewusst, was uns bevorstand:
Um den befohlenen U-Boot-Stützpunkt zu erreichen,
mussten wir die Biskaya durchfahren: das große deutsche U-Boot-Grab. Alle Gesichter hatten sich während der vergangenen Wochen wegen der sprießenden
Bärte stark verändert. Dennoch stand darin deutlich
die Frage: »Wie soll es unserem angeschlagenen Boot
gelingen, heil durch dieses vom Gegner fast lückenlos
überwachte Seegebiet vor der französischen Küste zu
gelangen?«

Überall im Boot wurde repariert, überprüft und nochmals gearbeitet. Auch ich war häufiger in der Waffenkammer unter der Zentrale als bisher. Die gesamte Stahlröhre war erfüllt von festem Durchhalte- und Überlebenswillen. »Wir müssen das schaffen; wir wollen doch wieder nach Hause!«

Am Abend des 30. April erreichte U 188 die westliche Biskaya. Schon drei- oder viermal hatten uns Flugzeuge unter Wasser gedrückt. Die auf uns abgeworfenen Bomben detonierten teilweise so nah in unserem Kielwasser, dass ich glaubte, es würde das Boot zerreißen, zumindest aber meine Trommelfelle. Wir fragten uns erschrocken, wie es weitergehen sollte. Unser Vorrat an Pressluft und der Strom in den Batterien wurden durch die erzwungenen Tauchmanöver immer geringer. Beides konnte bei den kurzen Überwasserfahrten kaum wieder aufgefüllt werden.

Am 1. Mai fuhren wir gerade erst kurze Zeit über Wasser, als Korn einen Zerstörer meldete, der direkt auf uns zukam. Alarmtauchen. Wieder saßen Rötters und ich vor den Bedienungsrädern der Tiefenruder, als Lüdden zu Meenen sagte: »Den haben uns sicher diese Bienen auf den Hals gehetzt.« Die detaillierte Schilderung dessen, was nun folgte, möchte ich mir ersparen, nur so viel: Durch die erneut austretenden Dieselabgase im Boot stieg bei diesem Tauchgang der Gehalt an Kohlendioxid in der ohnehin knappen Luft auf 2,8 bis 3 Prozent an. Wir alle konnten die Kopfschmerzen und Übelkeit kaum noch ertragen, während Lüdden stundenlang immer wieder Kurs und die Tiefe ändern musste. Feuchtigkeit schlug sich an der blanken Bordwand und an Rohrleitungen nieder und durchnässte uns bis auf die Haut. Gegen Morgen des 2. Mai entfernten sich die Schraubengeräusche unseres Verfolgers, und die sehnlichst erwartete Meldung von Oberfunkmaat Schulz gab Entwarnung.

Da ich kaum noch zu atmen vermochte und den Zeiger des Tiefenmessers über mir nur noch unklar wahrnahm, erschien mir die Zeit, die Lüdden für seinen gründlichen Rundblick benötigte, unendlich lang zu sein. Mich drängte es nach oben, an die frische Luft. Schlimmer als hier konnte es dort oben nicht werden. Diese verdammten Tommys konnten doch nicht überall sein. Mit all meiner Willenskraft umklammerte ich das Lenkrad des vorderen Tiefenruders, als mich Lüddens Befehl wie ein elektrischer Schlag zu energischem Handeln antrieb: »Flakmunition, Maschinengewehre und MPs nach oben! Wir müssen das Boot durchlüften und den nächsten Fliegerangriff über Wasser abwehren! Unbedingt die Nerven behalten! Anblasen!« Fast automatisch öffnete ich das Luk zur Waffenkammer, übergab dem Flakschützen Rupp und irgendeinem anderen Kästen mit Flakmunition, reichte mehrere Maschinenpistolen mit gefüllten Magazinen sowie ein MG mit Munitionsgurten nach oben und stieg als Letzter mit einem Maschinengewehr auf den Turm. Ein kurzer Blick zeigte mir, dass das MG an der Backbordseite schon in seiner Halterung steckte und Walter Rötters den Kolben der Waffe schon an seine Schulter gepresst hielt. Während ich rasch seinem Beispiel folgte, atmete ich die frische Seeluft gierig ein. Ich fühlte mich kurz leicht benommen, doch bald sah ich alles um mich herum wieder scharf und klar. Leutnant Meenen und seine drei Männer beobachteten schon. Jeder von ihnen hatte eine schussbereite MP vor sich am Schanzkleid hängen. Lüdden stand in unserer Mitte, hatte seine MP vor der Brust hängen, hielt sein Glas vor den Augen und drehte sich dabei breitbeinig langsam um seine eigene Achse. Etwa zwei Meter unter mir sah ich Rupp mit gespreizten und weit nach vorn ausgestreckten Beinen auf dem Metallsitz seiner Fliegerabwehrwaffe sitzen und das schräg aufwärts weisende Rohr einige Male wie spielerisch hin- und herschwenken. Jeder von uns wusste, wie es um unser Boot bestellt war. Jedem war klar, wie viel von ihm und seiner Selbstbeherrschung beim Zielen und Schießen abhängen würde und wie schnell beispielsweise eine der uns allen theoretisch gut bekannten viermotorigen »Whithleys« flog. Falls es einer dieser hier anscheinend planmäßig herumschwirrenden Maschinen gelingen würde, mit einer Viererreihe bei uns einen Bombentreffer zu platzieren, wäre dies unser aller Ende. Wieder einmal wurde erschreckend klar, wie verwundbar und fast hilflos wir in manchen Situationen waren.

Langsam und quälend verstrichen die Minuten. Meine Nerven waren zum Zerreißen gespannt, und ich wehrte mich dagegen, länger über unsere missliche Lage nachzudenken. »Wenn Lüdden sich zu diesem verzweifelten Schritt entschlossen hat, dann kann dies nur noch unsere letzte Chance sein. Ich werde mich mit allen Mitteln wehren. Ich muss kaltschnäuzig zielen, schießen und unbedingt treffen, sobald eine Maschine uns nahe genug kommt. Die oder wir!«

»Flugzeug, wahrscheinlich Whithley achteraus! Kommt rasch näher!« Der Warnruf von Wilhelm Rolfing lenkte meine Blicke auf einen schwarzen Punkt über unserem Kielwasser am Horizont. Der

Punkt nahm rasch Gestalt an, sank beständig tiefer, verschwand kurz in einer Wolke, und dann flog die Maschine direkt auf uns zu. Während ich mich staunend fragte, ob die dort oben etwa Röntgenaugen hatten, mit denen sie uns mühelos entdecken konnten, wurde ich ganz ruhig. Mechanisch entsicherte ich mein MG und dachte: »Wenn der nahe genug herankommt, dann jage ich ihm den ganzen MG-Gurt in den Ranzen.«

»Alle Kraft voraus! Ruder hart backbord!« Kaleu Lüdden beugte sich über das Turmluk. Er wollte den schnurgeraden Zielanflug des Angreifers durch ein rasches Ausweichmanöver behindern. Im Gegensatz zu seiner Bedienungsmannschaft folgte das stark angeschlagene Boot dem Befehl nur schwerfällig, fast widerwillig. Schon wurde das schnell näher kommende Dröhnen der Flugzeugmotoren immer lauter. Ich verfolgte den Anflug der Feindmaschine im Visier meines MGs, und als sie etwa noch 800 Meter entfernt war, hörte ich den Ruf Lüddens: »Feuer frei!«

Wir begannen alle gleichzeitig zu schießen, und ich sah, wie das Glas der Bugkanzel des Angreifers über meinem hämmernden MG-Lauf zersplitterte. Wahrscheinlich hatte Rupp mit seiner Flak getroffen. Aber auch die Whithley feuerte aus allen Rohren. Als sie Sekunden später dicht über unseren Köpfen hinwegdonnerte, verfolgte ich sie mit den letzten Schüssen aus meinem MG und wunderte mich darüber, dass unsere Flak schwieg. Die uns zugedachten Bomben fielen nicht weit entfernt ins Kielwasser. »Alarm! Flugzeug backbord im Anflug!«

Wir mussten jetzt rasch in den Keller. Schon wieder auf meinem Brettchen vor dem Tiefenruder sitzend, sah ich erschrocken, dass Meenen den stark aus einer

Brustwunde blutenden Rupp neben dem Sehrohr auf den Boden legte. Lüdden und Meenen hatten den Flakschützen wohl gerade noch rechtzeitig ins Boot zerren können? Wo aber blieb denn der Alte so lange? Das Boot begann doch schon zu unterschneiden! Ein Wasserschwall rauschte vom Turmluk herunter in die Bilg. Der Zeiger des Manometers forderte zwar meine ungeteilte Aufmerksamkeit, doch die ungewöhnlich matt klingende Stimme des Alten konnte ich trotzdem hören: »Herr Meenen, das Rad am Turmluk konnte ich mit meiner Rechten nicht völlig zudrehen. Luk hat sich durch Wasserdruck geschlossen.«

»Herr Kaleu, Sie haben einen Durchschuss an der linken Schulter!« Im selben Moment zogen alle die Köpfe ein, denn in unmittelbarer Nähe explodierten jetzt Fliegerbomben. U 188 schüttelte sich beleidigt. Doch wir beruhigten uns rasch wieder. Noch während ich hörte, wie Lüdden und Rupp hinter uns weggetragen wurden, dachte ich: »Das Schlimmste am Krieg ist wohl, dass man sich an ihn gewöhnt. Man gewöhnt sich an jeden Mist. Trotz dieser dauernden Angriffe auf unser Leben funktioniert jeder von uns ganz so, wie es ihm eingedrillt wurde.«

Meenen – am Platz des Kommandanten neben dem Sehrohr – und Benetschik waren beide in der Zentrale. Wie lange es im Boot totenstill blieb, vermag ich nicht zu sagen. Mir schien das Surren unserer E-Maschinen leiser als sonst. Weil ich das unheimlich fand, schalt ich mich gerade selbst einen Narren, als ich die Meldung unseres Leitenden an Kaleu hörte: »Laufen nur noch mit einer Maschine. Batterien sind fast leer. Pressluft reicht nur noch zu einmaligem Auftauchen.«

Lüdden schien sich auf seiner Koje rasch erholt zu haben und trotz des Blutverlustes geistig hellwach zu sein. Nur ein kurzer Moment verstrich, dann hörten wir den Alten, leiser als sonst, aber völlig beherrscht, antworten: »Danke, Herr Kießling. Bringen Sie mich bitte in die Zentrale. Wir werden also auftauchen und mit Kurzsignal Jagdschutz erbitten. Bis der hier eintreffen kann, müssen wir das oben durchstehen.«

Um zwölf Uhr am 2. Mai begann meine Wache auf der Brücke. Bevor ich mein Glas vor die Augen hob, sah ich den ungewohnt breiten Rücken von Willi Beer an der Flak. Wir fuhren nun schon etwa zwei Stunden unbehelligt über Wasser und wussten, dass uns vor einer Stunde vom Führer der U-Boote West vier JU 88 zugesagt worden waren und dass diese Flugzeuge gegen 16 Uhr bei uns eintreffen würden. Ich stand an meinem Platz vor einer geladenen MP wie auf Kohlen. Gegen 15.30 Uhr entdeckte ich in meinem Glas achteraus einen dunklen Punkt über der Kimm und meldete: »Flugzeug achteraus. Flugzeug kommt rasch näher, vermutlich ein Flugboot Sunderland!« Die anfliegende Maschine war rasch gut zu erkennen. »Sunderland achteraus im Anflug!«, meldete ich nochmals ... doch was war denn das? Deutlich konnte ich jetzt sehen, wie sich die Maschine zur Seite neigte und abdrehte. »Flugzeug dreht ab!« Meine aufgeregte Stimme war mir selbst ganz fremd.

Kaum war mein Ruf verklungen, als ich Korn laut melden hörte: »Vier Flugzeuge steuerbord voraus!« Wilde Hoffnung brandete in mir hoch, da fügte er hinzu: »Vier JU 88!« Ungebändigter, lauter Jubel brach aus, und auch ich begann erleichtert und mit all den anderen auf dem Turm und auf Deck zu winken. Mit bloßem Auge konnte ich die vier in einer Suchkette nebeneinander fliegenden JUs erkennen. Korn ergriff die vor ihm im Schanzkleid bereitgehaltene Leuchtpistole und feuerte eine Leuchtrakete in Richtung unserer Flugzeuge. Die rechts fliegende JU 88 kam tiefer und flog schon Augenblicke später etwa 30 Meter über uns hinweg. Das Dröhnen ihrer Motoren klang in unseren Ohren wie erlösende Musik. Ich empfand eine ungeheure Genugtuung darüber, dass ich aus den Augen unseres Wachoffiziers Freudentränen in dessen Bart tropfen sah. Mit beiden Fäusten trommelte ich auf das Schanzkleid, und meine Rufe gingen im allgemeinen Freudengeschrei unter: »Ha! Noch nicht! Dieses Mal noch nicht! Wir werden weiterleben!« Unsere lang anhaltende und dauernde Erwartung eines baldigen Todes wich unbeschreiblichem Glücksgefühl.

Wachwechsel. Als ich mich unter dem Luftsüll in die Zentrale bückte, sah ich Kaleu Lüdden vor dem Sehrohr sitzen. Sein Gesicht, soweit es die braunen Barthaare frei ließen, war von fahler Blässe überzogen, und seine tief in ihren Höhlen liegenden Augen funkelten fiebrig und dennoch freudig erregt. Er nickte uns wortlos zu, als wir uns rasch in den E-Raum begaben, um uns wieder einmal aus unserem Ölzeug zu schälen. Der Dieselraum sah nicht viel besser aus als vor vier Stunden, als ich ihn durch das weit offen stehende Luk sah: Kießling arbeitete dort mit ein paar Männern seit Stunden, aber die Luft war erträglich geworden. Auch hier war trotz des heillosen Durcheinanders Hoffnung zu spüren.

Auf dem Flurboden vor meiner Klappe sitzend, verschlang ich heißhungrig ein mit Hartwurst belegtes rund geformtes Brot aus der Büchse und trank dazu heißen Tee. Minuten später kauerte ich in der nicht einmal mannshohen kalten Stahlzelle unserer Waffenkammer. Müde und auch wütend begann ich damit, die MGs und die MPs zu zerlegen, zu reinigen und wieder zusammenzusetzen. Zornig fragte ich mich während meiner Arbeit: »Muss denn das jetzt noch sein? Wir haben doch Jagdschutz, laufen bald ein und werden diese Dinger kaum noch benötigen. Aber nein. Maschinenmaat Bischoff verlangt auch jetzt noch Meldung von mir, sobald all diese Dinger in appellfähigem Zustand sind.« Es ist einfach unglaublich, wie rasch Salzwasser auch gut gepflegte Metallteile mit Flugrost überziehen kann.

Weil ich zwischendurch auch zum Backschaftsdienst eingeteilt war, verging die Zeit der Freiwache wie im Flug. Meine um null Uhr beginnende Nachtwache verbrachte ich wiederum in der Waffenkammer, weil Lüdden und Meenen sich entschlossen hatten, während der Nacht zu tauchen, um ungestörte Arbeit im Dieselraum zu ermöglichen und unseren Jagdschutz in der Dunkelheit entlassen zu können. Unsere Batterien waren so weit wieder aufgefüllt, dass wir unter Wasser mit halber Kraft fahren konnten. Währenddessen zerlegte, reinigte und polierte ich verbissen, damit Bischoff bei seiner Inspektion mir nichts am Zeug flicken konnte. Dabei fragte ich mich, was der aufgeblasene Kerl wohl gegen mich hatte. In diesem Moment wurde das Luk über meinem Kopf aufgerissen, und Bischoff fragte: »Wie weit sind Sie denn, Staller? Wie lange wollen Sie denn noch da unten bleiben?«

»Gegen zehn Uhr werde ich fertig sein, Herr Oberbootsmaat! Werde mich bei Ihnen melden!«

»Wird auch Zeit. Beim Einlaufen müssen unsere Waffen wie neu aussehen!«

Als ich dann am 3. Mai kurz vor zehn an Bischoff meldete: »Befehl ausgeführt. Waffen und Munition aufgeklart!«, war ich mir sicher, dass der Maat nichts finden würde. Mein heimlicher Widersacher stieg mit undurchdringlicher Miene in die Stahlkammer und kontrollierte dort verdächtig lange und geräuschvoll meine Arbeit. Als er wieder in die Zentrale heraufkroch, zischte er mich an: »Das war wohl nichts, Staller. Alle der angeblich druckfesten Behälter für unsere Granaten konnte ich zwar nicht öffnen. Aber mindestens in einer von ihnen sieht es grauenvoll aus. Da müssen Sie nach Ihrer Wache und dem Backschaftsdienst schon noch mal ran.«

Zu Beginn meiner Brückenwache war ich zwar müde, aber auch froh. Es war für mich ein beruhigendes Gefühl, am Horizont über der Kimm immer wieder eines der deutschen Flugzeuge zu erkennen, die uns die bisher so hartnäckigen Verfolger vom Leib hielten. Wir konnten zwar nur mit unserem Steuerborddiesel und dieser wiederum nur mit sieben Zylindern fahren, doch es reichte für Halbe Fahrt. Ich sah unsere JUs abdrehen und hörte Korn in meinem Rücken in die Zentrale melden, in der unser Alter mit dickem Brustverband und locker darüber getragenem Pullover auf dem Sitz vor dem Sehrohr saß: »Geleit wird von vier Minensuchbooten übernommen! Jagdschutz dreht ab!«

Leise, ruhig, aber dennoch energisch antwortete Kaleu Lüdden von unten: »Danke, Korn!« Nach einigen

Sekunden fügte er noch hinzu: »Jetzt geht's also heim-wärts!«

»Jawohl, Herr Kaleu!«

Am 4. Mai um null Uhr begann ich die letzte Nacht-wache meiner ersten Feindfahrt. Zuvor hatte ich stun-denlang unter der Zentrale Granaten getrocknet und poliert und sog jetzt die kräftige Seeluft in meine Lun-gen. Bevor ich mich an meinen Platz begab, blickte ich kurz durch mein Glas über unseren Bug hinweg, da-bei sah ich die Sperrbrecher, die vor uns herfuhren, und glaubte mit froher Erregung schon den dunklen Strei-fen der Küste vor uns zu erkennen. Doch da fielen mir die mahnenden Worte unserer Ausbilder wieder ein: »Fühlen Sie sich nie zu früh sicher. Beobachten Sie auch beim Einlaufen bis zur letzten Sekunde. Feindflugzeu-ge melden sich nicht an, bevor sie angreifen. Sie müssen sie also zuerst sehen!«

Obwohl ich todmüde war, zwang ich mich mit bren-nenden Augen dazu, die mondklare Nacht über der vom Wind aufgewühlten See zu durchdringen und ge-wissenhaft auch das Wasser an der Kimm abzusuchen. Kurz vor drei Uhr sah ich rechts und links von uns Betonmauern aufragen und konnte darüber nur noch eine schmale Gasse des mit glitzernden Sternen über-säten Nachthimmels erkennen, bevor sich eine graue Betondecke langsam über meinen Kopf schob. Erleich-tert aufatmend, ließ ich mein Glas auf die Brust sinken. Die Abgasgeräusche unseres Diesels klangen eigenartig hohl von den Betonwänden zurück. So glitten wir lang-sam in einen der U-Boot-Bunker hinein, die von der OT (Organisation Todt) zum Schutz vor Feindflugzeu-gen für unsere Boote in Bordeaux, Nantes, La Rochelle,

Brest und hier in Lorient errichtet worden waren. Unser erster WO dirigierte U 188 an seinen Liegeplatz zwischen zwei anderen Booten, die schon an der Pier festgemacht hatten. Unser Boot war vom Wetter stark mitgenommen. Die Mennige, der rote Schutzanstrich, war unter der abgesplitterten grauen Deckfarbe sichtbar. Überall hatte sich Rost gebildet: an der Brückenverkleidung wie auch an den Rohren der Flak und der Kanone an Deck. Eine dünne Algenschicht bedeckte die hölzernen Planken des Oberdecks.

Meenen und Kießling halfen unserem Kommandanten auf die Brücke. Nach der urplötzlich von mir abfallenden wochenlangen Anspannung fühlte ich nur noch bleierne Müdigkeit in mir. Doch als ich sah, wie sehr Lüdden sich in der Gewalt hatte und wie Meenen und Benetschik halfen, den auf einer Bahre festgeschnallten, schwer verwundeten Rupp auf die Brücke zu heben, wurde ich für kurze Zeit hellwach. Endlich in Sicherheit. Gleich kann ich über den schon angelegten Laufsteg an Land gehen, mich irgendwo hinlegen und abschalten, dachte ich. Doch als Erster wurde Rupp auf seiner Bahre von Bord getragen und in einen am Kai wartenden Sanka gehoben. Lüdden trug über seinem Verband den halb geöffneten Waffenrock, als er mit sehr unsicheren Schritten, aber gerade aufgerichtet über die schmale Gangway an Land ging. Dicht hinter ihm folgte Meenen mit ausgebreiteten Armen, um jederzeit hilfreich zugreifen zu können. Dann folgte der Reihe nach, streng nach Rangordnung, der Rest der Besatzung. Als Rötters mir einen Rippenstoß versetzte und sagte: »Komm, Toni, jetzt sind wir an der Reihe«, folgte ich ihm wie ein Roboter und gliederte mich ein in die Reihen der schon schnurgerade am Kai Angetretenen. Das Ganze hatte nur wenig Zeit beansprucht. Von meinem Platz im dritten Glied der Dreierreihe konnte ich nur teilweise beobachten, wie Kaleu Lüdden einigen höheren Standortoffizieren Meldung machte, bevor auch er in einem Sanka davonfuhr. Erst später erinnerte ich mich wieder an den eigenartigen Kontrast zwischen den gepflegten Uniformen dieser Herren und uns Frontschweinen.

Wir bestiegen bereitgestellte MTWs (Mannschaftstransportwagen) der Kriegsmarine und fuhren erst durch einen langen Betontunnel, anschließend im Freien auf einer dunkel glänzenden Teerstraße durch das umzäunte Gelände des Stützpunkts. Als wir die Wachen am Tor passierten, sah ich, dass im Umkreis der Bunker alles in Trümmern lag. Englische Bomberverbände hatten vergeblich versucht, die Bunkerdecken zu knacken. Dabei mussten auch französische Zivilisten ihr Leben gelassen haben. Als wir durch die gespensterhaft leeren Straßen der französischen Hafenstadt fuhren, achtete ich vor Müdigkeit kaum auf die aufgeregt fröhliche Unterhaltung meiner Bordkameraden. Wir fuhren zu einem Barackenlager der Kriegsmarine am Stadtrand von Lorient und bezogen dort zu sechst je eine Bude. Ich setzte mich auf das nächstbeste Bett, streifte meine Schuhe von den Füßen und streckte mich – so wie ich war – in meinem graugrünen Overall auf der lang ersehnten Matratze aus. Im Unterbewusstsein bemerkte ich noch, wie die anderen lachend darüber wetteiferten, wer denn zuerst unter die Dusche dürfe, hörte sie angeregt über die Ereignisse der hinter uns liegenden Wochen diskutieren, ohne den Sinn ihrer Worte zu erfassen, und überlegte kurz, dass ich während der beiden vergangenen Tage fast nur in der feuchten, kühlen Waffenkammer des Bootes gekauert und nur jeweils zwei Stunden Schlaf gefunden hatte. »Lass ihn doch schlafen!« Das waren die letzten Worte, die ich noch deutlich hören konnte.

Anderntags erzählte mir Rötters lachend, dass ich im Traum »Alarm!« gerufen hatte. Dagegen konnte ich mich lediglich an einen Traum erinnern, in dem ich mit Gisela in Stettin am Strand der Ostsee spazieren ging. Ich hielt sie in meinen Armen, und wir küssten uns. Als ich mit leisem Bedauern erwachte und erkannte, wo ich mich befand, schien die abendliche Frühlingssonne schon sehr schräg durch das Barackenfenster, und ich verspürte einen starken Harndrang. Mein ganzer Körper war in Schweiß gebadet.

Still bedauernd stellte ich fest, dass ich allein in der Bude war, schlüpfte rasch aus meinem Overall, meiner Unterwäsche, den Socken und fühlte leichten Ekel vor mir selbst, als ich alles auf den Boden warf. Sehr lange räkelte ich mich unter den warmen Strahlen der Dusche, wusch Bart und Haare mit einem bereitliegenden, duftenden Haarwaschmittel französischer Herkunft, seifte mich gründlich ein, duschte und spülte wieder und immer wieder neuen Schaum von meinem Körper.

Bekleidet mit meiner besten Ausgehuniform – unsere Last war von Stettin nach Lorient verlegt worden – und frisch rasiert traf ich später im Kantinenraum mit einigen Kameraden zusammen, die mich mit gut gefüllten Bier-, Wein- und einigen Schnapsgläsern begrüßten. An allen Tischen ringsumher lachten die Männer oder sangen laut zu den Klängen eines Schifferklaviers. Wie immer bestens informiert, schob mir Karl Bauer neben seinem Platz einen Stuhl in die Kniekehlen: »Toni! Du fährst mit mir zusammen mit der zweiten Urlaubsgruppe nach Hause. Sie haben schon heute Nacht damit begonnen, unsere ramponierte Angströhre wieder zu reparieren. Wenn du mich fragst, können sie sich damit ruhig etwas Zeit lassen.«

Der 14 Tage während Heimaturlaub war genau wie mein erster viel zu rasch zu Ende gegangen. Sehr nachdenklich saß ich in einem westwärts rollenden Urlauberzug. Zu Hause hatte ich erfahren müssen, dass mein Freund Julius Scheurer und fünf meiner Schulkameraden in Russland gefallen waren. Am Westbahnhof in Paris dachte ich an unseren Flakschützen Rupp, der hier in einem Lazarett liegen sollte. Schon am Morgen des darauf folgenden Tages, es war am 20. Juni 1943, war ich mit meinen Bordkameraden in einem der U-Boot-Bunker in Lorient damit beschäftigt, unser generalüberholtes Boot für die bevorstehende Feindfahrt neu auszurüsten.

Nun also gehörte ich selbst schon zu den Alten und musterte die neu hinzugekommenen Gesichter verstohlen. Einige unserer Stammmannschaft waren auf andere Boote versetzt und zwei zu Lehrgängen abgeordnet worden. Doch es erfüllte uns mit Genugtuung, dass Lüdden und die anderen Offiziere wieder mit uns fahren würden, einige der Neuen schon ähnliche Erfahrungen wie wir selbst auf anderen Booten gemacht hatten und der sogenannte harte Kern erhalten geblieben war. Nur eine Neuigkeit gab uns Rätsel auf: Ein Arzt sollte dieses Mal mit an Bord kommen. Für was sollte denn das gut sein?

Längst schon hatte ich mir angewöhnt, mich auch in der an Bord üblichen überwiegend norddeutschen Mundart auszudrücken. Der schlanke und wieselflinke neue Maschinenmaat Franz Heigl war mir sehr sympathisch, als er lachend durch das offen stehende Luk zu einigen der Mixer in den Hecktorpedoraum sehr norddeutsch hineinrief: »Jungs! Wir haben in meinem alten Boot in diesem Hohlraum zwischen Bordwand und den Torpedos längsseits immer Fleischbüchsen verstaut. Wartet noch einen Augenblick, bevor ihr den Aal festzurrt. Staller und ich reichen euch die Büchsen runter.« Er ergriff eine Brechstange, öffnete eine der Kisten, die auf dem Flurboden des Dieselraumes standen, und reichte mir ohne zu zögern jeweils zwei Büchsen, die ich den mir entgegengestreckten Händen weiterreichte. Ein schelmisches Lächeln ging der folgenden Bemerkung Heigls voraus: »Diese Büchsen können wir natürlich erst vernaschen, wenn ihr die Torpedos hinausgejagt habt!«

Heigls Heimatort hätte ich irgendwo an der Nordseeküste vermutet. Am Abend saßen wir in der Kantine des Marinelagers an einem der Tische zusammen, und mein Respekt vor dem Maat wuchs noch, als ich das EK 1 (Eisernes Kreuz Erster Klasse) an der Brust seiner Ausgehuniform bemerkte. Wie nebenbei teilte er mir mit, dass er gelernter Kupferschmied wäre. Er fragte mich, wohl auch wegen meines jungenhaften Aussehens, wie alt ich wäre und ob ich einen Zivilberuf hätte. Kaum wusste er, dass ich in München die Kunst des Orgelbaus gelernt habe, da schlug er sich lachend mit beiden Händen auf die Oberschenkel: »Na so was! Dann sind wir doch fast Nachbarn! Meine Eltern haben in Amperpettenbach bei Dachau eine Gastwirtschaft und eine Metzgerei!«

Uns gegenüber saßen Maschinenmaat Baumann und Karl Bauer am Tisch, und der Maat konnte es sich nicht verkneifen, in seiner gutmütigen Art zu bemerken: »Jetzt haben wir tatsächlich zwei Bazis an Bord! Sagenhaft, was man U 188 alles zumuten kann.« Wir lachten. Doch wenig später wurde es sehr ernst am Tisch. Karl Bauer beugte sich weit herüber. Leise teilte er uns mit, dass er während seines Heimaturlaubs in Kärnten seinen Onkel getroffen habe, der Major in der Bendlerstraße in Berlin sei. »Als er mit meinem alten Herrn nebenan im Rauchsalon saß, konnte ich eine Unterhaltung zwischen den beiden mit anhören. Stellt euch mal vor, was mein Onkel für Zahlen kennt: Vergangenes Jahr haben wir 85 Boote verloren. In diesem Jahr sind es schon über 200. Dabei gehen die Versenkungen feindlicher Schiffe durch uns rapide zurück. Sie betragen mit drei Millionen Bruttoregistertonnen nicht einmal die Hälfte des Vorjahres. Seit vor einigen Wochen Portugal die Azoren als Flugzeugstützpunkt für die Alliierten freigegeben hat, können die jetzt jeden Konvoi im Atlantik mit ihren Bienen abschirmen. Die Blockade Englands, mit der man die Insel aushungern wollte, ist damit gegenstandslos geworden. Außerdem sind in diesem Jahr schon 20 000 Tonnen Sprengstoff über dem Reichsgebiet abgeworfen worden. Wie soll das weitergehen?«

Karl war, während er sprach, immer lauter geworden, und wir hatten alle nicht registriert, dass es ringsum stiller geworden war. Völlig überraschend trat Obersteuermann Korn hinter Bauer, hielt in einer Hand seine unvermeidliche Pfeife und legte die andere beruhigend auf die Schulter des Maschinengefreiten. »Bauer, ich konnte eben so schlecht verstehen, welchen Unsinn Sie hier verzapft haben. Sicher haben Sie sich verhört, oder Ihr ehrenwerter Onkel hat sich verrechnet. Aber ich rate Ihnen dennoch, Ihre Weisheiten künftig für sich zu behalten.« Bevor Korn wieder ging, nickte er dem Gefreiten Heinze aufmunternd zu, damit dieser mit seinem Schifferklavier eine neue Melodie anstimmte.

Die darauffolgende Nacht verbrachten mehrere von uns in einem Haus, das, umgeben von Ruinen, unversehrt geblieben war. Schnell hatte sich herumgesprochen, dass dort französische Freudenmädchen ihre Dienste anboten. Eine glatte Rechnung, die man auf Heller und Pfennig begleichen konnte. Jeder bekam, was er wollte, und auch auf die Gesundheit wurde strengstens geachtet. Die restlichen Tage an Land waren kurz. Es gab genug zu trinken, doch ohne dass man sich sinnlos betrunken hätte. Was nachher kommen würde? Nun, alles war mit etwas Glück doch zu schaffen.

Am übernächsten Morgen gab sich jeder Mann an Bord von U 188 stark und ungerührt. Doch die äußere Gelassenheit und das übliche geschäftige Treiben kurz vor dem Auslaufen eines Bootes erschienen mir heute gekünstelt. Schon vor vier Tagen hatten zwei unserer Boote nachts die Bunkeranlage verlassen und fuhren anfangs im Geleit. Die Besatzungen hatten wohl schon geglaubt, allein und unbemerkt durch die Biskaya fahren zu können. Doch vor wenigen Stunden war eines der Boote schwer beschädigt und mit vielen Toten und Verwundeten an Bord zurückgekehrt. Ein schauerlicher Anblick. Das zweite Boot war versenkt worden.

Es gab keinen Überlebenden. Für den heutigen Abend war für uns Ausgehverbot angeordnet. Wahrscheinlich sollten wir – das Boot Lüdden – schon in der kommenden Nacht zusammen mit Boot Piening auslaufen.

Bei strömendem Regen schlichen wir in der Nacht zum 30. Juni hinter unseren Sperrbrechern aus dem Hafen von Lorient. Kaum waren wir vom Geleit entlassen, da geschah auch schon das, was wir alle erwartet hatten. Wir wurden von einer Whithley zum Alarmtauchen gezwungen. Kurz nach dem vorsichtigen Auftauchen entdeckte uns schon wieder eine Feindmaschine. Anschließend jagte uns ein Zerstörer in alter Manier stundenlang und bedrängte uns hart. Seine Wabos lagen so nah, dass wir auf die Flurplatten oder zur Decke geschleudert wurden. Wasserstandsgläser platzten, Rohrleitungen zischten, und Wasser sprühte unter der Wucht der dröhnenden Detonationen. Ringsum sah ich blasse, nach oben gewandte Gesichter, die wie ich auch mit blutunterlaufenen Augen ein tödliches Leck in der dünnen Stahlwand unseres Druckkörpers suchten. Quälend langsam verstrichen neun unendlich lange Stunden, und der Zerstörer warf immer noch seine Kanister. Im Boot war es totenstill. Der Befehlsübermittler am hinteren Kugelschott meldete leise: »Wellenstopfbuchsen machen stark Wasser.« Über uns waren plötzlich deutliche Schraubengeräusche eines zweiten Zerstörers zu vernehmen, und der Raum für uns in der Tiefe wurde noch enger als zuvor.

Wie es dem Kommandanten gelang, sich von diesen beiden Verfolgern abzusetzen, blieb uns allen ein Rätsel, denn wir glaubten wieder einmal jede Sekunde, dass es unsere letzte sein würde. Nur langsam kamen wir voran. Selbst als wir die Weite des Atlantiks erreichten, schienen die Verfolger allgegenwärtig zu sein, geradezu an uns zu kleben. Mehrmals hörten wir weit vor uns, dass es dem Boot Piening ähnlich erging.

Als ich in der Nacht zum 7. Juli auf die Brücke kam, konnte ich einem leisen, kurzen Wortwechsel zwischen Lüdden und unserem WO entnehmen, dass wir die Azoren nördlich hinter uns gelassen hatten. Am 22. Juli übernahmen wir in einer nervenaufreibenden, eilig durchgeführten Aktion auf hoher See 35 Kubikmeter Treibstoff vom Boot Piening. Dabei war ich dem Himmel dankbar, dass er uns in dunkelgraue, tief hängende Wolken einhüllte, und ertappte mich immer wieder dabei, dass ich statt zu beobachten zu dem nicht weit von uns auf den lang gezogenen Wellen dümpelnden Versorger hinüberspähte. Den uns beide wie eine Nabelschnur verbindenden Schlauch konnte ich im dunklen Wasser nicht erkennen. Nur das Schlauchboot, mit dem der Ölschlauch zu uns herübergezogen worden war, sah ich neben U 183 schaukeln. Natürlich war auch der Kommandant auf der Brücke, als Piening sich nach dem Auftanken durch sein Sprachrohr von uns verabschiedete: »Gute Fahrt und fette Beute!«

Steifer, plötzlich aufkommender Wind fegte die Wolken vor sich her, wobei es von Minute zu Minute heller wurde. Bald schon übergoss fahlgelbes Mondlicht die unendliche Weite des Ozeans. Allein fuhren wir südwärts. Wieder einmal wurde mir auf der so friedlich aussehenden See die Form der Erde vorgeführt, während ich die Kimm und den über uns strahlenden Sternenhimmel absuchte. Erneut machte ich mir dabei Gedanken über den Sinn dieses Krieges, während ich und wohl auch alle anderen an Bord angenehm davon berührt waren, dass wir bei der zuletzt hinter uns liegenden Strecke seltener von unseren Gegnern aufgespürt worden waren.

Später, wieder unten im Boot, teilte uns der Kommandant durch die Bordsprechanlage mit, dass U 188 der sogenannten Monsunflotte zugeteilt worden war. »Unser Zielhafen ist Penang vor Malaysia. Unterwegs haben wir jedes lohnende Ziel zu versenken, das uns vor die Rohre kommt. Insgesamt sind für diese Fahrt mit einigen Abstechern etwa vier Monate geplant.« Als es nach dieser für Lüdden ungewöhnlich langen Ansprache in der Leitung vernehmlich knackte, blieb es noch eine oder zwei Sekunden lang sehr still. Doch dann begannen alle gleichzeitig aufgeregt durcheinanderzureden: »Äquatortaufe!«

»Tropenhitze!«

»Das Kap der Guten Hoffnung!«

»Ums Horn von Afrika!«

»Deshalb also haben wir khakifarbene kurze Hosen und kurzärmelige Hemden an Bord!«

»Malaiinnen!«

»Der Indische Ozean mit seinen Monsunstürmen.«

»Malaysia ist von unseren Verbündeten, den Japanern, besetzt!« All das schwirrte wild durcheinander. »Vier Monate! Das dauert doch so lange wie vier Feindfahrten!«

Hier in Äquatornähe schienen uns die Alliierten nicht zu vermuten. Dennoch durfte außer der Brückenwache aus Gründen der erforderlichen Schnelligkeit beim Alarmtauchen nur ein zusätzlicher Mann oben sein, um dort frische Seeluft einatmen oder rauchen zu können. Jetzt aber saß dort fast immer der Stabsarzt Dr. Esau und schien ohne Rücksicht auf die Bedürfnisse anderer die Sonne und das Meer für sich allein zu beanspruchen. Schon aus diesem Grund war er nach einigen Tagen der unbeliebteste Mann an Bord.

Einige Stunden bevor wir den Äquator erreichten, begann an mehreren Stellen im Boot geschäftiges Treiben. Wegen der Hitze waren wir nur noch mit kurzen Sporthosen und ärmellosen Netzhemden bekleidet. Die Brückenwachen waren zum Schutz vor den ungewohnten Sonnenstrahlen mit sandfarbenen breitkrempigen Hüten ausgestattet und mussten zur Vermeidung von Nierenerkältungen Hüftgürtel aus Baumwollstoff anlegen. Als ich nun von dort oben kommend an der Kochstelle vorbeiging und Gerhard Storz fragte, was er heute für stinkendes Zeug für uns zusammenbraute, erhielt ich den knappen Hinweis: »Das wirst du noch früh genug mitbekommen, Toni. Da könnte ja jeder dumme Fragen stellen.« Der Zentralemaat stand neben unserem Smut, grinste, griff mit einer Hand an meine Schulter und winkte mich und die anderen weiter. Kaum war ich einige Meter von den beiden entfernt, sah ich unseren LI, Oberleutnant Kießling, der sich mit verschränkten Armen an eines der zahlreichen Rohre lehnte. Als ich mich an ihm vorüberzwängte, bewegte er seinen Kopf hin und her und tat, als würde er die geheimnisvollen, unbekannten Küchendüfte genüsslich einatmen. Dabei lachte er leise und meinte zu mir: »Denken Sie sich nichts, Staller. Äquatortaufe. Das muss jeder mal mitmachen.«

Einige Männer der Besatzung, das waren außer unserem Arzt alle Offiziere, mehrere Unteroffiziere und auch ein paar Mannschaftsdienstgrade, hatten diese unsichtbare Grenze der Hemisphären, die Nulllinie unserer Erdkugel, schon mehrmals überquert. Der überwiegende Teil von uns jedoch sollte sie heute, also am 5. August, zum ersten Mal passieren. Um vor unliebsamen Überraschungen sicher zu sein, befahl Lüdden Unterwassermarsch. Kaum war das Boot unten, begannen einige der schon Getauften unverzüglich damit, ihr gut geplantes Vorhaben in die Tat umzusetzen. Wir Täuflinge waren alle gespannt, was jetzt auf uns zukommen würde. So schlimm konnte es trotz vieler dunkler Andeutungen kaum werden, denn wir waren 32 Täuflinge, und mehr Zeit als eine Stunde hatte der Kommandant der Äquatortaufe nicht zugebilligt.

An den Tiefenrudern in der Zentrale saßen zwei schon getaufte Maate, auch im E-Raum bestand die Bedienungsmannschaft aus Äquatorgetauften, und jetzt drängten sich Täuflinge und Zuschauer eng im vorderen und achteren Flur, die beide in der Zentrale endeten.

Neben dem Gefreiten Bauer saß ich eingequetscht am Boden in der ersten Reihe der Zuschauer, hörte Gekicher über mir und sah staunend, wie rasch eine Art Bühne in der engen Zentrale aufgebaut wurde. Binnen einer knappen Minute stand ein randvoll mit Seewasser gefülltes Schlauchboot dicht vor mir. Auf dem zweckentfremdeten Klappsitz am Sehrohr thronte Obersteuermann Heinrich Korn. Er war barfuß und nur mit einer Badehose und einem Unterhemd bekleidet. Die Fransen einer grauen, aus Putzwolle angefertigten Perücke umrahmten seinen Kopf und hingen bis dicht über seine Augen. Der Zentralemaat war mit einer blonden Zopfperücke und einem blau-weiß karierten Mädchenkleid als Neptuns Frau Thetis verkleidet. Sie stülpte ihrem Mann eine aus Silberpapier gefertigte Krone aufs Haupt und überreichte ihm einen hölzernen Dreizack. Diese beiden Utensilien kennzeichneten Korn als Meeresgott Neptun. Seine freie Hand ruhte auf einem Stapel handgeschriebener Urkunden und Notizblätter.

Fünf bis zur Unkenntlichkeit verkleidete Trabanten Neptuns waren damit beschäftigt, die immer ungestümer in die Zentrale drängenden Neugierigen ohne Rücksicht auf Rang und Namen zurückzuhalten. Es gelang ihnen sogar, noch Platz für zwei große Töpfe zu schaffen, die ihnen über sämtliche Köpfe hinweg von der Wirkungsstätte des Smuts angereicht wurden. Dabei riefen die Trabanten mehrmals in die Flure: »Bleibt hinten! Wir rufen jeden von euch früh genug nach vorn! Ihr werdet alle noch sehen, was hier jetzt geschehen muss!«

Einer der beiden Töpfe war fast bis zum Rand mit ekelerregender grüngelber und übel riechender Flüssigkeit gefüllt. Als die Trabanten ihn vorsichtig neben Neptun und dem Schlauchboot auf dem Boden abstellten, rief der Meeresgott laut und Unheil verkündend: »Ja, da haben wir ihn ja endlich, unseren so liebevoll zubereiteten Göttertrank, an dem sich jeder Täufling erquicken darf!« Mir schwante nichts Gutes. Dann sprach Neptun: »Ach, und hier haben wir ja auch unsere herrliche Götterspeise!« Die Trabanten platzierten geschickt den zweiten Topf neben Neptun. Er war mit kleinen, graubraunen Kügelchen gefüllt, von denen wir schon wussten, dass Gerhard Storz sie aus Mehl, viel Paprika, Pfeffer, Salz und Essig geformt hatte.

Viele bärtige Gesichter um mich herum strahlten, vielfach in schadenfroher Erwartung. Die anderen wirkten vorsichtig und abwartend. Doch jedem von uns Täuflingen war klar, dass wir diese Zeremonie mitmachen mussten und niemandem den Spaß verderben durften. Überall hörte ich verhaltenes Kichern und sah auch Lüdden vor der verschlossenen Tür zum Funkraum stehen, in dem der längst schon äquatorgetaufte Schulz in seine Kopfhörer lauschte.

Wieder erklang die laute Stimme von Meeresgott Neptun: »Wir haben soeben die Linie überfahren, die den Nordteil der Erde vom Süden trennt.« Korns Worte waren über die Bordsprechanlage überall gut zu verstehen, und es herrschte augenblicklich Stille. »Ich, Neptun, Gott der Wasser, Beherrscher aller Meere, Seen und Moraste, geruhe hiermit kundzutun, dass alle Erstlinge, die niemals zuvor den Äquator überschippern durften, vom Schmutze der nördlichen Halbkugel befreit werden müssen.« Vereinzeltes Gekicher war zu hören, als sich Korn geräuschvoll räusperte, bevor seine kraftvolle Bassstimme wieder ertönte: »Ganz ungeschoren können einige in diesem U-Boot bei dieser Befreiung vom Schmutz des Nordens freilich nicht davonkommen, denn ein paar Vorkommnisse auf der Nordkugel rufen laut nach Sühne! Mit dem allseits beliebten Stabsarzt Esau muss ich beginnen, denn dieser hält sich auf einer so weiten Reise wohl für unentbehrlich.« Neptun blickte kurz in die Runde, bevor er weitersprach. »Dabei wird ja von euch kampferprobten und sturmfesten Recken keiner krank! Der Herr Doktor ist auf U 188 doch arbeitslos. Mir wurde berichtet, dass er seine Zeit überwiegend oben im Wintergarten

totschlägt und dabei eurer Mannschaft den Platz weg-
nimmt, den diese zum Einatmen dringend benötigter
Frischluft braucht. So ein Verhalten ist ungeheuerlich
und muss sofort geahndet werden. Zehn Götterspeisen
und dazu zehn Mal reichlich Göttertrank erachte ich
hierfür als angemessen.«

Noch während Neptun sprach, hatten sich zwei der
Trabanten wie zufällig zu dem hinter dem Sehrohr stehenden Stabsarzt gedrängt, ergriffen nun den leicht Wi-
derstrebenden, zerrten ihn vor Neptun hin und hielten
ihn fest. Zwei andere der verkleideten Trabanten öffne-
ten ihm nun mit Gewalt den Mund, während der fünfte
laut zu zählen begann: »Eins!« Flink schob er die erste
Kugel in den Mund des Delinquenten, er zählte hastig
bis zehn. Ich sah, wie Esau sich angeekelt schüttelte, als
er gezwungen wurde, die ihm verabreichte Köstlichkeit
zu schlucken. »Natürlich muss jetzt ordentlich nachge-
spült werden, damit auch innen alles richtig aufgeklart
wird!« In Korns Stimme glaubte ich Genugtuung zu
hören, als er seinen Helfern aufmunternd zunickte.

Um Lüddens Reaktion bei dieser respektlosen Behandlung des Stabsarztes beobachten zu können,
musste ich mich weit nach vorne beugen. Würde der
Kommandant etwa einschreiten? Doch nichts geschah,
als unserem Stabsarzt nun mit einer überdimensiona-
len Spritze, angeblich gefertigt vom handwerklich sehr
begabten Maschinenmaat Heigl, der Mund gründlich
gespült wurde. Die Trabanten drückten anschließend
seinen Kopf unter Wasser, damit er auch ordentlich
getauft werde. Das Gesicht des Stabsarztes zeigte keinerlei Regung, als er nun von Neptun die Taufurkun-
de überreicht bekam. Es war still geworden, als er sich

entfernen wollte und dabei keinem von uns ins Gesicht blickte. Überraschend leise hörte ich Lüdden: »Herr Stabsarzt. Kommen Sie doch bitte nachher kurz zu mir. Weitermachen!«

Neptun ließ sich nicht beirren: »Von jetzt an kommen wir schneller voran. Einige von euch haben zwar allerhand auf dem Kerbholz, aber so schlimm wie bei Nummer eins wird es nicht mehr.« Einer nach dem anderen wurde jetzt unter lautem Gegröle aufgeklart und getauft. Im Stillen rechnete ich mir schon aus, wie viele dieser Pillenkugeln und Tränke wohl mir zugedacht waren, als es hieß: »Bringt mir den Matrosenobergefreiten Staller!« Unwillkürlich versuchte ich ein demütiges Gesicht zu machen, als ich vor Neptun stand. Er sprach: »Dieses unbeschreibliche Früchtchen, dieser Bazi, kommt aus dem bayerischen Oberland! Er wurde bei der ersten Fahrt mit U 188 wegen ungebührlichen Betragens gegenüber einem eurer Maate von diesem zu zehnmaligem Backschaftsdienst verdonnert und soll anschließend zu seinen Kameraden gesagt haben« – Korn blickte kurz auf seinen Zettel und zitierte dann eher norddeutsch als bayerisch: »›Da kannt a jeder daherkemma!‹.« Korn unterbrach das Gelächter mit einer Bewegung seines Dreizacks. »U-Boot-Fahrer! Die Zeit ist knapp! Es kann sehr schnell wieder ernst für euch werden! Unterbrecht mich nicht immer wieder mit eurem blöden Gekicher. Wir haben noch fünf Taufen zu erledigen! Also, nachdem sich Mundart und Ausdrucksweise dieses Bazis hier inzwischen sehr zu seinem Vorteil geändert haben und er sich ansonsten ordentlich zu benehmen scheint, erachte ich eine Götterspeise und dazu einen guten Schluck Göttertrank für ausreichend!«

Nach einer knappen Stunde war die unterhaltsame Zeremonie beendet, und auch ich hielt die Bestätigung meiner ersten Über- beziehungsweise Unterquerung des Äquators in Händen.

»Aufklaren! Jeder zurück an seinen Platz! Auf Sehrohrtiefe gehen!« Bevor ich die Zentrale verließ, hörte ich Frau Thetis einem Trabanten und Neptun zuflüstern: »Das mit Esau hat vielleicht doch etwas bewirkt.« Korns Reaktion blieb mir allerdings verborgen, und der Bootsalltag nahm uns sofort wieder voll in Anspruch.

Am 26. August umrundeten wir in respektvoller Entfernung von der Küste die Südspitze des Schwarzen Kontinents. Hier umbrauste uns ein Orkan, wie ich es niemals zuvor erlebt hatte. Dieser Wetterumschwung sorgte rasch und nachhaltig dafür, dass wir nicht zu übermütig wurden. Wieder einmal konnten wir uns auf der Brücke nur noch in unserem Leder-Ölzeug, unseren Südwestern als Kopfschutz und am Schanzkleid festgeschnallt gegen die Naturgewalten behaupten. Um größere Schäden am Boot zu vermeiden, entschloss sich der Kommandant zum Unterwassermarsch.

In den folgenden Tagen durchpflügten wir über Wasser mit Kurs Nord-Ost den Indischen Ozean und wussten dabei Afrika an Backbord, also westlich von uns. Jedes Mal, wenn ich auf die Brücke kletterte und vor Beginn meiner Wache um mich blickte, war ich zutiefst beeindruckt von der großen Einsamkeit auf der so friedlich aussehenden Wasserfläche. Bei Tageslicht schien sich der zumeist tiefblaue Himmel im Wasser zu spiegeln. Er verlieh ihm eine grünblaue Farbe von einer Intensität, von der ich niemals zu träumen gewagt hatte. Bei der nun herrschenden Windstille beeindruckte es mich ungemein, wenn uns lang hingezogene Wellen wie aus Wasser geformte Hügel umgaben. Hunderte von Metern glitten wir mit dem Boot ruhig talabwärts und wieder hinauf. Doch ich war gewarnt: »Toni, so friedlich ist der Indische Ozean nicht immer.«

Schon bei meiner nächsten Tagwache blies plötzlich aufgekommener Sturm wie in einer Schöpfungsvision weiße Gischt über zerfranste Wellenkämme. Von allen Seiten war trotz des brausenden Windes dumpfes Donnergrollen zu vernehmen, und dazu zuckten ohne Unterlass kobaltblaue Blitze aus dichten über uns dahinjagenden Wolken. Wieder war jeder von uns am Schanzkleid festgezurrt. U 188 wurde haushoch auf Wellenberge getragen, um anschließend in tosende Abgründe geschleudert zu werden. Von unten kam nach etwa einer Stunde der Befehl zum Einbooten. Kaleu Lüdden entschied sich zum Tauchen. Wieder einmal wankten wir benommen in die Zentrale.

Lüdden schien mir leicht nervös zu sein, weil wir bisher noch keinen Einzigen unserer Torpedos hatten abschießen können. Wir waren offenbar allein. Doch in der Nacht zum 8. September um drei Uhr trafen wir fast gleichzeitig und bei ruhiger See im Südindischen Ozean mit den jeweils nach ihren Kommandanten benannten Booten Henning, Schäfer und Junker zusammen. Der Treffpunkt lag in einem von allen Schifffahrtslinien weit entfernten Planquadrat. Auch das deutsche Versorgungsschiff »Brake« wartete dort schon auf uns. Wir sollten mit Proviant, Schmieröl und Treibstoff versorgt werden. Lüdden war nur mit einer kurzen Turnhose, einem dunkelblauen Pullover und seiner weißen Mütze bekleidet, als er uns zu äußerster Wachsamkeit ermahnte, bevor er durch seine Flüstertüte die Nachbarboote Schäfer und Junker begrüßte. Danach sagte er leise zu Leutnant Meenen: »Unser bisher mit uns verbündeter italienischer Waffenbruder Cagni müsste mit seinem Boot auch längst hier sein. Er weiß wohl schon, dass seine neue Regierung die Seiten gewechselt hat, und zog es deshalb vor, einen für ihn sicheren Hafen anzulaufen.«

Meenen entgegnete ebenso leise: »Nehme ich auch an, Herr Kaleu. Schöne Waffenbrüder!«

Lüdden beugte sich übers Turmluk und rief kurze, präzise Befehle ins Boot. Junker und Schäfer taten wohl desgleichen. Wir setzten uns zur Sicherung der »Brake« 1000 Meter nach Steuerbord ab, Junker wachte an Backbord des Versorgers und Schäfer achteraus. Als das Boot Henning damit begann, Treibstoff zu übernehmen, entstand durch den fehlenden Italiener eine Sicherungslücke, die wir zu schließen hatten. Nach der langen und bisher so einsamen Fahrt überkam mich so etwas wie Stolz, als ich vier deutsche U-Boote und die »Brake« auf den Wellen dümpeln sah. Gleichzeitig suchte ich gewissenhaft meinen Sektor ab, riskierte dabei aber auch mehrmals einen Seitenblick zur Bordwand der »Brake«. Dabei wurde mir klar, wie klein unsere Tauchboote im Vergleich zu diesem Schiff waren. Die »Brake« war ein Tanker und wirkte auf mich sehr geheimnisvoll. Das Schiff zeigte keine Flagge, war grau gestrichen und führte weder Namen noch Heimathafen am Heck. Nur die beiden Masten waren weiß, und auf dem vorderen saß hoch oben, ich schätzte etwa in 30 Metern Höhe, ein Ausguck in seinem winzig kleinen Korb.

Die Versorgung klappte wie am Schnürchen. Während meiner Wache in der folgenden Nacht herrschte reger Schlauchbootverkehr zwischen der jetzt etwa 100 Meter neben uns hoch aus dem Wasser ragenden »Brake« und U 188.

Als Erstes übernahmen wir Proviant, den deutsche Hilfskreuzer auf gekaperten amerikanischen Schiffen nach Singapur oder Penang umgeleitet hatten. Als ich wieder ins Boot kletterte, reihte ich mich sofort in die Kette der Männer ein, die eilends Kisten mit Büchsenfleisch, Bananen, Brot und anderen Köstlichkeiten von Hand zu Hand reichten. Gegen acht Uhr begann unsere Treibstoff- und Schmierölübernahme. Am 10. September – wir waren noch immer unentdeckt und alle vier versorgt – lief U 188 unter lauten Abschiedsrufen und guten Wünschen wieder allein nach Norden ab. Wir Matrosen vermuteten wohl richtig: Wir fuhren zum Golf von Aden, zur fetten Beute, die dort oben aus dem Mittelmeer durch den Suezkanal und das Rote Meer kam und direkt vor unsere Torpedorohre schwimmen musste.

Zusammen mit den Lebensmitteln waren ungebetene Gäste mit an Bord gekommen. Wieder einmal durfte ich mich nicht ablenken lassen, als von unten laute Rufe und Lärm zu uns heraufdrangen. Später erklärten mir aufgebrachte Kameraden, dass unser Smut eine Ratte hatte huschen sehen. Und wir alle fühlten tiefen Ekel, als wir auf den Rohren über unseren Klappen krabbelnde Kakerlaken bemerkten. Wir begannen eine unerbittliche Jagd auf die Eindringlinge. Danach legte ich mich, wie es an Bord üblich geworden war, nur mit meiner Badehose bekleidet und bäuchlings auf die von meinem Vorgänger schweißnass hinterlassene Klappe. Kaum war ich eingeschlafen, da fühlte ich Kakerlaken auf meinem Rücken und zwängte mich angeekelt nochmals auf den Flur hinaus. Rötters lag diesmal auf der Klappe unter mir und meinte lachend: »Toni, wenn die Amis für uns keine wirkungsvollere Geheimwaffe haben, dann werden sie uns kaum bezwingen.«

»Du kannst mich mal. Hilf mir lieber, diese Biester zu erledigen!«

»Nee, Junge. Das musst du jetzt schon selbst machen. Sind ja schon ein bisschen weniger geworden. Außerdem liegst du ja über mir. Sie können deshalb von den Rohren nicht gleich zu mir herabfallen.«

»Willst du mit mir die Klappe tauschen?«

Rötters' Stimme klang so müde, wie ich es selbst war: »Toni, lass' mich endlich schlafen.«

Zu Beginn der Nachtwache am 12. September überraschte mich ein völlig unerwarteter Anblick. Wir standen etwa 2000 Meter vor einem abgedunkelten Hafen. Dahinter sah ich im fahlen Nachtlicht unbeleuchtete weiße Häuser einer ansonsten ausgestorben wirkenden Stadt vor dunkel aufragenden Bergwäldern. Nur oben in den Bergen blinkten vereinzelte Lichter. Anscheinend machte ich einen sehr ratlosen Eindruck, denn Korn klärte mich auf. »Staller! Hier direkt vor Ihrer Nase, das ist Port Louis, der Hafen der Insel Mauritius.«

Lüdden stand mit seinem Glas vor den Augen an der vorderen Brückenbrüstung, und ihm war die Enttäuschung anzumerken, als er feststellte: »Hier liegt nur bedeutungsloses Kroppzeug vor Anker, das keinen unserer Torpedos wert ist. Hat uns etwa jemand angemeldet? Cagni vielleicht?«

Der Kommandant beugte sich über das geöffnete Turmluk: »Ruder hart backbord! Halbe Fahrt voraus!« Bisher hatten wir fast unsichtbar im Mondschatten der Inselberge gelegen, doch beim Ablaufen blieb unser Kielwasser auf der Insel wohl nicht unbemerkt, denn an einigen Uferstellen und im Hafengelände leuchteten fast gleichzeitig grelle Suchscheinwerfer auf, die etwa drei Minuten lang die See absuchten. Allerdings ohne uns mit ihren Strahlenfingern zu erfassen. Wir waren schon weit entfernt, als sich nach etwa fünf Minuten das emsige Suchen wiederholte. Sonst geschah nichts. Immer wieder erfasste mein Glas die achteraus entschwindenden Konturen der Inselberge und die dort verlockend blinkenden Lichter. Unwillkürlich rechnete ich nach: »Schon 75 Tage lang bin ich jetzt in diesem Boot eingezwängt. Wenn es an Bord ruhig ist, erkenne ich inzwischen jeden der Männer an seinem Gang, seinem Hüsteln oder Räuspern, sogar an seinen Atemzügen. Wann dürfen wir endlich an Land, um wieder Mensch zu sein?«

»Fliegende Fische hart steuerbord voraus. Ein ganzer Schwarm.« Korns Stimme klang so ruhig, als würde er von den selbstverständlichsten Dingen dieser Welt sprechen.

»Keine Seltenheit in diesen Gewässern. So ein großer Schwarm aber schon.« Auch Kaleu Lüdden wirkte fast unbeteiligt, doch ich war neugierig und schaute kurz in die angegebene Richtung. Im selben Augenblick schwirrten links unter mir unzählige längliche Fischleiber, im Mondlicht rostrot glitzernd, etwa einen Meter über der Wasseroberfläche kurze Zeit neben dem Boot. Als sie etwa 30 oder 40 Meter achteraus wieder in einen der lang hingezogenen Wellenhügel eintauchten, funkelte und sprühte das aufspritzende Wasser in allen Regenbogenfarben. Ich war zutiefst berührt.

Unser Alter drehte sich halb zu Rötters und mir um. »Weiter beobachten!« Dann erklärte er uns kurz: »Von diesen echten Knochenfischen gibt es über 100 Arten. Diese hier sind etwa so groß wie unsere Forellen zu Hause, können mit ihren zu Tragflächen vergrößerten Brustflossen insgesamt mehr als 200 Meter in Einzeletappen von bis zu etwa 50 Metern bei durchschnittlich einem Meter Flughöhe durchführen. Ihre asymmetrischen Schwanzflossen dienen zum Antrieb im Wasser und zur Steuerung in der Luft. Sie werden das hier immer wieder sehen können. Essen kann man diese Grätentorpedos nicht. Außerdem sind wir nicht zum Fischen hier.«

Am 21. September, nahe an der Küste südlich des Golfs von Aden, meldete gegen Ende meiner Wache um 16 Uhr unser WO: »Mastspitzen 355 Grad voraus! Entfernung zwölf Seemeilen.« Schon nach zwei, drei Sekunden stand Lüdden auf der Brücke, denn ich hörte ihn rufen: »Na endlich! Wurde auch langsam Zeit. Wir werden ihm getaucht entgegenfahren.«

Da ich mich nach dem Wachwechsel bei dem nun folgenden Unterwasserangriff nicht in der Zentrale befand, gebe ich das, was nun folgte, aus dem Kriegstagebuch wieder: »Mehrfachschuss mit Treffpunktverlagerung vorderer Mast, hinterer Mast. Laufzeit 68 Sekunden, 63 Sekunden. Entfernung 1020 Meter. Treffer unter Brücke, zweiter Treffer unter Heck. Dampfer sackt achtern etwa drei Meter tiefer. Beim Ablaufen bricht Boot mit Turm kurz heraus. Die Folge ist heftiger

Artilleriebeschuss aus zwei Kanonen und mehreren Flakmaschinenwaffen. Sehe durch das über dem Turm ausgefahrene Angriffssehrohr Wassersäulen neben dem Boot aufsteigen. Keinerlei Schäden am Boot. Nach Abfangen des Bootes auf 15 Meter tauche ich tiefer unter dem Dampfer durch. Nach Ablauf von zehn Minuten das Sehrohr wieder ausgefahren. Dampfer schießt immer noch. Beobachtung ergibt Angstschießerei in alle Himmelsrichtungen. Da Lage des Dampfers sich nach einer Dreiviertelstunde nicht verändert, Fangschuss auf Brücke (Steuerbordseite). Treffer unter achterem Mast. Treffpunktverlagerung unerklärlich. Die Wirkung dieses T3 ist gering. Dampferbesatzung schießt weiterhin planlos Dauerfeuer. Ein besetztes Rettungsboot hängt in den Davits. Fangschuss auf vorderen Mast, Treffer unter Schornstein. Gesamtes Schiff in Dampf gehüllt. Bug richtet sich schnell auf. Dampfer gesunken. Moderner USA-Einheitsfrachter, C3-Klasse. 8000 BRT. Vier Rettungsboote.«

Matrosengefreiter Rötters erzählte mir nach seinem Wachgang, dass Lüdden von den Insassen der Rettungsboote den Namen des Schiffes erfragen wollte und deshalb über Wasser langsam auf sie zufuhr: »Toni, das hättest du sehen sollen, wie die alle ihre Hände hoben und laut flehten: ›Do not shoot, please!‹ Lüdden ließ daraufhin tauchen, und wir drehten unerkannt ab. Die haben uns für Japaner gehalten. Bei denen ist es wohl üblich, alle Schiffbrüchigen rücksichtslos zu beseitigen. Bin froh, dass es so etwas bei uns nicht gibt. Stell dir mal vor, du müsstest auf wehrlose Überlebende schießen!«

Später, als wir vier Männer der nächsten Brückenwache wieder unsere Augen auf die uns oben erwartende

Dunkelheit vorbereiteten, hörte ich Lüdden und Benetschik in der Zentrale über die merkwürdigen Abweichungen der Torpedos über so kurze Distanz debattieren. Lüdden stellte abschließend fest: »Diese Fehlläufer können also nicht von uns verschuldet worden sein. Das kann nur an den Torpedos liegen. So werde ich es dem BdU melden. Und was dieses gesichtete Flugzeug anbelangt, so kann es sich dabei nur um ein Flugboot aus Aden mit Kurs auf die Rettungsboote handeln.«

Am 23. September erwachte ich schweißgebadet auf meiner Koje und sah Oberfunkmaat Schulz mit einem Zettel in der Hand durch den Flur eilen. Verschmitzt lächelnd blieb er vor mir stehen, blickte sich zunächst wie suchend um, bevor er mich überraschte: »Na also, hier ist er doch! Matrosenobergefreiter Staller, wir Funker sind bekanntlich immer bestens über alles informiert.« Er bückte sich kurz zu mir herab, reichte mir die Hand und fügte dann lachend hinzu: »Nun gucken Sie doch nicht so belämmert. In den Kreis der Volljährigen kann ich Sie zwar noch nicht aufnehmen, aber trotzdem: Meine Glückwünsche zum Zwanzigsten! Dies«, er drückte mir den Zettel in die Hand, »war eben einem FT angefügt. Hab's für Sie aufgeschrieben. Ein Privileg für uns Fernfahrer. Ihre Eltern können zwar nicht wissen, wo Sie gerade herumschippern, aber Ihren Geburtstag haben sie nicht vergessen.« Ich starrte erfreut und überrascht auf den Zettel, und Schulz eilte schon wieder zur Funkkabine.

Sechs Tage nach den unerklärlichen Torpedofehlschüssen verfolgte U 188 einen Geleitzug vor der arabischen Küste, dampfte ihn mit aller Kraft aus und setzte sich zur Vorbereitung eines Nachtangriffs vor den Konvoi. Wie vor jedem Angriff waren alle äußerst angespannt. Beim Beobachten faszinierte mich unser stark phosphoreszierendes Kielwasser, das ich niemals zuvor in anderen Gewässern gesehen hatte. Mir erschien es, als würden grüngelbe Lichter aus der Tiefe des Ozeans aufsteigen. Da. Überraschend wie immer und anfangs nur klein erschien über den Mastspitzen in meinem Glas ein Punkt am Himmel: »Alarm! Flugzeug achteraus im Anflug!« Alarmtauchen. Wieder einmal wurden wir unter Wasser gedrückt.

In der Zentrale an meinem Platz am Tiefenruder hörte ich Lüdden zu Meenen sagen: »Flugzeug steht jetzt direkt über dem Geleit. Ich vermute Ortung. Drei Dampfer, sieben Tanker und ein moderner Zerstörer können nun in sieben Seemeilen Abstand ungeschoren an uns vorbeirauschen. Sehen Sie bitte selbst.« Rasch wandte ich meinen Kopf, sah Meenen am Sehrohr sitzen und unseren Alten mit nachdenklichem Gesichtsausdruck danebenstehen.

Kurz vor 15 Uhr tauchten wir auf und jagten mit voller Fahrt hinter dem Geleit her. Dabei konnte ich fühlen, wie bei den Kraftanstrengungen unserer Dieselmotoren der gesamte Bootskörper erzitterte. Gegen 16 Uhr vernahm ich Kießlings Stimme hinter meinem Rücken: »Herr Kaleu! Bitte Steuerborddiesel abstellen zu dürfen. Der Schmieröldruck ist so weit gefallen, dass Gefahr für den Motor besteht. Die Dauer der Reparatur ist nicht abzusehen!«

Schon während meiner Wache in der folgenden Nacht stießen wir in der Nähe der arabischen Küste auf einen neuen Konvoi, in den Lüdden wegen der günstigen Sichtverhältnisse über Wasser eindringen wollte.

Doch dann musste er befehlen, auf Sehrohrtiefe zu gehen. Jeder von uns konnte die bekannten Schraubengeräusche eines Zerstörers vernehmen, die unheimlich schnell direkt auf uns zukamen. »Ruder hart backbord! Auf 100 Meter gehen!« Rütters und ich befolgten den Befehl wie immer mit raschen Drehungen unserer Handräder und hörten auch schon den Zerstörer direkt hinter uns vorbeilaufen. Die erwartete Wabo-Serie unterblieb. Wir waren alle mehr als froh darüber, rätselten jedoch lange darüber, weshalb wir so glimpflich davonkommen konnten.

Das Geleit fuhr inzwischen weiter, Lüdden verfolgte es im Sehrohr und informierte uns: »Flugzeug vom Dienst steht in Richtung Geleit. Dieses behält seinen Kurs anscheinend bei. Wir werden versuchen, außerhalb der Geleitluft aufzuholen und könnten bei Sonnenuntergang wieder vor ihm stehen.«

Später ließ mich auf meiner schweißfeuchten Klappe das Jagdfieber an Bord kaum Ruhe finden. Pünktlich um zwölf Uhr stand ich wieder auf der Brücke und hörte, wie der LI an Lüdden meldete, dass am Steuerborddiesel zwei Auslassventile gebrochen waren. Die kurze Beratung der beiden konnte ich nicht verstehen, das Ergebnis jedoch bekamen alle auf der Brücke mit: »Wir werden es also darauf ankommen lassen. Wir jagen weiter!« Der Rhythmus der Motoren übertrug sich auf mich. Die Abgase verließen das Boot manchmal dumpf gepresst, dann wieder laut dröhnend.

Gegen Ende unserer Wache war die See immer noch spiegelglatt, doch starker Dunst über dem Wasser machte die Kimm so milchig-trüb, dass der Übergang von Wasser zu Himmel kaum zu erkennen war. Wieder unten im Boot, hatte ich zunächst Backschaftsdienst. Bevor ich an den schmalen Tisch der Unteroffiziere trat, musste ich mir die Stirn und meinen verschwitzten Oberkörper mit einem Handtuch trocknen. In der feuchtwarmen Hitze herrschte eine ungeheure Anspannung. Doch jeder von uns versuchte dies zu verbergen. Um mich abzulenken, kontrollierte ich die Handfeuerwaffen in der Stahlkammer unter der Zentrale. Hier unten war es zwei, drei Grad kühler, wie ich wusste. Kaum lag ich wieder auf meiner Klappe, da ging endlich der erwartete Ruck durchs Boot. In kurzen Zeitabständen folgten drei weitere.

Auf der anderen Seite des Flurs drehte Rötters auf seiner Klappe den Kopf zu mir herüber: »Endlich, Toni; wir haben unsere vier Bugtorpedos ausgestoßen!«

»Das ist ja ganz was Neues.«

Wir lachten und wussten beide, was jetzt oben vor sich ging. Wir fühlten, wie U 188 sich drehte, und warteten angespannt. Wiederum erfolgten zwei Rückstöße, als die beiden Hecktorpedos ihre Rohre verließen. Wir zählten die Sekunden bis zu den Trefferdetonationen. Nach etwa zwei Minuten begannen einige, sich mit zweifelnden Blicken anzusehen. »Das kann doch nicht sein!« Ein Fluch kam aus dem Torpedoraum im Bug. »Was ist denn mit unseren Aalen los!?«

»Ruhe im Boot!«

Nach acht, neun oder zehn Minuten hörten wir weit entfernte Detonationen. Jeder der Aale hatte sich als sogenannter Enddetonierer selbst zerstört. Wir wagten kaum auszusprechen, was jeder von uns vermutete: »Waren unsere Aale etwa in Lorient fachkundig manipuliert worden? Sollten sie gar nicht tref-

142

fen?« Dieser Gedanke war für uns unvorstellbar. Als jedoch in den folgenden Nächten bei zwei von uns gefahrenen Überwasserangriffen auf Tanker alle Torpedos erneut eigenwillige Bahnen liefen und wir deshalb in gefährliches Abwehrfeuer gerieten, schien sich unser Verdacht zu bestätigen. An Bord begann sich zu der ohnehin schon vorhandenen Anspannung und der mühsam unterdrückten Gereiztheit nach so ungewöhnlich langer Fahrt auch Unsicherheit bemerkbar zu machen.

Kaleu Lüdden ordnete die Überprüfung aller noch an Bord befindlichen Torpedos an, doch bei keinem konnten wir Fehler erkennen. U 188 bekam vom BdU den Befehl, beim Verschießen der restlichen Torpedos im Golf von Oman und beim anschließenden Weitermarsch nach Penang so nahe wie möglich an die Angriffsziele heranzufahren. Tagsüber war dies nur unter Wasser möglich, und nachts mussten wir uns dabei zwangsläufig in den gefährlichen Bereich der gegnerischen Artillerie begeben. Sollten wir unter Wasser gedrückt werden, würde das schwimmende Kriegsmaterial des Gegners ohnehin entkommen.

Wiederum zwei Tage später verfolgten wir ein nur schwach bewachtes Geleit. Doch jetzt streikten unsere überstrapazierten Diesel, und wir mussten in den Keller. Unser LI und die Maschinenmannschaft schufteten pausenlos, um die Antriebsmaschinen hier unten wieder zu reparieren. Nach bisher mehr als drei Monaten ununterbrochenem Aufenthalt bei Temperaturen von durchschnittlich 45 Grad und einer Luftfeuchtigkeit von 95 Prozent in stickiger Enge musste nicht nur ich mich zwingen, Ruhe zu bewahren.

Als die Diesel wieder in Betrieb genommen werden konnten, wollte Lüdden schneller fahren und blieb jetzt trotz der drohenden Fliegergefahr im Golf von Oman auch am Tag über Wasser. Obwohl dies an unsere Nerven und Konzentration die größten Anforderungen stellte, empfanden wir den Aufenthalt im kühlenden Fahrtwind auf dem Turm angenehmer als die schwüle Atmosphäre im Bootskörper.

Die Hitze im Dieselraum betrug fortwährend ungefähr 50 Grad und stieg manchmal sogar auf 72 Grad an. Dies saugte aus uns allen die letzten Lebenssäfte. Das Trinkwasser musste rationiert werden, denn destilliertes Wasser wurde für die Batterien benötigt. Keiner von uns konnte so viel trinken, wie er es gebraucht hätte. Obwohl alle nur noch mit Badehosen bekleidet waren, glänzten sämtliche Körper schweißnass.

Meenen und Benetschik hatten mir Albatrosse beschrieben. Aber ich hatte bisher noch keinen dieser sagenhaften Meeressegler mit einer Flügelspannweite von mehr als drei Metern zu Gesicht bekommen. Als ich bei einer Nachtwache in meinem Glas völlig unerwartet und schon sehr nahe einen dieser Vögel mit unbewegten Schwingen dicht über dem Wasser gleiten sah, erschrak ich nur einen kurzen Augenblick und meldete danach leise an WO Korn: »Albatros steuerbord achteraus.«

»Danke, Staller. Schon mal einen gesehen?«

»Kenne ihn lediglich von Beschreibungen, Herr Obersteuermann.«

Korn wandte sich kurz um, betrachtete den im Mondlicht hinter uns kreisenden, weiß leuchtenden Vogel kurz und stellte fest: »Gut erkannt, Staller! Es könnte sein, dass uns dieser Vogel einige Zeit begleitet und auf über Bord geworfene Küchenabfälle wartet. Manchmal setzen sich Albatrosse auch aufs Wasser, um nach Fischen zu tauchen. Lasst euch dadurch nicht ablenken.« Während meiner nächsten Wache am Nachmittag folgte uns der Albatros noch immer.

»Alarm!« Vermutlich stammten die fünf angreifenden Maschinen von einem britischen Flugzeugträger. Sehr schnell mussten wir von der Wasseroberfläche verschwinden, hörten dabei achteraus die Fliegerbomben bedrohlich nahe detonieren und empfanden den Unterwassermarsch zunächst dennoch als angenehm, weil unser stählerner Druckkörper jetzt vom kälteren Wasser gekühlt wurde.

Doch die Tommys am Himmel blieben hartnäckig und schienen regelrecht an uns zu kleben. Die Flugzeugbesatzungen wussten, wie schnell ein deutsches U-Boot unter Wasser fahren konnte und wann es spätestens wieder auftauchen musste. Bevor sie abdrehten, riefen sie vermutlich Verstärkung.

»Schraubengeräusche aus Nord-Nord-West! Kommen direkt auf uns zu!« Schulz war über die Bordsprechanlage im ganzen Boot zu hören. Dann konnte jeder von uns die gurgelnd schlagenden Geräusche der Schiffsschrauben selbst vernehmen. Die Qual der nun folgenden Schleichfahrt in zumeist 80 Metern Tiefe mit den schon geschilderten nervenaufreibenden Begleitumständen dauerte so lang wie nie zuvor, nämlich 26 Stunden. Als Rötters und ich als Ablösung an die Tiefenruder befohlen wurden, war die Luft im Boot kaum noch als solche zu bezeichnen. In der Enge unserer Stahlröhre war es immer noch schwül-warm. Unsere Sauerstoffreserven waren aufgebraucht, und der überhöhte Kohlendioxidgehalt tötete langsam jeden Überlebenswillen. Rötters und ich schleppten uns an unsere Plätze in der Zentrale. Unterwegs sahen wir, wie einige der Männer halb ohnmächtig vor sich hindösten. Obwohl alle den Mund weit geöffnet hatten, versuchte jeder so flach wie möglich zu atmen. Ausnahmslos sämtliche Augen waren rot umrandet, und wohl jeder konnte nur noch an eines denken: Frische Luft! Doch über uns lauerte der Tod in Form von Wasserbomben und Granaten. Jeder wusste es: Auftauchen hätte unser Ende bedeutet.

Kaum saß ich neben Rötters auf meinem Brettchen, da horchten wir hoffnungsvoll auf. Die Schraubengeräusche dort oben schienen sich zu entfernen, obwohl die letzte Wabo-Serie sehr nah gelegen hatte. Hielt der dort oben uns, aus welchen Gründen auch immer, für vernichtet? Es ging uns nicht gut, aber wir waren noch am Leben. Kaleu Lüdden wankte in die Zentrale. Der LI beobachtete ihn aus tief umschatteten Augen. Der Zentralemaat und der Obersteuermann starrten ihn an, und noch ein Dutzend andere Augenpaare verfolgten jeden seiner schleppenden Schritte. »Wann gibt er endlich den erlösenden Befehl?«, fragte ich mich. Das leise Surren der E-Maschinen dröhnte in meinen Ohren. Ansonsten war kein anderes Geräusch zu vernehmen. Der Kommandant stand einige Sekunden lang sinnend vor dem Kartentisch, bevor er endlich sagte: »Klar zum Auftauchen.«

»Boot klar zum Auftauchen.«

»Auftauchen«, befahl Lüdden müde.

»Anblasen!« Kießlings Stimme war laut. Pressluft schoss in die Tauchtanks, und ihr widerlich pfeifendes

Geräusch klang für mich heute schöner als Musik. »Auf Sehrohrtiefe gehen!« Kaleu Lüdden saß auf dem Platz vor dem Sehrohr und umklammerte die ausgeklappten Seitenholme.

»Boot auf Sehrohrtiefe.«

»Sehrohr ausfahren!« Nach bangen und unendlich langen Minuten kam die endgültige Entscheidung: »Auftauchen!«

Schockartig erwachten meine Lebensgeister, und ich kletterte mit den anderen Männern der Brückenwache auf den Turm. Beim gierigen Einatmen der etwas kühler gewordenen Nachtluft und dem lange ersehnten Überangebot an Sauerstoff wurde mir zunächst schwindlig. Einige Sekunden musste ich mich ans Schanzkleid klammern, bis das Flimmern vor meinen Augen nachließ. Wie von einem Albdruck befreit, weitete sich meine Brust: Wieder einmal davongekommen! Niemals zuvor glaubte ich einen so hell strahlenden Sternenhimmel gesehen zu haben. Kein Flugzeug weit und breit. Der Ozean war so friedlich, als könnte es nicht anders sein. Rasch beruhigte ich mich, verdrängte die Qual der hinter uns liegenden Stunden und hörte Rötters' zornigen Kommentar: »Hier wird die Luft inzwischen genauso eisenhaltig wie im Nordatlantik oder in der Biskaya. Kann mich nur schwer daran gewöhnen.«

Es folgten ruhigere Tage, an denen der Funker manchmal die einzige noch unversehrte Schallplatte auflegte, die uns die Wabos der Tommys übrig gelassen hatten. Über die Bordsprechanlage erklang immer wieder »Lilly Marleen«. Die Funker erzählten uns, dass dieses Lied sogar in englischer und französischer Sprache durch den Äther schwirrte, sich also internationaler Beliebtheit zu erfreuen schien. Obwohl es unserer Unterhaltung dienen sollte: Schon bald wollte kaum noch einer von uns die dunkle Altstimme von Lale Anderson hören.

Wir fuhren nahe an der Westküste Indiens entlang. Nachts sahen wir Leuchtfeuer, die mit Friedenskennung brannten. Uns allen kam es wie eine Übung vor, als Lüdden bei strahlendem Sonnenschein am 15. Oktober unter Wasser bis knapp vor die Hafeneinfahrt von Bombay fuhr und U 188 in Sehrohrtiefe auf Grund legte. Fast jeder von uns durfte einen kurzen Blick auf die Stadt und das pulsierende Leben im Hafen werfen. Das Periskop war so scharf eingestellt, dass ich mich beim Schauen fast an Land wähnte.

Am 29. Oktober 1943 stand ich gegen ein Uhr nachts mit auf dem Turm, als wir das uns befohlene Planquadrat vor Malaysia erreichten, in dem wir mit drei anderen Booten der »Monsunflotte« zusammentreffen und von den Japanern gemeinsam in den Hafen von Penang geleitet werden sollten. Unsere Diesel waren kaum zu hören, als wir auf den Wellen dümpelten. Das Meer glitzerte im hellen Mondlicht. Kaleu Lüdden war bei uns. Leise meinte er: »Wir sind wohl die Ersten hier.«

»Es scheint so, Herr Kaleu«, antwortete der WO.

Eine Stunde lang drehten wir langsam einen Wartekreis am Treffpunkt, als ich Lüdden hörte: »Wir müssten doch bald sehen können, was uns die japanischen Verbündeten als Geleit und Lotsen herausschicken werden. Wie Sie wissen, ging vor drei Wochen Boot Henning ohne Überlebende verloren. Junker und Schäfer müssten aber längst schon hier sein.«

Da rief Korn: »Flugzeug steuerbord voraus!« Noch bevor Lüdden die Maschine ebenfalls in seinem Glas erfassen konnte, ergänzte Korn: »Flugzeug dreht ab! Japanisches Hoheitsabzeichen erkannt!«

Fast gleichzeitig mit einem japanischen Torpedoboot kamen innerhalb von zehn Minuten die Türme von zwei deutschen U-Booten in Sicht, und ich glaubte in der Stimme Lüddens Erleichterung zu hören, als er gelassen wie immer bemerkte: »Das klappt ja heute wie am Schnürchen. Diese beiden haben es also auch geschafft.«

Indem ich Wasser und Himmel absuchte, fühlte ich in mir eine fast unbezähmbare, frohe Erwartung auf das Kommende. »Wir haben es doch geschafft! Wir sind fast schon am Ziel. Wir dürfen endlich wieder an Land.«

Drei Boote lagen inzwischen in Rufweite nebeneinander, ich drehte mich kurz um und sah den Japaner mit schäumender Bugwelle auf unseren Treffpunkt zurauschen. Seine internationalen Flaggenzeichen konnte ich im hellen Mondlicht zwar erkennen, ihre Bedeutung jedoch nur mühsam übersetzen: »Geleite Sie nach Penang!«

Schon drehte das Torpedoboot wieder ab. Wir folgten in seinem Kielwasser. Das Boot hinter uns musste Junker sein. In der ungewohnten Gemeinschaft eines Geleits fühlte ich mich so sicher wie lange nicht mehr. Bald jedoch sollte ich erfahren, dass der Schein trog und die Küstengewässer vor Malaysia und Java von feindlichen U-Booten nur so wimmelten. Im Augenblick jedoch erlaubte ich mir, durch mein Glas die Männer auf dem Turm des nachfolgenden Bootes eingehend zu betrachten. Ich entdeckte einen jungen Leutnant aus Landshut, der als Kriegsberichterstatter mitfuhr. In Lorient hatte ich kurz mit ihm gesprochen. Als wir abgelöst wurden, kletterte ich nur widerwillig ins Boot.

Gegen Abend bekamen wir den Befehl, uns umzukleiden. Der ungewohnte Anblick meiner Kameraden in ihren khakifarbenen kurzen Hosen und kurzärmeligen Hemden war belustigend. Ich selbst war noch beim Zuknöpfen meines Hemdes, als sich Maschinenmaat Heigl durchs Schott schob und sich amüsierte: »Du siehst aus wie eine frisch verkleidete Vogelscheuche auf einem unserer Kirschbäume zu Hause!«

Ringsum waren nur froh leuchtende Augen in bärtigen Gesichtern zu sehen. Heigl war neben mir stehen geblieben und blickte den Flur entlang. Was hinter uns lag, schien kaum noch einen zu bekümmern. Wir waren mehr als vier Monate lang an Bord, hatten mit U 188 19 331 Seemeilen zurückgelegt und waren dabei alles andere als unbelästigt geblieben. Trotzdem war es uns gelungen, den 10 000-Tonnen-Tanker »Britannia« und einen amerikanischen Dampfer mit 8000 Bruttoregistertonnen zu versenken.

Endlich, es war am 30. Oktober gegen sechs Uhr, informierte uns Lüdden über die Bordsprechanlage: »Außer dem im Boot unentbehrlichen Personal alle Mann auf dem Vordeck antreten. Wir laufen in Kürze in Penang ein!«

Nach der festgelegten Reihenfolge und ausnahmslos in froher Erwartung kletterten wir einer nach dem anderen auf den Turm, schwangen uns über die seitliche Brüstung und liefen übers Deck, jeder an seinen Platz. Binnen weniger Minuten standen wir anfangs locker, dann schnurgerade ausgerichtet in Dreierreihen auf dem Vordeck. Keiner der Offiziere auf dem Turm rügte uns heute, als wir uns dabei aufgeregt unterhielten.

Jeder schaute abwechselnd zu den dicht bewaldeten Hängen der Inselberge und zur stetig näher kommenden Mole. Dahinter blinkten die hellen Häuser der Stadt Penang.

Einige Männer machten sich fertig zum Werfen der Leinen. Die Maschinen liefen nur Halbe Fahrt, und wir machten als zweites Boot am Swettenham-Pier fest. Diesen Augenblick hatten wir monatelang herbeigesehnt. Jetzt fesselte mich besonders die weiß gekleidete japanische Marinekapelle. Ich sah, wie der schlanke, klein und zierlich aussehende Dirigent seinen Taktstock hob und hörte Lüddens Befehl: »Still gestanden!« Durch unsere Reihen ging nun auch ein gedanklicher Ruck, denn unerwartet laut, voll und fehlerfrei erklang der Badenweiler Marsch. Karl Bauer rechts neben mir meinte: »Die wissen also auch, dass dies der Lieblingsmarsch unseres Führers ist.« Kaum waren die letzten Töne verklungen, da hob der Dirigent erneut den Arm. Übergangslos hallten neue Klänge von den Wänden der Hallen und Lagerschuppen zurück. »Das ist doch Beethovens Eroica!« Tief berührt erkannte ich die Melodie und musste gegen die aufsteigenden Freudentränen ankämpfen. Die japanischen und deutschen Marineoffiziere in ihren weißen Tropenuniformen an Land legten ihre Hände an die Mützen und grüßten. Lüdden rief einen knappen Befehl, und nun hoben auch wir die Hände grüßend an unsere Schläfen.

Links von mir hörte ich Rötters' freudig erregte Stimme: »Toni, das ist ja wie Geburtstag! Schau doch, ein Geschenk für uns alle! Endlich Land und dazu dieser pompöse Empfang! Auch diese Unmenge von lustig herumhüpfenden Spatzen dort am Kai scheint sich zu freuen. Und nachher dürfen wir endlich so viel trinken, wie wir können.«

»Juhu!« Karl Bauer klang noch fröhlicher als sonst. »Denkt ihr nicht auch an braunhäutige Mädchen und das tropische Paradies auf dieser so friedlich und unberührt wirkenden Insel?«

Unser Kamerad Friedrich Beck aus Hamburg hatte seine Familie in der Hansestadt durch englische Fliegerbomben verloren. Er schien leicht bedrückt, als er zu uns sagte: »Natürlich habt ihr recht. Vor uns scheint wirklich ein Paradies zu warten. Aber Heimat ist eben Heimat.« Endlich kam der lang erwartete Befehl, und wir durften von Bord.

Es war unglaublich beglückend, wieder festen Boden unter den Füßen zu haben. Nach der Begrüßung durch den deutschen und japanischen Standortkommandanten marschierten wir in unsere nicht weit vom Hafen gelegene Unterkunft. Wir Mannschaftsdienstgrade waren in der Turnhalle einer ehemaligen englischen Schule untergebracht. Obwohl wir dort in Stockbetten schlafen sollten, fühlten wir uns wie Könige, belagerten zunächst zwei Stunden lang die Duschen, rasierten uns und wollten gerade damit beginnen, uns gegenseitig von unserer wallenden Haarpracht zu befreien, als Karl Bauer erschien und uns davon abhielt. Wir staunten, wie gepflegt er aussah. Er war mit weißen knielangen Shorts, einem weißen Hemd, hellgrauen Leinenhalbschuhen und frischen Socken bekleidet, hielt einen weißen Tropenhelm vor seine Brust und verneigte sich fortwährend, so wie wir es zuvor am Hafen bei den japanischen Marineoffizieren gesehen hatten.

»Nicht, Kinder! Verschandelt euch doch nicht gegenseitig! Schaut mich mal an!« Bauer drehte sich um seine eigene Achse. Ganz besonders deutete er dabei auf seine tadellos geschnittenen Haare und seine glatt rasierten Wangen. »Ihr Langweiler habt natürlich nichts anderes zu tun, als hier eine endlos lange Hammelwäsche zu veranstalten. Inzwischen hab' ich einen sehr hilfsbereiten Stabsgefreiten vom hiesigen Standort kennengelernt, der mich zu einem duften Friseurladen gleich hier um die Ecke geführt hat. Der gute Mann hat sogar für mich bezahlt! Mit japanischem Besatzungsgeld, mit China-Dollars!«

Lachend wehrte er unsere Fragen ab: »Immer schön ruhig bleiben, Kameraden. Ihr seid doch sonst nicht so nervös. Von diesem Gartenzwerg« – er grinste verschwörerisch – »der Herr Stabsgefreite ist nicht gerade ein Hüne – weiß ich auch, dass unser Zahlmops mit dem Wehrsold schon unterwegs zu uns ist! Sobald ihr euer Geld habt, führe ich euch zu den Friseusen! Ich versichere euch, diese hübschen Miezen behandeln euch erstklassig. Man liegt auf gepolsterten Friseurstühlen. Und alles für ein Taschengeld! Und jetzt schmeißt euch endlich auch in euer Tropenzivil.« Die Japaner konnten uns an unseren runden schwarzen Abzeichen auf der Brust als deutsche Mannschaftsdienstgrade erkennen. Unteroffiziere trugen silberfarbene Abzeichen.

Bauer sah, dass wir alle schon in unsere bereitgelegte Bekleidung schlüpften, doch es ging ihm nicht schnell genug: »Nun macht schon! Übrigens wohnen Unteroffiziere und Feldwebel in einem Hotel. Zum Speisen gehen wir alle in den Élysée-Palast. Soll ein duftes Lokal sein. Dort werden wir bedient! Die Offiziere wohnen in einer von den Engländern beschlagnahmten Villa. Weiß ich alles von meinem neuen Freund, der in der Standortkommandantur arbeitet. Ach ja: Bei den Friseurmiezen bitte kein einziges Wort über unseren Kahn, sonst wissen die Tommys schon heute Abend, dass wir hier gut gelandet sind. Mein neuer Freund warnt uns eindringlich: Man darf hier niemandem trauen.«

Auf dem kurzen Weg zum Friseursalon bemerkte ich ein paar Betel kauende ältere Männer, deren Lippen ganz rot gefärbt waren, und hörte die Rufe der Verkäufer. Die Geschäfte gehörten allem Anschein nach überwiegend Chinesen, die Waren aller Art anpriesen. Einmal konnte ich gerade noch einem betelroten Speichelstrahl ausweichen, den ein malaiischer Schuhputzer knapp vor mir über den Bürgersteig auf die Straße spuckte. »Hat der das absichtlich getan?«, fragte ich Karl Bauer.

»Das hab' ich auch erst gedacht«, klärte mich Karl auf. »Horst sagte mir aber, dass die Betelkauer niemals einen Passanten treffen würden. Wenn doch einmal, dann würden sie sich tausend Mal entschuldigen und sich vor Schuldgefühl regelrecht überschlagen.« Schon traten wir in den Friseursalon, und ich musste zugeben, dass Karl keineswegs übertrieben hatte. Flink und sehr gekonnt bedienten uns acht überaus hübsche Malaiinnen, die sich dabei über unsere Köpfe hinweg fast unentwegt leise schnatternd unterhielten. Als eine zierliche und sehr hübsche junge Frau meinen Haarschnitt beendet hatte und zum Abschluss wohlriechendes Haarwasser mit zarten kreisenden Bewegungen in meine Kopfhaut massierte, lächelten mich ihre dunklen Mandelaugen völlig unbefangen an. Sie wirkte auf mich wie ein engelhaftes Wesen von einem anderen Stern. Wahrscheinlich habe ich sie mit offenem Mund angestarrt, da sie plötzlich laut lachend in ihre Hände klatschte und ihren Kolleginnen etwas zurief. Daraufhin erklang minutenlang fröhliches Frauenlachen, echte Lebensfreude, die wir so lange nicht mehr erlebt hatten.

Nach mir streckte sich der Matrosengefreite Schwarzer wohlig stöhnend auf dem langen Stuhl aus, und ich setzte mich an einen der kleinen Tische des Salons, um eine mir dargebotene Tasse mit grünem Tee zu genießen. Erstaunt beobachtete ich die flinken Hände der jungen Frau, unter denen sich das Aussehen Schwarzers von Minute zu Minute sehr zu seinem Vorteil veränderte. Fast widerwillig erhob sich Schwarzer nach der angenehmen Pflege vom Stuhl, strich sich lachend über Kopf und Nacken und rief mir zu: »Toni! In so angenehmer Gesellschaft möchte ich länger bleiben. Hier lasse ich mich jetzt jeden Tag rasieren, solang wir hier sind. Ich finde es jetzt nicht mehr schlimm, dass die Japsen zu wenig Schiffe haben, um die Alliierten weit genug von diesen glücklichen Gestaden fernzuhalten!«

Maschinenmaat August Bischoff war zu unserer kleinen Gruppe gestoßen, trat nun dicht hinter Schwarzer und legte ihm eine Hand auf die Schulter: »Menschenskind! Sie alte Quasselstrippe! Sie können doch niemals wissen, ob Sie nicht doch verstanden werden. Natürlich wissen die Tommys längst, dass wir hier unsere Boote aufpolieren wollen. So laut aber brauchen Sie unsere Anwesenheit auch nicht hinauszuposaunen. Halten Sie gefälligst Ihre unbedachte Schnauze.«

Es war schon gegen 14 Uhr. An weiß gedeckten Tischen hatten wir in einem angenehm klimatisierten

Speisesaal so fürstlich gespeist wie schon lange nicht mehr. Besonders genossen wir, dabei freundlich bedient zu werden. Es war wunderbar. Bananen und auch Orangen hatte ich zwar schon gekannt, aber Papayas, frische Ananas, Kiwis und dergleichen waren mir bisher fremd gewesen. Frisches Gemüse, wunderbar zubereiteter Reis, dazu Hühnchen und vor allem gut gekühltes Bier ließen mich gerade schläfrig werden, als Kaleu Lüdden, unser LI Kießling, die Wachoffiziere und Stabsarzt Esau den Speisesaal betraten. An ihren blütenweißen Hemden schimmerten goldfarbene Abzeichen. Wir sprangen alle zu ihrer Begrüßung von unseren Stühlen, und die Offiziere stellten sich vor einen für sie reservierten Tisch in der vorderen Hälfte des Speisesaals. Rötters murmelte: »Nun denn, da sind die Unzertrennlichen ja wieder mal komplett.«

»Weitermachen!«, rief Lüdden laut, setzte sich und sprach gleich weiter: »Alles mal herhören! Da auch hier jeder Kommandant für seine Besatzung verantwortlich ist, gebe ich Ihnen jetzt die Verhaltensregeln bekannt, die wir als Gäste der Japaner hier in Penang einzuhalten haben.« Lüdden saß wie wir frisch rasiert und mit kurzem Haarschnitt an seinem Platz und lächelte, als er kurz in die Runde blickte. »Wie ich sehe, sind alle schon frisch restauriert und hervorragend frisiert. Zur Sache: Hier auf Penang vor Malaysia wie auch in Singapur und den beiden anderen uns von den Japanern zur Verfügung gestellten Stützpunkten, nämlich Batavia und Soerabaya auf Java, blüht die Spionage so heftig wie alles in den Tropen.« Lüdden blickte von einem zum anderen. »Deshalb kein unvorsichtiges Wort über uns, U 188 oder eines der anderen Boote! Chinesische Kaufleute, aalglatte junge Männer, zierliche Geishas oder hübsche Mädchen besorgen dieses dubiose Spionagegeschäft für die Engländer oder Amerikaner. Viele arbeiten auch für die allgegenwärtige Kempeitai, die japanische Militärpolizei, die auch Geheimdienstaufgaben wahrnimmt. Die Japaner sind zwar sehr höfliche, aber auch sehr misstrauische Verbündete. An dieser Stelle weise ich Sie darauf hin, dass es Japaner als unhöflich empfinden, wenn man von ihnen ausgesprochene Einladungen ablehnt. Verhalten Sie sich also dementsprechend. Nun wieder zur Spionage: Hier arbeiten viele lächelnde Gesichter für Geld, andere für Liebe und manche auch für beides. Aus diesem Grund ist es jedermann strengstens untersagt, im Sakura-Park zu tanzen. Sie dürfen diesen Dauerrummelplatz zwar erkunden, sonst aber nichts, denn dort lauert hinter jedem Lächeln eine Falle. Schließlich wollen wir gesund und auch erfolgreich wieder nach Hause kommen. In einem der hiesigen Nebenzimmer wird in zehn Minuten ein Fotograf des Stützpunkts von uns allen jeweils ein Bild für unsere japanischen Identitätskarten anfertigen. Diese Ausweise hat jeder ohne Ausnahme stets bei sich zu tragen.«

Lüdden blickte kurz zu Kießling, bevor er rasch hinzufügte: »Ach ja, da ist noch etwas. Etwas Erfreuliches, bevor Herr Kießling Sie über die Art unseres weiteren Aufenthalts hier aufklären wird: Natürlich ist auch für Ihre Unterhaltung gesorgt. Für alle Deutschen ist das Shanghai-Hotel angemietet. Die Angestellten dieses Soldatenheimes werden ständig überwacht. Dort erregen wir nicht so viel Aufsehen wie in der Stadt. Wie mir versichert wurde, wird Ihnen da während Ihrer Freizeit alles geboten.« Lüdden machte eine kurze Pause und nickte dann unserem LI kurz zu: »Bitte, Herr Kießling.«

Unser Leitender Ingenieur stammte aus einer Kleinstadt in der nördlichen Oberpfalz, nicht weit von Oberfranken entfernt. In seiner geradlinigen, direkten Art begann er sogleich: »Männer, so schön es hier sein mag – Urlaub wird jeder von Ihnen etwa nur zehn Tage auf Penang Hill bekommen können. Wenn Sie noch nicht wissen sollten, wo das ist, werden Sie dies sicher bald herausfinden.« Unser LI schmunzelte kurz und wurde sogleich wieder ernst: »Die deutsche Standortkommandantur informierte mich, dass wir alle Schäden an unserem Boot selbst zu beheben haben. Die Japaner sind schon mit den Reparatur- und Wartungsarbeiten an ihren eigenen Booten überfordert, sie haben hier nicht genügend Werftarbeiter und Spezialsten, und die wenigen, die es hier gibt, werden von der japanischen Kriegsmarine benötigt. Die Japaner haben jedoch zugesichert, dass sie uns bei Bedarf ihre Reparaturhalle, Maschinen, notwendiges Material und von der Kempeitai ausgewählte einheimische Hilfskräfte zur Verfügung stellen. Auch unsere Verbündeten stehen unter dem immer stärker werdenden Druck der Alliierten und haben erhebliche Verluste. Es wird sicher nicht einfach für uns werden, aber wir müssen so bald wie möglich mit einem durch uns tadellos überholten Boot in die Heimat zurückfahren. Dabei werden wir Rohstoffe mitnehmen, die bei uns zu Hause knapp geworden sind. Bei den bevorstehenden Reparaturarbeiten wird selbstverständlich von jedem Mann voller Einsatz erwartet. Jedem Besatzungsmitglied werden in den nächsten Tagen seine Aufgaben zugeteilt. Wir arbeiten jeden Werktag ab 7.30 Uhr so lange, bis uns die Mittagshitze aus dem Boot vertreibt, also ohne Pause bis etwa 13 Uhr. Das Boot ist ununterbrochen zu bewachen. Jeder von Ihnen wird daher zur Wache eingeteilt werden. Wir müssen beim Auslaufen sicher sein, dass kein Unbefugter an Bord war. Die Gründe hierfür brauche ich nicht zu erläutern. Das war's für heute.«

»Danke, Herr Kießling«, sagte Lüdden kurz und wandte sich an Esau: »Herr Stabsarzt! Jetzt sind Sie an der Reihe, bitte!«

Kaum wahrnehmbares Raunen ging nun den Worten unseres Arztes voraus: »Männer! Natürlich ist mir bekannt, dass Sie ausnahmslos gesund sind. Das soll und muss auch so bleiben. Deshalb bin ich beauftragt, Sie alle vor hiesigen Gefahren zu warnen. Nicht nur Spionage, sondern sogar absichtliche Ansteckung lauern hier auf jeden Mann, der sich der körperlichen Liebe widmet. Also Hände weg von den schicken Puppen auf der Straße oder in den von uns nicht kontrollierten sogenannten ›Häusern der tausend Freuden‹. Erlaubt ist das Ganze lediglich im Shanghai-Hotel, da dort vorschriftsmäßig die Hygienebestimmungen eingehalten werden! Jeder weiß, dass Geschlechtskrankheiten unweigerlich den Vorwurf der Wehrkraftzersetzung nach sich ziehen und dies streng geahndet werden muss. Sollte dennoch einer von Ihnen glauben, dass mit ihm etwas nicht in Ordnung ist, dann bitte ich Sie unverzüglich, also rechtzeitig, zu mir zu kommen. Im Frühstadium kann ich noch helfen. Es wird zwar angenommen, dass Derartiges bei Ihnen nicht eintritt. Wenn aber doch, dann bitte keine falsche Scham! Nach unserer Fotosafari werden übrigens alle gegen Malaria und andere Tropenkrankheiten geimpft!« Esau blickte kurz zu Lüdden und bemerkte abschließend: »Das war alles, Herr Kaleu.«

Das tropische Klima war an Land viel angenehmer als die hinter uns liegende Hitze in unserer Stahlröhre. An diesem ersten Abend an Land streckten wir uns ausnahmslos schon vor dem festgesetzten Zapfenstreich müde auf unseren Betten aus. Zusammen mit Karl Bauer, Rötters und dem Funkgefreiten Stahlberg hatte ich am Nachmittag kurz den Sakura-Park durchstreift. Wir beobachteten staunend die tanzenden Paare und widerstanden den Handzeichen und unmissverständlichen Gesten der überwiegend dunkelhäutigen Schönheiten, die uns zum Mitmachen animieren wollten. Wir mussten freundlich ablehnen. Als ich die sehr sportlich und locker tanzenden Paare beobachtete, fiel mir dieser Verzicht aber nicht allzu schwer. Auch wenn keiner von uns darüber sprach, so hatte ich auch meine Kameraden im Verdacht, dass sie ebenso ungeübte Tänzer waren wie ich selbst. »Von nichts kommt nichts, Toni«, dachte ich leicht betrübt. »Alles Mögliche hat man uns beigebracht. Tanzen jedoch war unwichtig.«

Anderntags entließen uns die Offiziere erst, als die Hitze unsere Stahlröhre schon so aufgeheizt hatte, dass man sich beim Berühren des Schanzkleides fast die Finger verbrannte. Es war ein arbeitsreicher Vormittag gewesen, und wir hielten nach einer erfrischenden Dusche und einem ausgezeichneten Mittagsmahl zunächst Siesta. Gegen Abend stand ich dann mit mehreren Bordkameraden zum ersten Mal vor dem Shanghai-Hotel. »Dann mal rein in dieses Haus der tausend Freuden«, rief Karl Bauer aufmunternd und klärte uns leiser auf:

»Laut Aussage meines Freundes vom Standort ist dieser beneidenswerte Unteroffizier vom Dienst dort am Eingang im Zivilberuf Verkäufer in einem Damenmodengeschäft in Frankfurt am Main.« Wir standen kaum vor seinem Schreibtisch, da begrüßte uns der UvD: »Was darf's sein, die Herren? Bitte in den Räumen von jeder Barzahlung Abstand zu nehmen. Gutscheintickets aller Art sind bei mir zu haben.«

»Sind wir die Ersten?«, fragte Stahlberg.

»Genau, die Herren. Und nun wählen Sie bitte: grüne Tickets Ringelpiez, zwanzig Cents; kühles Bier, gelb, achtzig Cents; Schnaps, blau, achtzig Cents. Und die Krönung des Abends: diese zartrosa Tickets für Eva im Paradies. Sie kosten nur acht lumpige Besatzungsdollar das Stück. Greifen Sie zu, meine Herren!«

Karl Bauer lachte herzhaft: »Bin zwar selbst nicht aufs Maul gefallen, aber Ihre Schnauze möchte ich haben!«

»Ihr Lob ehrt mich, mein Herr. Und nun muss ich Sie alle pflichtgemäß auf die Hausordnung hinweisen.« Der UvD deutete auf eine Tafel neben der Tür. »Ich hab es nicht gern, wenn nachher Klagen kommen.«

Keiner von uns beachtete die Tafel, denn der Westfale Stahlberg drängte: »Kommt endlich, Kinder! Ich habe Durst! Bin heute zwei Stunden lang zur Hundewache in der Nacht auf unserem Kahn eingeteilt. Vorher muss ich mich doch noch ordentlich stärken.«

Bunte Lampions verbreiteten gedämpftes Licht im Tanzsaal und in dem kleinen Vorraum im Erdgeschoss. Fast vertrocknete Palmen, auf Zimmerhöhe gestutzt, standen zwischen den Tischen, die entlang der Wände an drei Seiten um die Tanzfläche gruppiert waren. An der Bar und an einigen der vorderen Tische saßen in kleinen Gruppen wartende Mädchen. Es waren zierliche Chinesinnen, braunhäutige Malaiinnen, rassige Inderinnen und sogenannte Cocktails, also Mischlinge, die uns lächelnd anblickten. Auf einem Podium neben der Bar lungerten einige Musiker vor ihren blitzenden Instrumenten herum, und auf dem bunten Plakat an der Wand hinter ihnen las ich »Hawaii Boys«.

Wir drängten uns hinter Stahlberg laut lärmend an einen Tisch in der Nähe der Tanzfläche und bemerkten, wie die Musiker aufgeschreckt nach ihren Instrumenten griffen.

Sekunden später verstummten wir alle betroffen und blieben überrascht stehen, denn zu unserer Begrüßung schwebte zart gespielt eine uns allen wohlbekannte Melodie durch den Saal:

Heimat, deine Sterne,
die strahlen mir dort am fernen Ort.
Was sie sagen, deute ich ja so gerne,
als der Liebsten zärtliches Losungswort.
Schöne Abendstunde,
der Himmel glänzt wie ein Diamant.
Tausend Sterne stehen in weiter Runde,
von der Liebsten zärtlich mir zugesandt;
in der Ferne träum ich vom Heimatland.

Tief gerührt blickte ich in die Gesichter der anderen und kämpfte gegen die Tränen. Wohl jeder von uns dachte in diesem Augenblick an die Lieben zu Haus. Und für ein paar Augenblicke sah ich das von blonden Locken umrahmte Gesicht Giselas am Ostseestrand bei Stettin vor mir. Mit dieser Melodie klangen ihre leisen Abschiedsworte in mir nach: »... wenn du wiederkommst, Tori.« Auch die Augen meiner Kameraden schimmerten feucht.

Rötters fuhr sich mit einer Hand verschämt über die Stirn. Dann lachte er übertrieben: »Weshalb guckt ihr denn alle so traurig, Jungs? Unser Alter bringt uns bestimmt wieder so sicher in die Heimat zurück, wie wir hergeschippert sind. Der kennt doch die Tricks der Tommys besser als sie selbst. Sobald wir unser Boot hier wieder aufgeklart haben, wird Lüdden damit wieder seine Häkchen fahren, damit die ihre Wabos weiter so vergeuden wie bisher. Weshalb sollten sie denn gerade uns treffen? Kopf hoch, Leute!«

Einige schauten immer noch ein wenig skeptisch. Wohl deshalb vollführte Rötters' Hand jetzt eine so lustige Bewegung, dass wir alle laut lachen mussten. »Na also«, Rötters schien beruhigt. »Da hinten sitzen unsere ärztlich verordneten Puppen, die wir tanzen lassen sollten!«

Bald darauf fehlte Stahlberg und mit ihm eine der jungen schlanken Inderinnen für etwa eine halbe Stunde. Der Tanzsaal füllte sich langsam mit den Männern anderer U-Boote und der Versorger. Auch Bauers neuer Freund und andere vom Standort fanden sich ein.

Ein Maat und zwei Mann vom Boot Junker setzten sich zu uns an den Tisch. Einer erzählte: »Wir hatten zwei von den neuen akustischen Torpedos an Bord, die auf Schraubengeräusche ansprechen. Als uns ein Frachter vor die Nase lief, probierte unser Alter im Unterwasserangriff einen aus.«

»Zaunkönige nennt man doch diese Dinger«, warf der Maat ein.

»Ja. Und ihr kennt das ja auch alle. Der Alte saß am Periskop, der Horcher rief: ›Torpedo läuft! ... entfernt sich rasch ... entfernt sich weiter ... Geräusch wandert aus ... Geräusch bleibt ...Geräusch bleibt.‹ Ja, und dann begann es in jedem von uns zu kribbeln, als wir aus dem Lautsprecher die bebende Stimme des U-Horchers hörten: ›Geräusch verstärkt sich ... Geräusch läuft mit Kurs auf Boot ... Geräusch nimmt weiter zu‹! Da unsere E-Maschinen noch Halbe Fahrt machten, waren wir steuerungsfähig. Das Schnelltauchen gelang, und der verdammte Zaunkönig rauschte über uns hinweg. Wir waren alle ziemlich käsig, sage ich euch.«

Mit zwei Whiskys hatte ich mir Mut angetrunken, erhob mich und ging auf ein überaus hübsches »Cocktailmädchen« zu, mit dem ich kurz zuvor mehr oder weniger gut getanzt hatte. Ich zeigte ihr mein rosarotes Ticket und fühlte, wie ich rot wurde. Sie aber lachte mich an, nahm mir das Ticket aus der Hand, ließ es flink in ihrer kleinen Handtasche verschwinden, ergriff meine Hand und schob ihren Unterarm so selbstverständlich auf den meinen, als würden wir uns schon Jahre kennen. Als ich mit ihr auf einem dicken Teppich treppauf ging, blickte ich mich kurz und etwas unsicher um. Stahlberg winkte mir vergnügt zu.

Nicht nur das saubere und geradezu prunkvoll ausgestattete Zimmer mit dem lautlos an der Decke kreisenden Ventilator im ersten Stockwerk des Shanghai-Hotels beeindruckte mich. Später, als mir die hübsche Dame auf dem breiten Flur einen Kuss auf die Wange hauchte, fragte ich mich unwillkürlich, wem dieses Haus vor der Besetzung durch die Japaner wohl gehört haben mochte. Um die Bestätigung der vorgeschriebenen Desinfektion von einem Sanitätsmaat zu erhalten, musste ich nun eine nicht völlig schmerzfreie Behandlung über mich ergehen lassen, die ich als so erniedrigend empfand, dass ich mich noch während dieser Prozedur fest dazu entschloss, mich niemals wieder hierher zu begeben.

Kurz vor 22 Uhr gingen Maschinenmaat Heigl, Funkgefreiter Stahlberg, Karl Bauer, sein neuer Freund Horst und ich über die breite Freitreppe vor dem Haus auf die wartenden Rikschas zu. Ich blieb stehen und schaute aufs Meer hinaus, wo ich mehrere Lichter über dem Horizont sah. Horst bemerkte es und klärte mich sogleich auf: »Toni, das sind keine Sterne, sondern die Lichter vom gegenüberliegenden Festland. Wenn du dich umdrehst, siehst du jetzt die Lampen von Penang Hill. Ihr werdet euch dort wie im Paradies fühlen, so schön ist es. Angeblich darf jeder von euch für einige Tage hinauf!«

Erst 20 Tage später, nach anstrengender Plackerei auf unserem Boot, fuhr ich zusammen mit Heigl, Bauer, Stahlberg und sieben anderen als dritte Gruppe mit der Bergseilbahn nach Penang Hill. Bootsmaat Jupp Steimer war schon vor uns mit der ersten Gruppe zehn Tage lang oben gewesen und war mit einem kleinen, noch jungen Affen zurückgekehrt. Er hatte das Tier von einem der Boys gekauft. Der kleine Affe war inzwischen zum Liebling der Besatzung geworden. Er schlief mit Jupp in dessen Bett, klammerte sich an eines seiner Beine, wenn wir zur Arbeit marschierten, turnte geschickt, blitzschnell und federleicht an Hebeln und Rohren im Boot herum, ohne uns zu stören. Das Äffchen hatte instinktiv die Klappe gefunden, die sein

Herrchen bei der Anreise mit einem der anderen Maate benutzt hatte. Sobald der kleine Kobold müde wurde, rollte er sich wie eine Katze am Fußende der Koje zusammen und ließ sich von niemandem aus der Ruhe bringen. U 188 hatte ein Maskottchen bekommen.

Auf Penang Hill bezog ich zusammen mit Franz Heigl in einem der weiß gestrichenen Bungalows ein Zimmer. Schon nach wenigen Minuten räkelten wir uns in Badehosen auf Liegestühlen am Swimmingpool. Unsere Vorgänger hatten keineswegs übertrieben. Einige sehr zuvorkommende Einheimische versorgten uns mit allem, was das Herz begehrte, und erklärten uns mit deutschen und englischen Brocken sowie bildhaften Gesten, dass wir hier oben wegen der allgegenwärtigen Affen nichts liegen lassen durften. Diese neugierigen und gar nicht scheuen Urwaldbewohner turnten laut zeternd in den Gipfeln der umliegenden Bäume herum und waren zu allen nur erdenklichen Streichen aufgelegt.

Gegen Abend wehte hier oben ein wohltuend kühlender Wind. Wir waren angenehm gesättigt, hatten uns an frisch gepressten Säften gütlich getan und auch nicht unbedingt auf Alkohol verzichtet. Fröhlich plaudernd schlenderten wir auf schmalen, geteerten Wegen zunächst zwischen den Häusern des ehemaligen britischen Offizierserholungsheimes, dann durch den umliegenden Dschungel. Wir beobachteten gerade zwei bunte Papageien im Astgewirr über unseren Köpfen, als Gerhard Rieger in seiner deutlich sächsisch gefärbten Aussprache fragte: »Habt ihr eben auch bemerkt, wie dieser Boy vor dem Haupthaus erschrocken zusammenzuckte und seine Hände schützend über seinen

Kopf hielt? Dabei wollte ich doch nur eine Mücke aus meinem Nacken schlagen. Sind die denn von den Engländern geprügelt worden?«

»Weißt du das noch nicht?«, fragte Franz Heigl, und Stahlberg rief: »Mir hat der Malaie, der uns heute das Abendessen servierte, gleich zweimal beteuert, ›deutsch Mister sein viel besser als englisch Sirs‹. Jupp Steimer haben diese Malaysier angeblich erzählt, dass die Engländer schon bei den geringsten Unbotmäßigkeiten zugeschlagen hätten. Das muss aber nicht stimmen, vielleicht wollen die uns nur schmeicheln.«

Die Tage auf Penang Hill vergingen so rasch wie ein schöner Traum. Bald arbeiteten wir wieder täglich an U 188. Schon länger als einen Monat lagen wir nun am Kai von Penang. Bei glühender Hitze schuftete das technische Personal, meine Waffen funkelten längst wie neu, und ich wurde deshalb als Hilfskraft in den Dieselraum beordert. Die Japaner zeigten sich stets hilfsbereit, hatten jedoch Schwierigkeiten bei der Lieferung dringend benötigter Ersatzteile. Unser technischer Wunderknabe Heigl und andere Mechaniker durften alle Drehmaschinen und Geräte in der japanischen Reparaturhalle benutzen, sobald diese von Japanern nicht benötigt wurden. Fast liebevoll wurden unsere Motoren Stück für Stück repariert und auch alle anderen Schäden ausgebessert. Dabei schien unser LI mit Rat und Tat allgegenwärtig zu sein. Jedem von uns war klar, dass unser Leben vom einwandfreien Funktionieren unserer Antriebsmaschinen und der Anlagen im Boot abhing. Dem vor uns ausgelaufenen Boot Junker hatten wir Feldpostbriefe in die Heimat mitgeben dürfen. Bald würde auch unser Boot startbereit sein.

Bei einer meiner Hundewachen beobachtete ich minutenlang einen großen Affen, der auf dem Dachfirst der direkt gegenüberliegenden Reparaturhalle herumstolzierte. Die Umrisse des Tieres zeichneten sich im grellen Mondlicht schwarz von den gelb angestrahlten Dschungelbergen im Hintergrund ab. Ich fragte mich gerade, wie es wohl auf das Hallendach gelangt war, als ich in der nächtlichen Stille die Geräusche rasch näher kommender Schritte vernahm. Der Kletterakrobat verschwand blitzartig von der Bildfläche. Sekunden später bog meine Wachablösung Stahlberg um die Ecke der Halle. Als ich ihm die Maschinenpistole übergab und mich entfernen wollte, hielt er mich zurück: »Junge, was hältst du davon, wenn wir beide morgen statt des langweiligen Mittagstisches einmal zusammen im Blue Bird speisen würden. Du weißt schon, in diesem gehobenen Lokal der Japaner. Von unserem bisschen Wehrsold haben wir doch sonst nichts. Bist du dabei?«

Lange überlegte ich nicht. »Nur wir beide? Kommt von den anderen keiner mit uns?«

Stahlberg lächelte vielsagend: »Nein! Einige haben schon Besseres vor, andere sind schlicht und einfach zu faul oder wollen nicht auf ihre Siesta verzichten. Einer ist sogar zu geizig. Also abgemacht?«

»Gut, ich komme mit. Aber jetzt muss ich noch zwei Stunden meine Ohren bügeln, sonst bin ich morgen auch zu faul.«

Es war gegen 14.30 Uhr, als wir uns im ersten Stock des Blue Bird an einen kleinen Fenstertisch setzten. Hinter uns waren zwei japanische Marineoffiziere auf der schmalen Wendeltreppe heraufgekommen, und einer der beiden fragte jetzt in holprigem Deutschenglisch und mit japanischem Singsang-Tonfall: »Dürfen we uns sit down?« Der kleine Mann in seiner weißen Uniform deutete beim Sprechen mit einer Hand auf seinen etwas größeren schlanken Begleiter und mit der anderen auf die beiden freien Plätze an unserem Tisch. Stahlberg und ich beeilten uns sogleich, unsere Überraschung zu verbergen, und stimmten zu.

Natürlich hatten die Japaner mit einem Blick erkannt, wer wir beide waren. Kaum saßen sie, da deutete der Größere von ihnen auf unsere Abzeichen: »Submarine?« Wir nickten. Er zog einen silberfarbenen Füllfederhalter und einen kleinen Notizblock aus seiner Brusttasche, zeichnete ein Schiff, und sein Kamerad fragte, indem er erst auf uns beide und dann auf das flink gezeichnete Schiffchen deutete: »Sunk?« Dazu vollführte er mit seiner zartgliedrigen Hand eine Geste, die zweifelsfrei ein sinkendes Schiff bedeuten sollte. Natürlich hatten wir Schiffe versenkt, begannen gleichzeitig eifrig zu nicken, und die beiden Offiziere wurden noch zuvorkommender und freundlicher, als sie es ohnehin schon waren. Der Zeichner des Schiffchens hob zuerst seinen Daumen, dann den Zeigefinger und begann japanisch zu zählen. Während ich Daumen und Zeigefinger hob, hörte ich Stahlberg laut sagen: »Golf Oman!« Für mich bestimmt, fügte er rasch noch hinzu: »Ist doch wirklich egal, Toni. Die wissen doch längst schon alles über uns.«

Ein malaiischer Boy trat an den Tisch, sprach japanisch mit den Offizieren, woraufhin Stahlberg und ich nicht mehr dazu kamen, unsere Bestellungen aufzugeben. Die Japaner erklärten uns, dass wir ihre Gäste wären, und wir hüteten uns sehr wohl, ihre Einladung abzulehnen. Damit begann für uns ein sehr angenehmer und schöner Nachmittag. Was wir aßen, schmeckte ausgezeichnet, obwohl wir nicht genau wussten, was uns kredenzt wurde und wir uns einige Male lachend mit den Essstäbchen abmühten. Als echtes Kind des Ruhrpotts kippte Stahlberg eine Unmenge Reisschnaps in sich hinein, fast als würde er Wasser trinken. Im Gegensatz zu mir erntete er deshalb bewundernde Blicke unserer Gastgeber. Mir erschien es so, als würden sich die beiden wegen unserer Unbefangenheit geschmeichelt fühlten, und auch sie tranken, warum auch immer, wohl mehr, als sie es ursprünglich beabsichtigt hatten. Der hereinbrechende Abend gipfelte im Angebot der sich immer wieder verbeugenden Japaner, mit ihnen zusammen noch ein japanisches Teehaus zu besuchen. Als sie bemerkten, wie ich Stahlberg zweifelnd ansah und mein Kamerad schweigend mit den Achseln zuckte, erstarrten die Mienen der beiden. Zwar nur halbherzig, aber rasch sagten wir deshalb zu.

Die Marineoffiziere vor uns trieben mit barschen Worten die Rikscha-Fahrer zu höchster Eile an. Schon bald fuhren wir durch stille Straßen eines Villenviertels, und Stahlberg grölte in seiner Rikscha nur wenige Meter hinter mir: »Toni, das macht Spaß! Vielleicht wohnen sogar unsere Offiziere hier in der Gegend! Ich glaube, wir sind in Penang-Georgetown!«

Wir hielten vor einem Haus, das wir beide von außen für ein Teehaus hielten. Der Größere unserer zuvorkommenden Gastgeber entlohnte alle vier Rikschafahrer. Der andere deutete mit einer kleinen Verbeugung zur Eingangstür, vor der ein japanischer Marinesoldat gelangweilt in einem Korbsessel hing, sich dann aber rasch erhob und die beiden Japaner stramm grüßte. Als der japanische Offizier an der Eingangstür Tickets erstand, stieg ein leiser Verdacht in mir hoch, und als wir den von einigen Lampions mild beleuchteten Flur betraten, war ich mir sicher: »Das kann nur ein japanisches Haus der tausend Freuden sein.« Als ich mich bei unseren Begleitern deutschenglisch und gestenreich danach erkundigte, ob hier anschließend »saniert« würde, schlug mir einer der beiden kichernd und kopfschüttelnd auf die Schulter. Belustigt bat er mich in einen Raum, wo gepflegte, teilweise noch sehr jung aussehende Mädchen auf einer rot gepolsterten Bank warteten. Mit immer tiefer werdenden Verbeugungen bedankten wir uns bei den Gastgebern.

Ein Funkspruch beorderte unser Boot in eine größere Werft nach Shonan (so bezeichneten die Japaner Singapur), an die Südspitze Malaysias. In der Nacht zum 12. Dezember verließen wir Penang, um allein durch die Straße von Malakka zu fahren. Obwohl feindliche U-Boote gemeldet waren, konnten uns die Japaner kein Geleit geben. Aus Sicherheitsgründen befahl Lüdden daher jeden entbehrlichen Mann seiner Besatzung an Deck. Dabei mussten wir Schwimmwesten anlegen. Wir starrten aufs Meer hinaus und suchten nach Blasenbahnen feindlicher Torpedos, denen wir, wenn sie früh genug bemerkt wurden, vielleicht noch rechtzeitig ausweichen konnten. Dem Kriegsgeschehen so ausgeliefert zu sein und nicht, wie es die Älteren gewohnt waren, zu den Agierenden zu gehören, drückte auf unsere Gemüter. So wie jetzt zu Gejagten degradiert zu sein, nagte an unserer Moral. Die Tatsache, dass jedes

171

Besatzungsmitglied schon in Penang einem der vor uns ausgelaufenen Boote einen zweiten Brief in die Heimat hatte mitgeben dürfen, zeigte, dass der erste Brief nie zu Hause ankommen würde. Auch das bedrückte uns. Doch keiner wagte auszusprechen, was er dachte. Stattdessen versuchte jeder, diese so ungewöhnliche und bedrohliche Situation mit derben Witzen zu überspielen. »Uns wird schon nichts passieren!«, war der Tenor.

Nach meiner Wache von null bis vier Uhr stellte ich mich neben Jupp Steimer seitlich des Wintergartens aufs Deck. Mir war klar, dass unser Maskottchen, inzwischen »Fifi« genannt, nicht allzu weit von uns entfernt herumturnte, wenn sein Herrchen neben mir stand. Gegen sieben Uhr hörten wir unseren Smut: »Frühstück, die Herren!« Ohne meinen Blick von der Wasserfläche abzuwenden fragte ich: »Albert, was hast du denn heute anzubieten?«

»Erstklassigen Kaffee! Dazu frisches Brot und prima Hühnereier! Waren noch popowarm! Die Leute hier überschlagen sich doch, wenn sie uns eine Freude machen können.« Wilhelm Autenrieth, Jupp, einige andere und auch ich starrten immer noch auf das spiegelglatte Wasser der Malakkastraße hinaus, bevor wir uns umdrehten. Der Smut war längst wieder im Turmluk verschwunden, und wie auf Kommando begannen wir alle laut zu lachen. Unser Bordäffchen saß auf einem großen Tablett mitten in den Spiegeleiern und beschmierte sich von oben bis unten mit Eidotter. Sein Fell war unter der zähen gelben Masse kaum noch zu erkennen. Herrchen ergriff den kleinen Frechdachs am Genick, hielt ihn weit von sich gestreckt und ging mit ihm achteraus. Dort ging Jupp in die Hocke, umfasste mit einer Hand die Reling und tauchte mit der anderen den Affen mehrmals ins Wasser. Kurz übertönte das Quietschen des Kleinen unser Gelächter, das Rauschen unseres Kielwassers und das Dröhnen der Dieselabgase. Als Jupp ihn wieder aufs Deck setzte, blickte der pitschnasse Affe sein Herrchen beleidigt wie ein Kind an und schüttelte sich kurz. Danach hüpfte er flink und gewandt wie immer über die Schultern einiger Männer und enteilte beleidigt grunzend in Richtung Bug. Dabei machte er einen respektvollen Bogen um das von ihm verwüstete Frühstückstablett am Wintergarten.

Das Glück schien mit uns zu fahren, denn am 14. Dezember machten wir kurz nach vier Uhr in Singapur fest, nachdem es Lüdden Stunden zuvor gelungen war, zwei von Steuerbord auf uns zulaufenden Blasenbahnen feindlicher Torpedos sehr knapp, aber gekonnt auszuweichen. Danach rauschten wir mit großer Fahrt aus der Gefahrenzone.

Die Japaner quartierten uns am Stadtrand Singapurs in einigen Villen ein, die direkt am Strand lagen, und fuhren uns täglich zur Arbeit in die Werft. U 188 wurde am Schuppen 52 aufs Trockendock gezogen, und für uns begann bei ständiger Tropenhitze die mühsame Plackerei erneut. Wir befreiten den Bootskörper von Muschelkalk und anderen Anhaftungen, um ihn anschließend mit rasch trocknender Rostschutzfarbe und frischem Tarnanstrich zu versehen. Stück für Stück entfernten wir die schweren Eisengewichte im sogenannten Ballastkeil, dem Hohlraum unter dem Boot, die das Kentern verhindern. Diese Gewichte ersetzten wir durch 310 Tonnen Zinn, 14,4 Tonnen Wolfram und 1,5 Tonnen Gummi. Auch 500 Kilogramm Chinin und

200 Kilo Opium wurden sicher verstaut. Die Japaner überließen uns die Schätze Malaysias großzügig und erwarteten als Gegenleistung, dass wir bei der bevorstehenden Heimreise die Anzahl der Schiffe unserer gemeinsamen Gegner verringerten.

So wurde U 188 zu einer Art Transportschiff umfunktioniert. Wir bekamen dabei etwa zwölf Tonnen Übergewicht, das wir aber mit fortschreitendem Treibstoffverbrauch wieder verlieren würden. Zur Gewichtsverminderung wurde mir der Auftrag erteilt, unsere Kanone mit drei mir zugeteilten Malaien zu zerlegen, in einem Lagerschuppen für die Japaner wieder zusammenzusetzen sowie auch die Granaten an Land zu schleppen. Den gewonnenen Raum in der Waffenkammer musste ich allein mit Wolfram auffüllen, da sich dort schon ein Einzelner kaum bewegen konnte. Die schweren Säcke wurden mir einer nach dem anderen herabgereicht, und ich schob und hob sie in schweißtreibender Arbeit an ihre Plätze. An manchen Tagen glaubte ich, jeden meiner Knochen einzeln zu spüren. Überall wurde geschweißt, gehämmert und genietet. Der Krieg verschlang bei allen beteiligten Nationen unheimliche Summen. Wieder einmal fragte ich mich, was man mit all dem Arbeitsaufwand und dem erstklassigem Material in dieser schönen Welt wohl an Gutem bewirken könnte.

Wir hatten alle den Dienstbetrieb an Land restlos satt. Am 24. Dezember feierten wir abends bei tropischen Temperaturen Weihnachten im Garten einer der Villen. Wir wussten nicht genau, wann, doch ahnten wir alle, dass unser Aufenthalt in Malaysia bald beendet sein würde. Aber an diesem Abend wollten wir einfach die Stunden unter dem strahlenden Sternenhimmel genießen, feierten fröhlich und ausgelassen, als wäre die bevorstehende Heimfahrt so ungefährlich wie eine sommerliche Kahnpartie auf einem See in der fernen Heimat.

Doch nicht nur ich hatte Angst. Auch andere gestanden später, sich an diesem Abend in den Tropen gefragt zu haben, ob es möglich war, die etwa 19 000 gefahrvollen Seemeilen noch einmal unbeschadet zurückzulegen. Im Augenblick jedoch dachten wir alle nur an unsere Lieben zu Hause: »Jetzt werden Mutter und die Schwestern wohl gerade über den verschneiten Marktplatz in Grafing zur Christmette gehen. Ob ich das jemals wieder erleben werde?«

Am 30. Dezember um sieben Uhr liefen wir Richtung Penang aus. Weil wieder zwei feindliche U-Boote in der Malakkastraße gemeldet worden waren, liefen wir ab der One Fathom Bank Alle Kraft und machten schon am letzten Tag des Jahres 1943 wieder in Penang fest. Gegen Abend fuhren Karl Bauer, Stahlberg und ich in Rikschas zu dem uns in so angenehmer Erinnerung gebliebenen Teehaus der Japaner in Penang-Georgetown. Wie ich befürchtet hatte, wies uns die Wache an der Tür jedoch schroff ab.

So fuhren wir ins Shanghai-Hotel, in unser Soldatenheim, das an diesem Abend von lautem Stimmengewirr erfüllt war. Wir hatten Ausgang bis zum Wecken, wussten jedoch, dass uns morgen niemand wecken würde, und feierten ausgelassen, als wäre diese Tropennacht der Beginn besserer Zeiten.

Die übliche Endausrüstung vor dem Auslaufen begann schon am zweiten Januar 1944. Am dritten Tag morgens fehlte plötzlich unser Maskottchen. »Jupp! Wo hast du denn heute unser Äffchen?« Jeder fragte Steimer dasselbe. Der Maat antwortete immer mürrischer und war bedrückt: »Den Platz für Fifis Bananen könnt ihr für Besseres verwenden. Der Alte ist schon informiert. Wahrscheinlich haben letzte Nacht diese verwöhnten Strolche vom Standort mein Äffchen geklaut.« Einmal hörte ich Jupp entrüstet rufen: »Natürlich hab ich den Kleinen überall gesucht, du Schwachkopf!! Such mal nach einer Nadel im Heuhaufen! Eins ist sicher, wir fahren ohne ihn.«

Der genaue Zeitpunkt unseres Auslaufens wurde uns aus Sicherheitsgründen nicht mitgeteilt. Während der letzten Tage an Land blieb Fifis Schicksal ungeklärt. Hatte Jupp von Lüdden die Anweisung erhalten, den Kleinen an Land zurückzulassen? War er wirklich entwendet worden? Aber vielleicht war es besser so für das Tier und auch für uns. Wer konnte schon wissen, ob Fifi die lange Reise überstehen oder, was viel wahrscheinlicher war, bei einer der unvermeidlichen Schleichfahrten womöglich qualvoll verenden würde. Es war auch nicht auszuschließen, dass er uns durch sein lautes Gezeter in Gefahr brachte.

Am 9. Januar nachts um ein Uhr stand ich mit auf der Brücke, als U 188 sich aus dem Hafen von Penang schlich. Gleich zu Beginn meiner zweiten Wache begegneten wir einem japanischen Kreuzer und einem Zerstörer auf Gegenkurs. Sobald sie uns sichteten, zeigten die beiden ihre spitzen Silhouetten. Auf unser Erkennungssignal reagierten sie jedoch wie alle Japaner nicht. Stattdessen drehten sie ab, und wir waren wieder einmal allein.

Einige Tage blieben wir unentdeckt. Immer wieder begleiteten uns Delfine. Die geselligen Meeressäuger schienen Freude daran zu haben, dicht neben uns immer wieder aus dem Wasser zu springen. Sie zeigten keinerlei Scheu, sondern schienen U 188 vielmehr als Spielzeug zu betrachten. Einmal ritt einer der putzigen Gesellen sogar auf unserer Bugwelle und schien seinen Platz nur ungern einem Stärkeren abzutreten. Unser WO musste uns mehrmals energisch zur Wachsamkeit ermahnen.

Die während der ersten Tage auf See mit frischem Brot und Gemüse, Eiern und Obst so angenehm angereicherte Kost musste bald schon der bereits erwähnten Ernährung aus Büchsen weichen. Doch ich begann auf dem Weg zum befohlenen Einsatzgebiet, dem Golf von Oman, zu hoffen, dass unsere Reise weiterhin so ruhig verlaufen würde, wie sie begonnen hatte.

Am 17. Januar standen wir östlich der Malediven. Von jetzt an fuhren wir nordwärts. Kaleu Lüdden gab durch die Bordsprechanlage bekannt, dass wir seit dem Auslaufen in Lorient bisher 21 598 Seemeilen zurückgelegt und somit die Erde einmal umrundet hatten. Wieder fuhren wir in Küstennähe Indiens und waren schon am 20. Januar im Arabischen Meer. Hier erlebte ich, zunächst wieder einmal auf der Brücke, die nervenaufreibende Verfolgungsjagd auf einen dicken, allerdings auch wehrhaften Einzelfahrer. Die mehr als 17 Stunden dauernde Operation verschlug uns 170 Seemeilen nach Süden, einer unserer Diesel wurde dabei überhitzt, und erst abends gegen 22 Uhr schlug für den amerikanischen Frachter die letzte Stunde. Vier Rettungsboote und eine Jolle wurden gesichtet, was mich irgendwie beruhigte. Von jetzt an mussten wir damit rechnen, ebenfalls gejagt zu werden.

Im nördlichen Teil des Indischen Ozeans spürten uns feindliche Flugzeuge auf, und daraufhin griffen uns mehrmals britische Zerstörer an. Unser Äffchen hätte die uns längst bekannten Strapazen sicher nicht überlebt. Das Tak-Tak der Peilstrahlen, das ein scheußliches Geräusch beim Auftreffen auf die Bordwände verursachte, zehrte wieder einmal an unseren Nerven. Wie es Lüdden immer wieder gelang, den Gefahrenzonen zu entrinnen, blieb uns schleierhaft. Unser Kommandant schien stets zu ahnen, was die über uns im Schilde führten, verhielt sich immer vorausschauend vorsichtig, und unser Vertrauen in sein Können wuchs in diesen Tagen von Stunde zu Stunde. Wenn er uns das Letzte abverlangte, wir bei Verfolgungsjagden stundenlang im Dunkeln saßen, um Strom zu sparen, wenn wir durch Alkalipatronen atmen mussten, damit die Luft sich nicht zu sehr mit Stickstoff anreicherte, war uns ständig bewusst, dass wir nur so eine Überlebenschance hatten.

Uns allen standen die Anstrengung und die überstandenen Gefahren ins Gesicht geschrieben. Dennoch gelang es U 188 östlich des Golfes von Aden, in der Zeit vom 21. Januar bis 10. Februar sieben schwer beladene Dampfer zu versenken und dazu noch sieben Lastensegler zu rammen. Letztere waren durchwegs mit Hilfsgütern für Schiffe unserer Gegner beladen.

Alle Torpedos waren verschossen. U 188 erhielt den Funkbefehl zur Heimreise, und Kaleu Lüdden bekam das Ritterkreuz verliehen. Jeder Mann an Bord bekam eine halbe Flasche Bier zugeteilt, um das zu feiern. Das Trinkwasser wurde knapp, was uns allen bei der dauernden Hitze sehr zu schaffen machte. Doch auch unser Proviant ging rasch zu Ende. Die bisher hinter den Torpedos eingelagerten Dosen waren wegen hoher Temperatur und Luftfeuchtigkeit aufgeplatzt. Wir konnten den herausgequollenen Unrat jeweils erst dann beseitigen, wenn die bisher davor befestigten Aale liefen. Bei der ersten sich bietenden Gelegenheit fütterten wir mit größtem Bedauern die Fische. Und obwohl wir alle fleißig schrubbten, war der ekelerregende Geruch noch tagelang im Boot.

Am 6. März vertraute Funkgefreiter Stahlberg auf meine Verschwiegenheit. Ich erfuhr, dass wir zur Voraufklärung in die Nähe eines Planquadrats befohlen waren, um dort – wiederum abseits aller Schifffahrtsrouten im Indischen Ozean – zusammen mit anderen Booten von der »Brake« versorgt zu werden.

Am Spätnachmittag des 11. März begannen wir unter bedecktem Himmel, unsere fast leeren Tanks mit Treibstoff aus dem dicken Bauch unserer alten Bekannten aufzufüllen. Unser Boot war bereits versorgt, doch wir blieben mit unserer Flak zum Schutz der anderen noch in der Nähe. Gegen Morgen des 12. März war ich unten im Boot, als sich rasch herumsprach, dass die »Brake« wegen stürmischer See die Versorgung der anderen Boote unterbrechen musste. Wir fuhren jetzt gemeinsam mit ihr und den anderen südwärts.

Ich hatte Brückenwache. Wir waren nicht weit hinter unserem Versorger. Das Wetter war besser geworden, die Sicht gut, und ich konnte mir selbst nicht erklären, weshalb ich so unruhig war. Etwa 15 Minuten später meldete Rötters zwei Flugzeuge über einer

Rauchfahne backbord achteraus. Wir standen etwa 500 Meter hinter der »Brake«, und das zur Rauchfahne gehörende Schiff war noch nicht auszumachen. Seit meinem Wachbeginn mochten etwa 20 Minuten vergangen sein, als achteraus plötzlich Granaten explodierten und hoch aufspritzende Wassersäulen immer näher kamen. Lüdden befahl Alarmtauchen. In der Zentrale zählten wir etwa eine Stunde lang 148 Artillerieeinschläge und 14 starke Detonationen. Später fielen auch noch Wabos, und wir hörten zutiefst betroffen die bekannten Sinkgeräusche. Zunächst wurden wir abgedrängt. Kurz nach Sonnenuntergang liefen wir zurück zum Ort des traurigen Geschehens, um eventuelle Überlebende aufzunehmen. Doch außer einigen Ölflecken auf dem Wasser fanden wir die Unglücksstelle wie leergefegt. In kurzen Zeitabständen gingen zwei Funksprüche ein: Pich meldete die Übernahme aller Überlebenden der »Brake« und seinen Weitermarsch nach Singapur. Die zweite Nachricht war für uns bestimmt und befahl Rückmarsch in die Heimat bei sparsamstem Treibstoffverbrauch.

Am 31. März fuhren wir südlich von Kapstadt und waren inzwischen fast drei Monate auf See. Noch im Südatlantik gerieten wir wieder einmal in orkanartigen Sturm. Die Gewalt der Brecher riss Teile unserer Deckplanken über Bord. Tage später wurde ich um 16 Uhr pünktlich wie immer von meiner Tagwache abgelöst. Vom angestrengten Beobachten hatte ich Kopfschmerzen und blieb in der Zentrale kurz stehen, um meine Augen zu reiben. Dabei hörte ich, wie Schulz dem Kommandanten meldete, dass der Hochspannungsteil des Sendeumformers an unserer Funkanlage gebrochen war: »Herr Kaleu, wir arbeiten daran, den Schaden so bald wie möglich zu beheben!«

»Danke, Schulz. Bitte melden Sie, sobald wir wieder funkklar sind.«

»Jawoll, Herr Kaleu!«

Oberfunkmaat Schulz hastete zur Funkkabine. Angestrengte Versuche, unseren Sendeumformer wieder zu reparieren, schlugen in den folgenden Tagen fehl. Schon seit zwei Wochen lebten wir nur noch von Hartbrot und Trockenkartoffeln. Noch alarmierender war die Tatsache, dass unser Schmieröl für die Temperaturen in diesen südlichen Breitengraden zu dünnflüssig und unser Versorgungsschiff, die »Schliemann«, verschollen war. Unsere Vorräte schmolzen dahin wie Schnee in der Sonne. Nicht nur die Gesichter der Männer im Dieselraum waren zu Masken erstarrt. U 188 konnte zwar noch Funksprüche empfangen, selbst aber keine mehr senden, etwa um andere Boote auf unsere krasse Notlage aufmerksam zu machen.

Stahlberg vertraute mir heimlich an: »Toni, wir drehen in der Funkkabine fast schon durch. Ich glaube, dass auch Lüdden langsam unruhig wird. Wir bekommen eine Aufforderung nach der anderen, unseren Standort zu melden. Es ist zum Kotzen. Angeblich reicht unser Schmieröl noch etwa bis zu den Kanaren. Hab' gehört, wie Lüdden und Kießling diskutierten. Die haben schon eine günstige Stelle an der Küste von La Palma ausgesucht. Dort sollen wir an Land schwimmen. Lüdden glaubt, unseren Kahn selbst versenken zu müssen. Toni, wenn wir es nicht schaffen, so nahe an ein anderes Boot heranzukommen, dass wir es mit unserem Notsender erreichen können, sehe ich langsam schwarz für uns.«

Nur mit meiner Badehose bekleidet, legte ich mich auf die Klappe. Durch die Aufregung brach sogar wieder Schweiß aus meinem fast schon ausgetrockneten Körper. Ich achtete kaum auf Dieselmaat Heigl, der sich durchs Luk aus dem wieder einmal völlig überhitzten Dieselraum in den Flur zwängte. Langsam, fast wie trunken, wankte er unsicher an mir vorbei in Richtung Zentrale. Karl Bauer unter mir rief dem Maat etwas krächzend, aber so ungeniert laut wie immer nach: »Was wird denn jetzt mit uns?! Ich meine, so ohne Schmieröl!«

»Wir pinkeln auf die Lager, du Idiot.«

»So eine Verschwendung, Junge. Nehmt doch lieber die ranzige Butter. Das Zeug ist eh längst ungenießbar!«

Heigl blieb nachdenklich stehen. »Was hast du eben gesagt? Butter?«

Minuten später sprach sich herum, dass unser Smut den Befehl erhalten hatte, sämtliche Fettvorräte herauszurücken. Kießling und das Maschinenpersonal wollten versuchen, damit die dünnflüssige Qualität unseres Schmieröls zu verbessern. »Hätt' ich doch meine Schnauze gehalten«, hörte ich Bauer leise vor sich hinschimpfen. Dann sagte er zu mir: »Toni, die können es unter Umständen sogar schaffen, mit unserem Proviant, ich meine mit diesem Zusatz zum Schmieröl, an den Kanaren vorbeizuschippern. Das dauert! Und das bei diesem Saufraß! Sicher bekommen wir von jetzt an auch noch weniger zu trinken, weil unsere Batterien so viel saufen. Ich bin doch schon am Austrocknen! Für uns bleiben nur noch Hartbrot und geschmacklose Trockenkartoffeln in Kleinstportionen. Hab bisher nicht gewusst, was Menschen alles aushalten können!«

Auf meinem Dienstweg durch die Zentrale zum Turm sah ich Lüdden mit Kießling, Meenen und Benetschik am Kartentisch rechnen und wieder berechnen. Mir ist es jedoch ein Rätsel, mit welchen Tricks sie es schafften, bei geringster Fahrt unbemerkt an den Kanaren vorbeizufahren. Manchmal fuhren wir nur mit einem der Diesel und einem zugeschalteten E-Motor. Dadurch kamen wir zwar sparsam, aber teilweise nur noch mit fünf bis sechs Knoten voran. Die andauernden Versuche, ob unsere Antriebsmaschinen so oder so am wenigsten verbrauchten, machten uns immer nervöser. Die Fahrt schien sich endlos in die Länge zu ziehen. Bei fast ruhiger See fehlten uns vor allen Dingen oben auf dem Turm das gewohnte Rauschen der Bugwelle und der erfrischende Fahrtwind. Einmal raunte Rötters mir leise zu: »Das ist doch zum Mäusemelken. Wir kommen doch kaum voran. Wenn wir hier nicht bald rauskommen, dann werden wir wohl fürs Vaterland verdursten und verhungern. Ein komischer Heldentod, findest du nicht auch?«

Die Antwort musste ich ihm schuldig bleiben, denn unser WO hatte Rötters auch gehört und ermahnte uns barsch: »Ruhe! Beobachten! Nicht blödes Zeug quatschen.«

Unbemerkt schlichen wir uns durch die Wellen des Atlantiks an der Küste Afrikas entlang nordwärts. Da wir zur Funkstille gezwungen waren, schienen wir für die Tommys nicht mehr zu existieren, sie konnten unseren Standort nicht mehr anpeilen. Kein Flugzeug suchte nach uns. Doch auch unsere U-Boot-Führung schien uns abgeschrieben zu haben, denn es gingen keine Anfragen und auch keine Befehle mehr an U 188.

Ab der Südspitze Portugals fuhren wir nur noch nachts und lagen tagsüber in Küstennähe auf Grund, teilweise in hundert Metern Tiefe. Wir konnten uns alle kaum noch beherrschen. Nur unser Überlebenswille und der eingedrillte Gehorsam hielten uns aufrecht. Immer wieder vermochte einer den anderen aufzumuntern: »Wir werden und müssen es schaffen!« An der spanischen und dann an der französischen Küste entlangfahrend, erreichten wir endlich die Mündung der Gironde, und das Wunder geschah: Am 19. Juni 1944 kurz nach null Uhr erbat Lüdden über unseren Notsender Geleitschutz, um nach Bordeaux einlaufen zu können.

Nach mehr als fünf Monaten in unserer Stahlröhre, 163 Tagen, an denen wir manchmal kaum noch ans Überleben glaubten, wankten wir erschöpft, aber überglücklich an Land. Eine Handvoll Männer in blauen Uniformen oder grauem Lederzeug war zu unserer Begrüßung an die Pier gekommen. Es war selten, dass man ein U-Boot von einer Feindfahrt zurückkommen sah. Schon seit Monaten waren immer wieder Boote ausgelaufen, aber nur noch sehr wenige von ihnen waren zurückgekommen. Wir passten überhaupt nicht in das heroische Bild, das unsere Propaganda von uns verbreitete, denn wir hatten ausnahmslos alle filzige Haare und Bärte, hohle Wangen und Augen wie Golfbälle. Wir glichen wohl eher unterernährten Dschungelkämpfern als Helden der Nation, die Gehorsam gelobt hatten.

Noch an der Pier erfuhren auch wir einfachen Matrosen, dass die Alliierten inzwischen in der Normandie gelandet waren. Diese Tatsache wirkte nicht gerade

184

aufmunternd, doch viel wichtiger war es, endlich wieder festen Boden unter den Füßen zu haben.

Anderntags sprach sich sehr schnell herum: Wir waren erst das zweite von 43 Monsunbooten, das bisher zurückgekehrt war. Zutiefst erschrocken fragte ich mich, wo all die anderen geblieben waren. Sollte etwa nach uns keines mehr zurückkehren? Nein. Einige sind doch noch bei den Japanern. Die anderen aber konnten doch nicht alle gesunken sein?!

Man erzählte uns etwas von deutschen Wunderwaffen, mit denen das Deutsche Reich in Kürze den Krieg für sich entscheiden würde. Unsere Gegner wären eben deshalb so unruhig geworden und bombardierten mit zahllosen Flugzeugen deutsche Städte ohne Unterlass. Die Produktionsstätten dieser Waffen hätten sie bisher nicht ausfindig machen können. Unsere Soldatenpflicht, besonders als U-Boot-Fahrer, wäre es unbedingt, bis zum letzten Blutstropfen durchzuhalten, denn diese neue, noch unbekannte Waffe würde uns mit einem Schlag retten. Was sollte ich denn noch glauben? Ich erinnerte mich an meinen Soldateneid und auch daran: Gebt dem Kaiser, was des Kaisers ist, und Gott, was Gottes ist. So hatte man es mir doch zu Hause im Religionsunterricht beigebracht ...

Wieder einmal war Karl Bauer besser informiert als wir. Grinsend wie stets betrat er unsere Bude und berichtete: »Mein Freund Heinz Krause ist Matrosenobergefreiter, Überlebender eines gesunkenen Bootes. Weil er fließend Französisch spricht, arbeitet er zurzeit in der Standortkommandantur. Von ihm hab' ich erfahren, dass die Schätze aus unserem Boot eilends entladen werden. Es ist aber unsicher, ob sie die Heimat erreichen werden, weil hier überall die Résistance herumlungert; na, ihr wisst schon, die französischen Partisanen. Was aber echt wichtig ist: Jungs, wir sind alle vom Tode auferstanden! Die haben uns doch für tot gehalten, uns längst schon zu Hause als vermisst gemeldet. Grade heute Früh haben sie diese Vermisstenmeldungen mit Telegrammen an unsere Angehörigen widerrufen. Jungs! Weil wir so schön lebendig geblieben sind, dürfen wir gleich nach unserem Heimaturlaub weiter siegen! Was sagt man denn dazu?«

Ich winkte ab und bemerkte sarkastisch: »Na dann: Heil, Sieg und fette Beute!« Über meine Worte war ich selbst erstaunt. Die teilweise noch bissigeren Kommentare meiner Kameraden zu Bauers Mitteilung habe ich vergessen. Gut, dass niemand meine Gedanken lesen konnte, denn diese schwankten zwischen Hoffen und tiefster Niedergeschlagenheit: »Résistance? In Frankreich konnte man sich doch bisher immer sicher fühlen. Für uns war das doch fast schon wie Heimat. Und jetzt das? Das konnte nur der Anfang vom Ende sein. Früher hatte es klare Fronten gegeben. Hier Freund, da Feind. Jetzt gab es hinter den Fronten Partisanen.« Auch unter meinen Kameraden gab es Zweifel an unserer Führung. Durch unsere bisher so einheitlich ausgerichtete Überzeugung verlief plötzlich eine unsichtbare Front mitten durch unsere Herzen. Aus Angst vor Denunziation wagte es keiner von uns, sich dem anderen restlos anzuvertrauen.

Jetzt freuten wir alle uns nur noch darauf, bald in Urlaub fahren zu dürfen. Doch meine Vorfreude wurde überschattet von Zweifeln und unbeantworteten Fragen: Wann sollte denn diese Wunderwaffe fertig sein, wenn überhaupt? Wie viele unschuldige Menschenleben würden dann damit wohl vernichtet? Solche Gedanken beschäftigten mich, bevor mich in dieser zweiten Nacht an Land erlösender Schlaf übermannte.

Am nächsten Morgen rief mich Lüdden in sein kleines Büro innerhalb des U-Boot-Bunkers. Vorschriftsmäßig grüßend stand ich vor seinem Schreibtisch und blickte lange auf sein neues Ritterkreuz am Hals. Er schien es zu bemerken, denn ein fast unmerkliches Lächeln huschte kurz über sein Gesicht, bevor er ein Telegrammformular in seiner Hand schwenkte: »Staller, Ihr Herr Vater hat sich an mich gewandt. Er befindet sich zurzeit bei Ihnen zu Hause, hat Urlaub. Er weiß wohl, dass Sie immer erst mit der zweiten Urlaubsgruppe gefahren sind. Ich mache diesmal gerne eine Ausnahme. Wie lange haben Sie denn Ihren Vater schon nicht mehr gesehen?«

»Seit meiner Einberufung im September 1941, Herr Kaleu!«

»Nun, das werden bald drei Jahre. Gut. Sie können sofort beginnen, Ihren Seesack zu packen.« Lüdden lächelte fast milde, als er rasch hinzufügte: »Eine neue Vorschrift besagt, dass kein Urlauber mehr Gepäck mit sich führen darf, als er selbst tragen kann. Für jedes Mitglied meiner Besatzung habe ich Fleischkonserven, in Dosen eingeschweißte grüne Kaffeebohnen, Gewürze aus Singapur und natürlich auch Zigaretten organisieren können. Packen Sie also so platzsparend wie irgend möglich, und heben Sie Ihr Gepäck probeweise an, bevor Sie abreisen. Sie fahren schon heute Abend mit unserer ersten Gruppe. Schönen Urlaub, Staller!«

Wieder grüßte ich und machte auf dem Absatz kehrt. Innerlich jubelte ich: »Vater zu Hause? Heimfahrt schon heute Abend! Toni, du bist doch ein Glückspilz!« Froh gestimmt machte ich mich unverzüglich ans Werk und achtete dabei nur wenig auf die guten Ratschläge, mit denen meine Kameraden mich bedachten. Franz Heigl und Karl Bauer fuhren auch mit mir in der ersten Gruppe und kamen mehrmals zu mir in meine Barackenbude. Mein Seesack wurde außerordentlich schwer, und ich hatte zum Schluss tatsächlich Mühe, ihn ohne fremde Hilfe auf meinen Rücken zu befördern.

Am Nachmittag brachte mir Heigl noch zwei große, prall gefüllte Leinentaschen: »Toni! Diese Dinger wiegen doch fast nichts. Was spricht denn dagegen, wenn wir auch unsere Hände benützen, wenn unser Lüdden für seine Männer mehr als genügend Zigaretten organisieren konnte?« Lachend warf der Maschinenmaat zwei andere Taschen auf das Bett von Karl Bauer. »Karl! Dein viel gepriesener alter Herr kommt sicher wieder auf bessere Gedanken, wenn du ihm diese Gewürze und Offizierszigarren anschleppst.«

»Danke, Franz! Von dir kann sogar ich noch was lernen! Das wird Papa tatsächlich fröhlicher stimmen.«

Zusammen mit 15 anderen von U 188 drängte ich am frühen Abend in den am Bahnhof von Bordeaux wartenden Urlauberzug. Keiner von uns schenkte den auf einigen Waggons aufmontierten Flakgeschützen und deren Bedienungsmannschaft, die in fliegerblauen Uniformen ebenfalls mitfuhr, besondere Beachtung. Nur unser Lästermaul Bauer konnte es sich wieder einmal nicht verkneifen: »Heda, Opa! Wollt ihr mit

dieser Kugelspritze etwa Löcher in die Luft schießen?!« Ein etwa 40 Jahre alter Unteroffizier tippte mit
einem Finger an seine Stirn unter dem Stahlhelm und
beugte sich zu Bauer herab: »Du wirst vielleicht noch
froh sein, dass wir mit euch fahren! Gemütlich vom
Himmel angeln können wir die Amis zwar nicht! Im
Gegensatz zu dir haben sie aber Respekt vor unseren
Vierlingsrohren!«

Während ich schon im Flur des Waggons stand, hörte ich den leicht aufgebrachten Gottlieb Baumann, der
normalerweise die Ruhe selbst zu sein schien: »Kannst
du wenigstens nicht einmal dein loses Maul halten,
Karl?! Diese ›Opis‹ fahren sicher nicht zum Vergnügen
auf dem Dach mit!«

Jeweils acht von uns saßen in einem Zugabteil. Unsere Seesäcke standen ordentlich aufgereiht im Flur, und
die Leinentaschen waren in den Gepäcknetzen verstaut, als der Zug anfuhr und wir in die Weinebene vor
der Hafenstadt hinausrollten, die von der Abendsonne mild angestrahlt wurde. Anfangs beteiligte ich mich
noch an der Unterhaltung, dann hörte ich die Stimmen
der anderen nur noch wie durch Watte und schlief als
einer der Ersten ein. Lautes Quietschen der Bremsen
riss mich aus dem Schlaf, und da ich mit dem Rücken
zur Fahrtrichtung saß, wurde ich in meinen Sitz gedrückt. Draußen war es dunkel. Baumann öffnete das
Abteilfenster, beugte sich weit hinaus und rief in seiner hessischen Gemütlichkeit: »Warum bleibe wir denn
hier mitten im Wald stehe?! Was issn los?«

»Komm doch raus, du Waisenknabe, und sieh dir die
Bescherung selbst an! Die Résistance hat die Brücke
über das Tal gesprengt!«

Eine unbekannte Stimme befahl durch die Nacht: »Alles aussteigen! Wir gehen zu Fuß weiter. Drüben kommt uns ein Ersatzzug entgegen!«

Wir griffen nach unseren kostbaren Taschen, halfen uns gegenseitig dabei, die Seesäcke zu schultern, stolperten draußen im Gänsemarsch auf einem kaum zu erkennenden Wiesenpfad neben dem Bahndamm am unbeleuchteten Zug entlang und schimpften leise vor uns hin. Vorne sahen wir die Lok vor dem Rest einer Brücke stehen, die zuvor in weitem Bogen ein tief in die Landschaft gefrästes Tal überspannt hatte. Mühevoll kletterten wir mit unserem doch sehr hinderlichen Gepäck den steilen, teilweise mit dichtem Buschwerk bestandenen Abhang hinunter. Die glatten Schuhsohlen unserer so selten benutzten Ausgehuniformen waren für diesen Zweck denkbar ungeeignet, und als ich drüben als einer der Letzten schwer atmend wieder neben dem Bahngleis stand, war ich schweißüberströmt. Ein großer, hagerer Oberleutnant des Heeres kam auf uns zu und fragte halblaut: »Sie waren doch im letzten der Wagen? Sind Sie alle gut herübergekommen?! Trotz des eleganten Schuhwerks und des nicht gerade leicht aussehenden Gepäcks?!«

»Jawoll, Herr Oberleutnant!«, antwortete Gottlieb Baumann gelassen. »Unsere U-Boot-Päckchen wären für diesen Zweck aber auch nicht besser gewesen.«

»U-Boote? Haben wir so etwas auch noch?« Der Oberleutnant schwieg kurz und erklärte dann rasch: »Ein Ersatzzug wird uns hier innerhalb der nächsten halben Stunde abholen. Es wäre besser für Sie, wenn Sie weiter nach vorn gingen. Sie können das aber halten, wie Sie wollen.«

Zwei Stunden später hielt unser Ersatzzug vor einer durch Fliegerbomben schwer beschädigten Flussbrücke, die jedoch noch zu Fuß begehbar war.

Pioniere waren dabei, die Schäden zu beheben. An mehreren Stellen sah man die rötlich gelb sprühenden Funken von Schweißarbeiten. Weil wir dem Rat des Oberleutnants folgend dieses Mal etwa in der Mitte des Zuges gesessen hatten und Ungeduldige uns zur Eile antrieben, kamen wir rasch ans andere Ufer zu einem dort bereits wartenden Zug.

Danach hielten wir immer wieder ohne ersichtlichen Grund auf freier Strecke. Die monatelangen Strapazen forderten jetzt ihren Tribut, denn wir schliefen fast pausenlos. So sah ich nur wenig von der vorbeigleitenden lieblichen Mittelgebirgslandschaft auf der linken Seite des Rheins und erwachte erst wieder in Karlsruhe. Karl Bauer stand am geöffneten Fenster, bemerkte, wie ich mich dehnte, und als er sich mir zuwandte, horchte ich unwillkürlich auf, denn er sprach in unverfälschtem Kärntner Dialekt: »Wieder mal von den Toten auferstanden, du Langschläfer? Viele Grüße von den anderen. Die haben sich schon von uns drei Süddeutschen getrennt. Heigl hat soeben Baumann hinausbegleitet. Der Franze will für uns bei den Schwestern der Rot-Kreuz-Station was zu trinken besorgen.«

Der Bahnhof lag unter wolkenverhangenem Nachthimmel in völliger Dunkelheit. Es wirkte gespensterhaft, wenn draußen schweigende Gestalten mit Rucksäcken oder Tornistern und zumeist mit ihren Karabinern vorübergingen. Mir gegenüber saß jetzt ein Unteroffizier der Luftwaffe. Ich fragte ihn leise, wie spät es sei. Er blickte kurz auf das phosphoreszierende Zifferblatt seiner Pilotenuhr: »Halb eins, Kamerad. Schlaf ruhig weiter. Heute kommen sie nicht.«

Im fahlen Licht musste er wohl gesehen haben, wie verdutzt ich ihn anstarrte, denn er fügte rasch erklärend hinzu: »Ach so, du hast ja geschlafen, als ich das erzählte. Ihr wart ja auf eurem Boot so lange von der Außenwelt abgeschnitten. Ich meine die feindlichen Bomberverbände, die fast jede Nacht ins Reichsgebiet einfliegen.« Er machte eine Pause und sagte dann: »Mit Ihrem Kamerad Bauer fahre ich bis Klagenfurt. Dort in der Nähe ist unser Fliegerhorst. Wir sind zwar viel zu wenig, doch wir müssen diese fliegenden Superfestungen immer öfter auch im Raum München angreifen. Heute ist es allerdings so stark bewölkt, dass der süddeutsche Luftraum wohl verschont bleiben wird.« Als ich das hörte, war ich plötzlich hellwach, wie sonst nur bei Alarm im Boot. So war das also! Wie wird's dann wohl zu Hause aussehen?

Am späten Vormittag fuhr der ausschließlich mit Soldaten besetzte Zug über Augsburg durch die schwäbisch-bayerische Hochebene. Die sogenannte »Hauptstadt der Bewegung«, München, kam näher und näher. Als der Zug in den Hauptbahnhof rollte, sprühte leichter Nieselregen durch die von Bomben an zahlreichen Stellen beschädigte Glaskuppel, die den Sackbahnhof überspannte. Karl Bauer half mir beim Schultern meines Seesacks und begleitete mich bis zur Tür des Waggons. Auf einer schwarzen Lokomotive am gegenüberliegenden Gleis war mit weißer Farbe der Satz aufgemalt: »Räder müssen rollen für den Sieg«.

Als ich auf den Bahnsteig hinuntersprang, fragte Karl mich traurig: »Toni? Wie lang werden sie wohl noch rollen müssen?« Statt zu antworten, hob ich eine meiner leichtgewichtigen Taschen und verabschiedete mich: »Pfüad dich!«

»Bis in vier Wochen, Toni! Wir ham's uns verdient!« Schon nach wenigen Metern begegnete mir ein Oberleutnant der Flak mit grau melierten Schläfen und einer sehr hübschen Flakhelferin an seiner Seite. In Gedanken fast schon zu Hause, vergaß ich zu grüßen, und schon hörte ich ihn hinter mir brüllen: »Mann! Können Sie nicht grüßen?«

Rasch stellte ich meine beiden Taschen ab, lief zurück und ging in strammer Haltung und zackig grüßend nochmals an ihm vorbei. »Arsch mit Ohren«, dachte ich mir und grinste.

»Was grinsen Sie denn so herausfordernd!?«

»Ich grinse nicht, Herr Oberleutnant, ich mache ein dienstfreudiges Gesicht!« Die Frau neben ihm lachte mich belustigt an. »Hoffentlich sieht er das nicht«, dachte ich gerade, als ich bemerkte, wie sein Blick an meiner silbernen U-Boot-Frontspange haften blieb. »Das will ich für Sie hoffen.« Er wippte auf seinen Stiefelspitzen und schien zu überlegen, bevor er leise bemerkte: »Hauen Sie schon ab, Mann.«

Innerlich noch immer grinsend, wandte ich mich um, nahm meine beiden Taschen wieder an mich und ging mit langen Schritten zu dem Bahnsteig, an dem der Zug nach Rosenheim auf mich zu warten schien. Schon in Haar, einem östlichen Vorort Münchens, stellte ich mich ungeduldig an die Waggontür und schaute hinaus auf die so vertraute und vom Sommerregen wie frisch gewaschene aussehende Landschaft. In Grafing-Bahnhof war ich der erste von allen Reisenden, der auf den

Bahnsteig sprang. Plötzlich fühlte ich das Gewicht meines Seesackes nicht mehr, so froh und beschwingt war mir zumute. Bevor ich meine Taschen aufnahm, grüßte ich einen noch sehr jungen Panzerleutnant, der den Zug bestieg. Fast im Laufschritt ging ich über den Bahnhofsvorplatz und folgte der Straße nach Grafing-Markt.

Schon etwa 20 Minuten später umarmte mich noch vor meiner Mutter und den Schwestern mein Vater mit lautem Jubelschrei. Leise sprach er mir ins Ohr: »Toni. Diese zeitgemäß formulierte Vermisstenanzeige kam einer Todesnachricht gleich. Jetzt aber haben wir beide noch acht gemeinsame geschenkte Tage, bevor ich wieder fahren muss. Du hast tatsächlich vier Wochen U-Boot-Urlaub?« Ich nickte nur, denn jetzt umdrängten mich Mutter und meine drei Schwestern.

Später legte mir Vater seine Hände auf die Schultern und blickte verschmitzt lächelnd auf seine und meine Rangabzeichen. »Bub, eines steht ganz sicher fest: Wir zwei haben es als kleine, unbedeutende Idioten in diesen wirren Kriegszeiten besser als manch anderer, der schwere Verantwortung zu tragen hat. Obwohl ich es versuchte, du weißt es ja, dass ich in sogenannter Schutzhaft war, konnte ich von Anfang an nichts an dieser Entwicklung ändern. Jetzt soll es uns beiden wenigstens gelingen, unsere Haut zu retten.«

In den ersten Nächten weckten mich Mutter oder Vater mehrmals aus wirren Träumen, in denen ich angeblich laut »Alarm!« gerufen hatte. Das gab sich jedoch bald. Aber auf eine unerklärliche Weise kam ich mir zu Hause fremd vor. Ich fühlte, wie ich mich verändert hatte, und ertappte mich wiederholt dabei, dass ich so etwas wie Heimweh nach meinen Kameraden spürte.

Um nicht gezwungen zu sein, höhere Dienstgrade zu grüßen, schlenderte ich an einem lauen Juliabend in Zivilkleidern über den Marktplatz. Beim Weinhaus Sirtl bog ich ab in die schmale Gasse, die zum Gasthaus Kastenwirt führte. Dort wurde in einem Saal über der Gaststube der Film »Das Bad in der Tenne« gezeigt. Allein schon wegen des Titels war der Film für Jugendliche verboten, so wie vieles in diesen Tagen verboten war. Schon als ich hinter zwei erwartungsfroh kichernden alten Männern die Treppe zum Kastenwirtssaal hinaufstieg, sah ich oben vor dem Eingang einen unserer Ortsgendarmen am Tisch stehen, hinter dem eine mir unbekannte Kartenverkäuferin des Wanderkinos an der Kasse saß. Ohne dem schon betagten Ordnungshüter in seiner grüngrauen Uniform und dem Reichsadler auf dem Tschako große Beachtung zu schenken, zog ich die Geldbörse aus der Tasche meiner kurzen Lederhose und verlangte eine Karte. Die Frau blickte erschrocken zu Gendarm Dauner auf, als dieser abwehrend seine Hand auf die vor ihr liegende Kartenrolle legte und mich fragte: »Bist du denn schon achtzehn?« Einen kurzen Moment war ich sprachlos, doch dann brach es aus mir heraus: »Leider schon seit 1941 und bei der Kriegsmarine. Was die uns da drin heute vorflimmern werden, hab ich längst in natura gesehen!«

Einer der alten Männer vor mir drehte sich um und bestätigte überzeugend rasch meine Worte: »Herr Gendarm Dauner, das ist doch der Staller-Bub aus der Griesstraße. Der ist doch bei den U-Booten. Kennen Sie den nicht?«

»Entschuldigung«, murmelte der Gendarm, betrachtete mich staunend und legte einen seiner Finger zum

Gruß an den schwarz glänzenden Mützenschirm seiner Kopfbedeckung. »Ich glaube, ich habe Sie neulich doch schon einmal in Ihrer Uniform gesehen. Ihr Vaterlandsverteidiger werdet auch immer jünger.«

»Das wäre aber schön, Herr Dauner«, entgegnete ich lachend und betrat den Kastenwirtssaal. Kaum saß ich auf einem Stuhl vor der an der Stirnseite des Saals aufgespannten Leinwand, da erlosch das Licht, und das bisher so angeregte Stimmengemurmel verstummte. Der harmlose Filmschwank erheiterte auch mich. Zu Hause fragte ich Mutter danach, ob mich meine Zivilkleider jünger erscheinen ließen. Sie antwortete lächelnd: »Bub, du hast dich wirklich rasch erholt. Du siehst wirklich viel jünger aus und nicht mehr so abgespannt wie während der ersten Urlaubstage.«

Vater war längst wieder in den Bergen Jugoslawiens, als ich mich am Abreisetag sehr früh morgens und so rasch wie möglich von Mutter und den Schwestern verabschiedete. In München traf ich Franz Heigl, und wir fuhren zusammen weiter. An jedem Bahnhof spähten wir nach bekannten Gesichtern und fragten uns, wo die anderen wohl geblieben sein könnten. Nach jeder vergeblichen Suche drückten wir uns leicht enttäuscht wieder in unsere Ecken des Zugabteils. Gegen Abend hatte der Urlauberzug gerade die Grenze nach Frankreich hinter sich gelassen, als die Bremsen quietschten und wir den lauten Befehl vernahmen: »Alles raus! Tiefflieger!«

Nun ging alles sehr schnell. Wir sprangen mit den Angehörigen verschiedenster Waffengattungen aus dem Zug, liefen über eine Wiese und verteilten uns rasch. Heigl und ich fanden am Rand eines kleinen

Wäldchens unter lichtem Buschwerk Platz zwischen zwei blau uniformierten Gestalten, die dort schon bäuchlings mit in den Armbeugen gelagerten Gesichtern in Deckung lagen. Schon während wir liefen, hörten wir das rasch näher kommende Dröhnen der Flugzeugmotoren und das Hämmern von Bordwaffen. Doch die Flak auf dem letzten Wagen empfing die Angreifer mit so gut gezieltem Abwehrfeuer, dass der Spuk dieses Tieffliegerangriffs rasch wieder vorüber war. Als ich den Kopf hob, erkannte ich amerikanische Hoheitsabzeichen auf drei der abdrehenden Maschinen und sah, dass eine von ihnen eine hellgraue Rauchfahne hinter sich herzog.

Ich wandte meinen Kopf und blickte direkt in das grinsende Gesicht von Karl Bauer. Gleichzeitig vernahm ich die gemütliche Stimme von Gottlieb Baumann hinter mir: »Na guck! Unsere Bazis fahren im selben Zug wie wir, ohne sich bei uns zu melden. Was sind denn das für schlampige Urlaubersitten?« Wir schüttelten uns froh die Hände, klopften uns gegenseitig den Staub von den Uniformen und wurden keineswegs schneller, als wir zum Zug zurückschlenderten und dieselbe Befehlsstimme von vorher hörten: »Etwas Beeilung, wenn ich bitten darf! Alles wieder einsteigen. Entstandene Ausfälle sofort bei mir melden!«

Als Heigl und ich unsere Seesäcke aus dem Abteil holten, um zu Baumann und Bauer umzuziehen, waren Fensterglasscherben überall verteilt. An meinem bisherigen Sitzplatz sah ich in der Rückenlehne der Bank mehrere Einschusslöcher. »Toni, du bist und bleibst ein Glückspilz!« – Franz Heigl sprach plötzlich wieder hochdeutsch, ganz so, wie ich ihn in Lorient vor dem

Auslaufen zu unserer langen und weiten Feindfahrt kennengelernt hatte. Und ich stellte fest, dass eine ähnliche Wandlung auch mit mir vor sich ging. Wir waren wieder unter uns.

In den U-Boot-Bunkern von Bordeaux wurden wir sogleich eingeteilt, an der Wiederherstellung von U 188 mitzuarbeiten. Die zweite Gruppe der Urlauber fuhr indessen in die Heimat.

Seit dem Attentat auf Adolf Hitler am 20. Juli war eine gewisse Anspannung zu spüren. Natürlich unterhielten wir uns über den misslungenen Versuch, den Führer zu beseitigen, vermieden dabei jedoch geflissentlich Kommentare. Nur Karl meinte einmal: »Dieser Stauffenberg ist für mich ein Stümper. Hätte der nicht gleich mit seiner Bombentasche im Bunker bleiben können? Dann könnte ich ihn als Held respektieren. Jetzt haben sie ihn doch auch umgelegt, und der Gröfaz (größter Feldherr aller Zeiten) kann weiter große Durchhaltereden schwingen.« Keiner von uns widersprach, nur Oberfunkmaat Schulz antwortete leise: »Red nicht so viel, Bauer.«

Ab dem Zeitpunkt des Attentats mussten alle Wehrmachtsangehörigen mit ausgestrecktem Arm, mit sogenanntem »Deutschem Gruß«, grüßen. Immer wieder passierte es uns, dass wir dennoch Vorgesetzte gewohnheitsmäßig mit an unsere Mützen gelegten Händen grüßten. Bisher hatte von uns keiner deshalb Schwierigkeiten bekommen. Wir glaubten zudem zu spüren, wie sich das Verhalten der französischen Zivilbevölkerung uns gegenüber änderte. Der anfängliche Brückenkopf der alliierten Landetruppen in der Normandie war längst zur beständig vorrückenden Front geworden. Die Franzosen witterten Morgenluft, und wir wurden täglich unsicherer.

In einer der ersten Nächte des August 1944 liefen zwei unserer Boote aus, und schon nach zwei Tagen sprach es sich herum, dass beide in der Biskaya verloren gegangen waren. Überlebende wurden nicht gemeldet. Für U 188 und andere Boote stand indessen fest, dass sie nicht so rasch wie erwartet einsatzklar sein würden. Der Befehl des BdU traf uns dennoch überraschend: »Kein Boot dem Feind«. Sprengkommandos taten ihre Pflicht, und sie verrichteten ihre Aufgabe gründlich.

Alle U-Boot-Besatzungen hatten eine lange und gründliche Ausbildung hinter sich gebracht. Nun wurden sie von der Führung der U-Boote in die Heimat beordert. Uns wurde gesagt, wir sollten dort neue Boote bemannen. Gottlieb Baumann brachte es mit einer leisen Frage in zweifelndem Tonfall auf den Punkt: »Haben die tatsächlich noch neue Boote für uns?« Wir Umstehenden vermochten darauf nur mit Achselzucken zu reagieren.

Noch am selben Vormittag erwies sich Karl Bauer wieder einmal als am besten von allen informiert. Schon eine Stunde bevor die Besatzungen der in den Bunkern gesprengten Boote zum Befehlsempfang antreten mussten, teilte er uns vor der Barackenbude mit: »Jungs, unsere Urlaubsgruppe wartet daheim auf uns. Unsere Seesäcke sind schon seit Tagen unterwegs an die Ostsee. Wir werden heute noch abfahren! Sie wissen aber noch nicht, womit. Jedes Fahrzeug wird zurzeit für die Front benötigt.« Eine Stimme im Hintergrund, ich glaube, sie gehörte dem Maschinengefreiten Wolfgang Reutzsch aus Dresden, bemerkte sarkastisch: »Das macht doch nichts, Karl. Wir können uns doch Fahrzeuge beim Gegner leihen. Nach dem Endsieg geben wir sie wieder zurück.« Keiner von uns konnte darüber lachen.

Offiziere der Standortkommandantur registrierten jeden von uns namentlich. Man suchte zudem nach Männern, die Kraftfahrzeuge lenken konnten. Kraftfahrer waren jedoch nur wenige von uns. Anschließend wurden wir in die Stadt beordert, um dort jede Garage nach brauchbaren Fahrzeugen zu durchsuchen und diese zu beschlagnahmen. Außerdem waren wir dazu angehalten, Fahrräder zu organisieren und so viele wie möglich in den Stützpunkt zu bringen. »Das hat innerhalb kürzester Zeit zu geschehen!« Dieser eigenartigste aller Befehle, die ich bis dahin hatte befolgen müssen, sprach Bände.

Alles schwärmte aus. Wir von U 188 blieben in der Stadt zusammen. Unsere teilweise sehr bissigen Kommentare zu diesem Auftrag hätten wohl manchen von uns vor ein Kriegsgericht bringen können, wenn sie entsprechend vernommen worden wären.

Am späten Nachmittag steuerte Maschinengefreiter Effing einen alten, klapprigen Kleinbus, in dem Kaleu Lüdden und andere Offiziere saßen, aus dem Bunkergelände hinaus. Das war alles, was unsere Gruppe an brauchbaren Fahrzeugen hatte ergattern können, allerdings hatte jeder von uns ein Fahrrad bei sich. Etwa 150 U-Boot-Fahrer bekamen die Erlaubnis, sich mit Marschverpflegung aus dem mit allen nur erdenklichen Kostbarkeiten gefüllten Marinedepot zu versorgen. Da kein einziges der französischen Fahrräder mit einer Rücktrittbremse ausgestattet war und ihre unmittelbar auf die Reifen einwirkenden Bremsklötzchen nicht gerade vertrauenerweckend aussahen, befolgten wir Franz Heigls Rat und nahmen auch Schuhe mit eisenbeschlagenen Absätzen an uns, mit denen wir notfalls zusätzlich bremsen konnten. Andere Besatzungen folgten unserem Beispiel.

Wieder hörten wir auf Heigl: »Jungs! Was wollt ihr denn mit diesen schwergewichtigen Konserven und Schnapsflaschen unterwegs anfangen? Besaufen könnt ihr euch nach dem Endsieg. Der steht ja kurz bevor! Nehmt lieber Zigaretten, so viel ihr auf euren komfortablen Transportmitteln verstauen könnt! Dafür rückt euch jeder freundliche Franzmann bestimmt etwas Essbares heraus!«

Es war schon früher Abend, als wir mit den Beuterädern in langen Zweierreihen den vormals so regen U-Boot-Stützpunkt verließen und bald darauf schweigend durch die wie ausgestorben wirkenden Straßen der Hafenstadt Bordeaux fuhren. Dabei sah ich hin und wieder, wie sich rechts und links an Fenstern Vorhänge bewegten. Wir hatten den strikten Befehl erhalten, täglich möglichst mehr als zweihundert Kilometer zurückzulegen. Vorn fuhr ein sportlich aussehender Kapitänleutnant, der von Beginn an ein höllisches Tempo vorlegte. Mein Rad war fast neuwertig und lief dementsprechend gut. Die weiten Hosenbeine unserer Uniformen hatten wir mit Stricken um die Schnürstiefel gebunden. So strampelten wir dahin, wegen des scharfen Tempos wütend, schweigend und schnell atmend. Allmählich zog sich die Reihe der Radfahrer immer mehr in die Länge. Tief über unsere Lenker gebeugt, strampelten wir uns die Lungen aus dem Leib. Wegen Tieffliegergefahr durften wir bei hereinbrechender

Dunkelheit kein Licht einschalten und mussten deshalb sehr darauf bedacht sein, nicht mit unseren Vordermännern oder dem Nachbarn zu kollidieren. Die Stimmung wurde immer gereizter, und ich hörte Bemerkungen wie: »Dieser Kerl dort vor uns scheint ein Leuteschinder zu sein!«

»Möchte der sich das Ritterkreuz erstrampeln?«

»Wenn die uns so notwendig brauchen, warum schicken sie dann nicht wenigstens Lastwagen?«

Gegen Mitternacht kam von vorn der Ruf: »Kurze Pause!« Müde sanken wir rechts und links in das schüttere Gras unter den Weinstöcken, und ich schob mir einen Riegel Schokolade in den Mund. Heigl neben mir stellte sachlich fest: »Ich habe eben lesen können ›Périgueux 10 Kilometer‹. Wir sind demnach mindestens schon 100 Kilometer gefahren.«

»Der Antreiber dort vorn will wohl das Sportabzeichen mit uns machen!« Das war der immer noch muntere Karl Bauer. Keiner lachte. Bald fuhren wir wieder keuchend durch die mondhelle Sommernacht. Einmal umdrängten wir den Brunnen eines Gehöftes, um unseren Durst zu löschen. Die schnurgerade Straße schien in der leicht gewellten Landschaft nicht enden zu wollen. Außer dem fremden Kaleu an der Kolonnenspitze hatte kaum einer von uns eine Straßenkarte bei sich. Wir von U 188 waren bis hierhin etwa in der Mitte der inzwischen weit auseinandergezogenen Kolonne zusammengeblieben. Um Zusammenstöße zu vermeiden, musste man immer wieder bremsen. Obwohl mein Rad eines der besseren war, hatte auch ich kein Vertrauen zu meinen Handbremsen und benützte wie alle anderen meine Schuhabsätze als Bremsen.

Manchmal konnte ich vor mir den Verlauf der Straße am sprühenden Funkenwirbel erkennen, den die Eisenbeschläge unter den Schuhabsätzen dabei verursachten.

Wenige hundert Meter hinter der Kleinstadt Les Cars begannen vor uns in der nächtlichen Stille plötzlich Maschinenpistolen zu knattern. Nur für den Bruchteil einer Sekunde sah ich einige Mündungsfeuer aufblitzen, denn schneller als jemals zuvor auf irgendeinem Kasernenhof lagen wir zu beiden Seiten der Straße in Deckung. Ich hörte die Einschläge der Salven auf der Straßendecke und auch das hässliche Surren der von ihr abprallenden Querschläger in der Luft. Nur wenige vor uns waren bewaffnet, doch jetzt wurde an der Kolonnenspitze das Feuer erwidert. Nach wenigen Minuten umgab uns wieder Stille.

»Verluste sofort bei mir melden!« Die Stimme unseres Anführers klang fast schauerlich laut durch die Nacht. Rasch stellte sich heraus, dass nur zwei leicht Verletzte verbunden werden mussten. »Unsere Infanterieausbildung war also doch nicht ganz für die Katz.« Maschinenmaat Baumann gab diese Feststellung in gemütlichem hessischen Tonfall von sich. Oberfunkmaat Schulz dagegen klang verärgert: »Auf so etwas Ähnliches warte ich schon seit Stunden. So ein großer Sauhaufen, wie wir es hier gerade sind, kann doch der Résistance nicht verborgen bleiben. Das war wohl kaum der letzte Beschuss durch Partisanen.«

Kein einziges unserer Fahrräder war beschädigt worden, und schon etwa 15 Minuten später strampelten wir mit nun doch sehr gemischten Gefühlen weiter. Unser Nahziel war die Stadt Limoges.

Beim Morgengrauen wurde es rasch hell, als wir hinter uns heranbrausende Flugzeugmotoren hörten. Wieder sprangen wir von den Rädern, zerrten sie von der Fahrbahn und liefen so weit wir nur konnten von der Straße weg, bevor wir uns in Deckung warfen. Keiner von U 188 bekam bei dem nun folgenden dreimaligen Geschosshagel auch nur einen Kratzer. Diesmal saßen die Tommys in den Kanzeln der Maschinen. Karl Bauer bezeichnete die fünf abdrehenden Engländer gerade als freundliche Friedenstauben, als er jäh verstummte. Nur etwa fünfzig Meter vor uns sahen wir, wie zwei Tote am Straßenrand abgelegt wurden. Der Kolonnenführer befahl: »Jeder von Ihnen kennt unsere Marschroute, hat einen Marschbefehl und sein Soldbuch bei sich. Bilden Sie sofort kleine Gruppen von fünf oder sechs Mann, damit wir von jetzt an nicht mehr so auffallen! Ein Mann bleibt bei den schwerer Verwundeten zurück! Ich werde nach Limoges vorausfahren und veranlassen, dass die Kameraden so bald wie möglich in ein Lazarett gebracht werden!«

Franz Heigl räusperte sich kurz und bemerkte: »Wenn der schon früher auf diese glorreiche Idee gekommen wäre, könnten die beiden am Straßenrand vielleicht noch am Leben sein. Lasst diesen Kaleu nur losfahren. Wir von unserem Boot bilden jetzt Gruppen.« Rasch stellte ich mich neben Heigl. Hans Ferdinand, Herbert Bernigau und Karl Bauer gesellten sich zu uns. Rasch fanden sich auch die anderen Gruppen zusammen. »Wir sind die ersten fünf«, stellte Heigl fest. Wir schwangen uns als Erste auf die Räder und fuhren los. Weigl rief laut zu den anderen zurück: »Wir können uns in der Stadtkommandantur in Limoges treffen! Vielleicht haben die

Frühstück für uns! Wenn nicht, dann sehen wir uns unterwegs sicher noch. Macht's gut, Jungs!«

Den folgenden Tag verbrachten wir und einige der anderen Gruppen in einem Hotel, in dem die deutsche Standortkommandantur einquartiert war. Wir ruhten uns aus und bekamen beste Verpflegung. Die Herren zeigten sich sehr freigiebig, denn sie befanden sich angesichts der näher rückenden Front in Aufbruchstimmung. Mehrmals bedauerten sie ausdrücklich, uns keine Fahrzeuge überlassen zu können. Es war schon dunkel, als wir uns als eine der letzten Gruppen in Richtung Bourges auf den Weg begaben. Die ungewohnte Anstrengung des Vortages machte sich bei jedem von uns bemerkbar, und wir radelten wesentlich langsamer, fast gemütlich. Nur Heigl hatte eine Pistole bei sich. Er stellte jedoch fest, dass er voraussichtlich keinen Gebrauch von der Waffe machen wollte, da er Gegenwehr bei einer eventuellen Konfrontation mit der besser bewaffneten Résistance für sinnlos erachte. Wir fanden dies alle vernünftig. Vor uns wussten wir mehrere Gruppen auf demselben Weg, daher fühlten wir uns beinahe sicher und beschlossen, während der nächsten Etappen auch tagsüber zu fahren. Den Rest der zweiten Nacht schliefen wir in einem Geräteschuppen neben der Straße, während jeweils einer Wache hielt.

Gegen Mittag umfuhren wir die Stadt Châteauroux auf einer Nebenstraße in weitem Bogen. Leichter Nieselregen sprühte aus tief hängenden Wolken auf uns herab. Obwohl uns dieses Wetter vor Tieffliegern schützte, trug es nicht gerade zur allgemeinen Erheiterung bei. Karl Bauer radelte vor mir. Er streckte seinen Arm aus und rief laut: »Schaut doch! Da ist Jürgen

Krause! Der war doch in Bordeaux bei der Standortkommandantur! Jürgen! Was treibst du denn hier so allein in der Gegend!!?«, rief er laut.

Der Matrosengefreite stand neben einem Brunnen
am Straßenrand und wollte gerade auf sein Rad stei-
gen. »Karl! Das nenne ich eine freudige Überraschung!
Ich habe einen Hufnagel eingesammelt und musste den
Schlauch meines Hinterreifens flicken!« Wir standen
inzwischen alle bei ihm und lauschten. »Die anderen
wollten nicht so lange warten. Sie wussten ja, dass noch
mehrere Gruppen nachkommen. Ich sollte mich einer
von ihnen anschließen. Fein, dass ich gerade euch getroffen habe. Ich kann doch mit euch weiterfahren?«

»Klar doch!«

»Natürlich!«

»Selbstverständlich!« Bei all dieser Zustimmung lächelte unser neuer Weggefährte.

Er wirkte sehr erleichtert und gab dann unumwun-
den zu, sich allein nicht besonders wohlgefühlt zu
haben. »Bisher fuhr ich mit Kaleu Dommes, der uns
ständig zur Eile antrieb. Warum er dermaßen vorwärts-
drängt, ist mir schleierhaft. Wenig Schlaf scheint ihm
auch nicht viel anhaben zu können.«

Bei einbrechender Dunkelheit radelten wir durch
Bourges und fanden die bisherige Standortortkom-
mandantur bereits verlassen vor. Was wir jedoch im
Überfluss fanden, waren Lebensmittel bester Qualität. In der geräumigen Küche des Schlosses stillten wir
gierig Hunger und Durst und machten uns dabei lustig über die wohl überstürzte Eile, mit der die Herren
Wehrmachtsoffiziere all die Köstlichkeiten zurückge-
lassen hatten. »Wir haben doch vor der Stadt deutsche

Stellungen gesehen? So schnell können die Amis doch nicht vorrücken!«

Zwar fühlten wir uns nicht gerade bedroht, jedoch widersprach keiner von uns Heigl, als dieser Wachen für die Nacht einteilte. Er nahm sich dabei selbst keineswegs aus. Jürgen Krause hatte eine Straßenkarte bei sich, die wir kurz studierten. Dabei kamen wir gemeinsam zu dem Entschluss, dass wir am anderen Tag auf Nebenwegen bis zur Brücke vor La Charité sur Loire fahren und von dort in Richtung Straßburg weiterstrampeln wollten. Fast zufrieden schliefen wir ein in den für uns so ungewohnt geräumigen Betten.

Der folgende Tag verlief dann ganz anders als geplant. Dreimal halfen wir uns gegenseitig beim Beheben von Fahrradpannen und kamen nur langsam voran. Es beunruhigte uns, dass wir hinter uns lauter werdenden Kampflärm hörten. »Das klingt doch nach Panzerkanonen! Weshalb schießt denn unsere Artillerie nicht zurück?«, fragte Karl Baumann.

»Du bist vielleicht ein Kindskopf«, hielt ihm Jürgen Krause entgegen. »Woher denn so schnell nehmen? Wahrscheinlich ist den Amis überraschend ein Durchbruch gelungen.«

Es begann schon zu dunkeln, als wir so schnell, wie es uns möglich war, durch ein kleines lichtes Wäldchen fuhren und uns der Hauptstraße näherten, die den ganzen Tag über von zurückflutenden deutschen Fahrzeugen verstopft gewesen war und uns jetzt ungewöhnlich ruhig erschien. Im Straßengraben kauernd, studierten wir beim letzten Abendlicht noch einmal die Karte, als einige Kilometer vor uns unüberhörbar laute Detonationen die trügerische Ruhe zerrissen. »Was war denn das? Die Panzerspitze kann uns doch noch nicht überholt haben!« Jürgen Krause schien es zu erraten: »Das klang doch nach Sprengungen!«

Aufgeschreckt sprangen wir auf unsere Räder und traten ohne Aufforderung heftig in die Pedale. Zehn Minuten später erreichten wir das westliche Ufer der Loire und starrten schweigend auf die Trümmer der Brücke, die noch an einigen Stellen aus dem Wasser ragten und von gurgelnden, lehmig braunen Stauwellen umspült wurden. Am gegenüberliegenden Ufer konnte ich im fahlen Abendlicht gerade noch einen Heeresoffizier neben seinem Kübelwagen stehen sehen, der uns durch seinen Feldstecher musterte. Wir waren wohl um Minuten zu spät gekommen und machten auf den Betrachter vermutlich einen seltsam verlassenen Eindruck. Der Feldgraue vollführte eine schwer zu deutende Armbewegung, stieg zu seinem Fahrer in den Wagen und fuhr davon. Lange starrten wir dem Kleinwagen schweigend nach. Dann aber brach es fast gleichzeitig aus uns heraus: »So eilig hätten sie es auch nicht haben müssen!«

»Du Schwachkopf! Wir waren doch nicht angemeldet!«

»In Gefangenschaft will ich keinesfalls!«

»Denkst du etwa, wir möchten das? Wir U-Boot-Fahrer haben den Alliierten so viel geschadet, dass die Amis uns sofort massakrieren würden. Auch wenn ich unserer Propaganda längst nicht alles glauben kann, fürchte ich, dass die mit dieser Behauptung nicht übertreiben.«

»Die kommen jetzt in der Nacht mit ihren Panzern auch nicht so schnell voran!« Auch Heigl war nervös, als er rasch hinzufügte: »Oder könnt ihr etwa schon einen Sherman hören? Na also! So große Helden sind die

Amis auch nicht, dass sie sich nachts vorwärtswagten. Aber wir müssen irgendwie bei Dunkelheit über den Fluss kommen.« Franz Heigls Bemerkung brachte uns augenblicklich ins Grübeln. Er schlug vor: »Wir werden zusammen flussaufwärts fahren. Unsere Landser können doch nicht alle Kähne beschlagnahmt haben. Irgendeiner wird doch noch zu finden sein! Jürgen, du sprichst doch französisch. Auch wenn uns die Franzmänner nicht gerade lieben, du kannst sicher einem von ihnen sein Boot abschwatzen.«

Natürlich fuhren wir ohne Licht und ließen die Straße eilig hinter uns. Der Uferweg schimmerte in der Dunkelheit nur schwach und war kaum zu erkennen. Nur das Fahrgeräusch unserer Reifen und hin und wieder das leise Gurgeln des Flusses neben uns waren in der gespensterhaften Dunkelheit zu hören. Plötzlich zerrissen einige Artillerieabschüsse am Ostufer die Stille der Nacht, und fast gleichzeitig brachten ohrenbetäubende Granateinschläge hinter uns den Boden zum Zittern. »Das ist doch nur Störfeuer«, meinte Hans Ferdinand leise, und Karl Bauer stimmte zu: »Klar, nichts anderes. Die haben die Ari aber schnell angekarrt! Hoffentlich antworten die Amis nicht gleich. Die könnten mit ihrem Überfluss an Granaten doch das gesamte Flussufer bestreichen! Trotzdem, ihr werdet sehen: Die halten jetzt die Front hier am Fluss.«

»Bitte um Ruhe.« Franz Heigls Stimme klang aufgebracht, dann sagte er leise: »Jürgen! Komm mal zu mir. Ich glaube, das dort ist eine Fischerhäuschen mit Bootshütte.« Jetzt erst gewahrten auch wir die undeutlichen Umrisse eines kleinen Hauses direkt am Ufer. »Ihr bleibt bei den Rädern«, flüsterte Heigl, bevor er sich mit Jürgen der Tür des Hauses näherte, die in der Dunkelheit kaum zu erkennen war. Jetzt vernahm ich leises Klopfen. Nichts geschah. Dann trommelten beide heftig mit ihren Fäusten an die Tür, und Jürgen ließ einen lauten französischen Wortschwall los. Mit leisem Quietschen öffnete sich die Tür. Gleichzeitig sah man kurz einen schwachen Lichtschimmer.

Nach zwei, drei Minuten kam Franz Heigl zu uns zurück, und ich sah, wie er seine Pistole wieder in die Tasche seiner Uniformjacke steckte. »Das hat prima geklappt. Gut, dass Jürgen bei uns ist. Wir haben den Fischersmann zurück in seine Behausung gedrängt. Er und seine Frau haben uns bestaunt, als wären wir von einem anderen Stern. Die hatten wohl noch nie deutsche Marinenuniformen gesehen. Jürgen versprach dem Franzmann für jeden von uns eine Stange Zigaretten, wenn er uns sicher hinüberbringt. Das wirkte Wunder, und er begann sofort zu reden. Noch wirkungsvoller war dann, dass ihm Jürgen klarmachte, wir würden seinen versteckten Kahn auch ohne sein Zutun finden. Und dass wir ihm den genauso wegnehmen könnten, wie die Landser vor uns seine beiden größeren Fischerkähne beschlagnahmt hatten. Er braucht jetzt noch eine Weile, um sein Boot startklar zu machen. Inzwischen will uns seine Frau Omeletts backen. Es ist alles geklärt. Er wird jeweils zwei von uns – natürlich mit den Rädern – hinüberrudern. Eine Stange Zigaretten geben wir ihm sofort. Für die beiden ersten Fahrten bekommt er jeweils eine, und wenn ich als Letzter drüben aussteige, bekommt er die restlichen drei Stangen. Geht schon mal rein in die gute Stube. Ich warte hier bei den Rädern auf den Fischer.«

Vor dem Fenster der Wohnküche hing eine Wolldecke, so dass kein Lichtschimmer in die Nacht hinausdringen konnte. Zudem wurde der Raum nur von dem flackernden Holzfeuer des Herdes schwach beleuchtet, vor dem eine verängstigte Frau stand und uns mit scheuen Blicken musterte. Jürgen sprach beruhigend auf sie ein, worauf ein Lächeln das zuvor so verhärmte Gesicht aufhellte.

Karl Bauer und ich sollten zuerst übersetzen und bekamen deshalb die ersten Eierpfannkuchen, die uns die Frau auf die Teller legte. Karl und ich hatten unser unverhofftes Abendbrot gerade beendet, da betrat Franz Heigl hinter einem sehr groß gewachsenen Franzosen die Stube. Der Mann hatte seine schwarze Baskenmütze tief in die Stirn geschoben. Der Ausdruck seiner unruhig flackernden Augen war schwer zu deuten, doch dann hefteten sich seine Blicke auf die für ihn auf dem Tisch bereitgelegten Zigaretten.

Die Überfahrt über den Fluss kam mir unendlich lang vor. Unsere beiden Fahrräder lagen im Rücken des Franzosen; Karl und ich saßen vor seinen lang ausgestreckten Beinen auf der Holzbank im Heck des kleinen Kahns. Wir fühlten jeden Ruck, wenn der Mann die Ruder kraftvoll, aber sehr leise und geschickt durchs Wasser zog. Es war so dunkel, dass ich kaum zehn oder zwölf Meter weit über das tintenschwarze Wasser blicken konnte. Nun begann der Franzose mehrmals wie witternd seinen Kopf zu drehen, und der Kahn wurde langsamer. Wir näherten uns fast lautlos dem Ufer, an dem ich schemenhaft Buschwerk erkennen konnte. In einer kleinen Sandkuhle zwischen zwei Büschen setzte der Fischer seinen Kahn sicher auf

Grund. Wir beide sprangen an Land, hoben die Räder aus dem Boot, und ich reichte dem Franzosen die verabredete Stange Zigaretten, die er hastig ergriff. Anschließend schoben wir den Kahn zurück ins Wasser. Schon nach wenigen Ruderschlägen war er fast lautlos im Dunkeln entschwunden.

Es war erstaunlich, mit welcher Sicherheit er nach etwa einer halben Stunde mit Hans Ferdinand und Herbert Bernigau nur wenige Meter neben unserer ersten Landestelle wieder anlegte. Nach einer weiteren halben Stunde sprangen auch Franz Heigl und Jürgen Krause an Land. Wir hörten Karl Bauer tief und erleichtert durchatmen, bevor er feststellte: »Keine Gefangenschaft. Jetzt können wir es auch bis zu Muttern nach Bremen schaffen! Und das alles immer an der frischen Luft!«

»Seit wann wohnt denn deine Frau Mama in Bremen? Du kommst doch angeblich aus Kärnten!« Auch die Stimme von Heigl klang erleichtert. Dann sagte er: »Jetzt aber nichts wie weg hier. Jeden Augenblick kann ein Feuerzauber losgehen. Diese Stille ist mir nicht geheuer. Kaum zu glauben, dass wir hier allein sein sollen. Alle aufsitzen! Weiter geht's!«

Wir fuhren fast bis zur zerstörten Brücke zurück, bevor wir in eine kleinere Straße abbogen. Etwa zwei Stunden lang radelten wir in scharfem Tempo durch die schon heller werdende Nacht und erreichten wieder die Straße nach Clamecy. Wir konnten uns nicht erklären, wo die deutsche Verteidigungslinie verlief. Hatte sie sich etwa unbemerkt in unserem Rücken gebildet? Auf einem einsamen Bauernhof bewirkten unsere Zigaretten und unser französisch sprechender Jürgen erneut Wunder. Der Himmel im Osten begann sich schon rötlich zu verfärben, als uns eine Bauersfrau ein ausgezeichnetes und reichhaltiges Frühstück mit ein wenig Tee und viel Rotwein zubereitete. Ihr Gatte zeigte uns in seiner Scheune einen Platz, an dem wir schlafen und auch unsere Räder unterbringen konnten. Mit Matrosen schien dieses Ehepaar allem Anschein nach keine schlechten Erfahrungen gemacht zu haben.

Doch obwohl die Franzosen so unerwartet freundlich zu uns waren, blieb stets einer von uns wach. Erst am frühen Nachmittag bestiegen wir wieder frisch und ausgeruht unsere Räder. Es war unglaublich, wie ruhig und friedlich es hier zu sein schien. Wir beschlossen einstimmig, von jetzt an wieder bei Tag zu fahren. Nicht einmal von feindlichen Tieffliegern wurden wir belästigt, und fuhren vier Tage lang bei strahlendem Sonnenschein durchs Land. Jeden Abend nahmen wir bei durchwegs zurückhaltenden Bauern Quartier und bekamen für Zigaretten auch gut und ausreichend zu essen. Mit der Zeit begannen wir so etwas wie Gefallen an unserer Tour de France zu empfinden. Für die offensichtliche Ratlosigkeit und die Fehlentscheidungen unserer U-Boot-Führung könnte uns schließlich niemand verantwortlich machen. Außerdem wussten wir nicht, wo die Front verlief. Wir wähnten sie inzwischen weit hinter uns. Zwar fuhren wir täglich zehn bis zwölf Stunden, doch unsere Pausen wurden länger. Mir fiel auch auf, dass keiner mehr die vorgegebene Anzahl der täglich zurückzulegenden Kilometer erwähnte. Wir begannen ein wenig zu bummeln.

Am Spätnachmittag unseres sechsten Fahrradtages holte uns an einer Brückenauffahrt kurz vor Dijon die raue Wirklichkeit ein. Einige »Kettenhunde«, so genannt, weil die Feldgendarme an Halsketten hängende Blechschilder vor ihrer Brust trugen, kontrollierten unsere Marschpapiere. Wir beobachten misstrauisch, wie ein großer, sehr schlanker Oberfeldwebel unsere Namen in eine Liste eintrug und dazu Datum und Uhrzeit vermerkte. Abschließend musterte er jeden von uns streng und konnte seine Verwunderung kaum verbergen: »So, meine Herren. Sie sind durchaus nicht die Ersten, die heute hier erfasst wurden. So viele kriegswichtige U-Boot-Fahrer habe ich an einem einzigen Tag niemals zuvor zu sehen bekommen. Auch die Marine braucht ihre Soldaten. Sie fahren jetzt flott auf dieser Hauptstraße durch die Stadt. Auf dem Sportplatz am Stadtrand werden Sie zusammengefasst. Von dort aus werden Sie mit Bussen weiterbefördert! Und jetzt ab mit euch, aber dalli!«

Diesmal war ich es, der nicht an sich halten konnte: »Das hätte unserer Führung wirklich schon früher einfallen können!«

»Können Sie das beurteilen!? Ich wiederhole mich nicht gern, ab mit Ihnen!«

Am Sammelplatz saßen schon etwa 60 oder 70 U-Boot-Fahrer müde im Gras. Maschinenmaat Baumann und einige von U 188 begrüßten uns freudig: »Ihr seid also auch schon da? Allmählich sind wir tatsächlich wieder komplett!«

»Habt ihr schon gehört?! Unseren Kaleu Lüdden und seine Begleiter hat die Résistance gefangen genommen. Effing wurde dabei verwundet, Roy haben sie umgelegt!« Wir fünf schienen sehr betroffene Gesichter zu machen, denn Baumann fügte rasch hinzu: »Keine

Angst!! Unter irgendwelchen glücklichen Umständen konnten alle flüchten, außer dem toten Roy natürlich. Allerdings hat die Résistance das Kriegstagebuch von U 188 erbeutet.«

»Bravo!«, rief Karl Bauer laut dazwischen. »Weshalb hat denn unser Alter das Geschreibsel auch durch diese unwirtliche Gegend geschleppt?!«

»Idiot!«, unterbrach ihn Baumann. »Lüdden war doch unterwegs zum BdU. Die Herren dort verlangten von ihm unser KTB als Nachtlektüre.«

»Und jetzt werden an deren Stelle wahrscheinlich die Tommys bald nachlesen können, wo wir uns in der Welt herumgetrieben und was wir alles angestellt haben!« Herbert Bernigau klang ziemlich aufgebracht.

Oberfunkmaat Schulz stand dicht neben mir. Er hob beschwichtigend beide Hände: »Nun macht euch doch deswegen nicht gleich in die Hosen, Jungs. Die Tommys wissen doch längst, wie viele ihrer stolzen Schiffe wir versenkt haben.«

»Mag schon sein«, antwortete Hubert Bernigau leiser. »Aber uns ist es verboten, Tagebücher zu führen, Fotos dürfen nur Offiziere machen, damit bloß nichts in falsche Hände gelangen kann. Und jetzt das?«

»Ist doch völlig egal, Kinder.« Gottlieb Baumann sprach so ruhig und bedächtig wie immer. »Wichtig ist, dass die Führung uns nicht vergessen hat. Sie schickt uns sogar Busse, damit wir recht bald wieder an die U-Boot-Front fahren können. Das ist doch nett von der Führung, ich meine vom BdU! Und jetzt könnt ihr fünf Fahrradhelden eure Räder zu den anderen in den Straßengraben werfen, denn die brauchen wir in unseren Bussen bestimmt nicht mehr!«

Es begann schon zu dunkeln, da hielten drei nicht gerade Vertrauen erweckende Busse der Wehrmacht neben der Wiese an. Ein uns nicht bekannter Oberleutnant zur See ließ uns antreten. Dann wurden wir namentlich aufgerufen. Dabei stellte sich heraus, dass 69 Mann Dijon erreicht hatten. Wo aber waren die anderen geblieben? Schon vor oder noch hinter uns? Niemand wusste etwas Genaues. Murmelnd rätselten die Kameraden, leise geflüsterte Namen schwirrten durch unseren Reihen. Baumann neben mir stellte gerade fest: »Hauptsache ist, dass wir von U 188 wieder halbwegs vollzählig …« Der laute Befehl des Oberleutnants unterbrach ihn: »Ruhe! Still gestanden! Regt euch wieder ab, Männer. Die ersten sechs Mann am linken Flügel gehen zum ersten Bus! Die anderen kommen mit mir zu den beiden anderen!«

War es Zufall? Wir sechs Mann von Heigls Gruppe waren wiederum zusammengeblieben. Langsam gingen wir auf den schmutzigen Bus in Tarnfarbe zu. Als wir vor der geöffneten Tür standen, blieben wir überrascht stehen. Nur die Frontscheiben waren klar, die restlichen Fenster bedeckte eine dicke Staubschicht. Mit Ausnahme des Fahrersitzes waren alle Sitzbänke entfernt, und der Fahrgastraum war angefüllt mit aufrecht stehenden Fässern. Der Geruch nach Benzin war unverkennbar. »Was soll denn das?«, fragte Heigl den feldgrauen Fahrer am Lenkrad. »Ist deine Karre ein Laster oder willste noble Fahrgäste transportieren? Wo hast du denn deinen Werkzeugkasten versteckt?!«

»Hinter der Klappe neben der Tür. Was willst du denn damit? Pannen haben wir vielleicht später!«

»Das wirst du gleich sehen.« Heigl riss eine zum Reifenwechsel bestimmte Metallstange aus dem Kasten, warf mir eine nicht mehr völlig saubere Decke zu und rief: »Toni, kriech mit der Decke nach hinten. Da kannst du dich gemütlich drauflegen. Ich schlag das Rückfenster ein, damit du klar sehen und gut beobachten kannst.«

»Was soll denn das?! Willst du etwa mutwillig Wehrmachtsgut zerstören?!« Der Fahrer erhob sich drohend von seinem Sitz. »Halt's Maul, du Waisenknabe! Du wirst noch dankbar sein, wenn dich unser Ausguck früh genug vor Tieffliegern warnt. Oder willst du unversehens mit deiner Dreckskarre und den unfreiwilligen Fahrgästen in diesem rollenden Krematorium enden? Bis jetzt hast du doch nur Glück gehabt! Weit kannst du so ja noch nicht gefahren sein.«

Noch bevor ich meinen Liegeplatz erreicht hatte, hörte ich schon Baumanns wuchtige Schläge und das Klirren zersplitternden Glases. Karl Bauer kroch hinter mich. »Toni, ich lege mich zu dir. Wenn's ernst wird, können wir dort hinten schneller raus.« Heigl hatte sein Werk vollendet, warf die Montierstange zu uns herein, reichte uns die Hände und forderte laut: »Zieht mich schon hoch! Ich leg' mich auch zu euch.« Wir hatten die Decke schon ausgebreitet, und als sich auch der Maschinenmaat bäuchlings neben uns ausstreckte, begann unser Gefährt zu rollen. Die drei anderen kauerten absprungbereit an der vorderen Tür. Der Fahrer drehte sich zu uns um. »Jungs, das habt ihr prima gemacht! Wirklich ein beruhigendes Gefühl!«, rief er anerkennend.

Wir fuhren die ganze Nacht hindurch. Wie gewohnt blieb immer abwechselnd einer von uns wach. Beim

Morgengrauen waren wir irgendwo in der Gegend von Mülhausen. Bevor Franz Heigl mich aus unruhigem Schlummer rüttelte, ermahnte er mich eindringlich: »Toni, jetzt starten sicher irgendwo schon die Bienen. Wir haben den Vorteil, dass sie gegen die Sonne fliegen müssen. Du musst sie unbedingt früh genug erkennen. Wir verlassen uns auf dich!«

Wieder einmal war ich gleichzeitig todmüde und hellwach. Der Fahrer fuhr ruhig und in fast immer gleichbleibendem Tempo. Doch schon nach etwa zehn Minuten entdeckte ich drei Punkte am Himmel: »Tiefflieger achteraus!« Das bisher gleichmäßige Brummen des Motors wurde augenblicklich vom Quietschen bremsender Reifen übertönt, und noch bevor unser Fahrzeug zum Stehen kam, sprang ich. Ich landete als Erster hart auf der Straße, rollte mich seitlich ab und spurtete los. In diesem Moment hatte ich nur einen einzigen Gedanken: »Toni, lauf! Wenn nur ein einziges Leuchtspurgeschoss der Bienen die Benzinfässer trifft, explodiert der Bus in einem gigantischen Feuerball!«

Das angestrengte Keuchen dicht hinter mir ging unter im rasch näher kommenden Flugzeuglärm. Erst als Bordkanonen zu hämmern begannen, warf ich mich in eine frisch gepflügte Ackerfurche und schmiegte mich Schutz suchend an die Erde. Im Unterbewusstsein registrierte ich, dass hinter mir ein anderer dasselbe tat, und fühlte einen kurzen Augenblick lang, wie durch eine dicht neben mir einschlagende Geschossgarbe Erdbrocken auf meinen Rücken spritzten. Irgendwo vor uns feuerte eine Vierlingsflak, und ich hob vorsichtig und entgegen der mir eingedrillten Verhaltensregeln meinen Kopf. Die drei Angreifer waren schon über uns hinweggefegt, und ich sah, dass der Letzte von ihnen eine schwarzgraue Rauchfahne hinter sich herzog.

Zum Wendemanöver und zu einem zweiten Angriffsflug gegen uns kam es nicht mehr. Zwei der drei Maschinen drehten ab, und ich konnte amerikanische Hoheitsabzeichen darauf erkennen. Mich wieder aufrichtend, verfolgte ich die getroffene Maschine mit den Augen, bis sie weit vor uns als roter Feuerball auf dem Boden aufschlug. Zwar stand der bis dahin hinter uns fahrende Bus in lodernden Flammen, dennoch bejubelten alle, nicht zuletzt wohl aus alter Gewohnheit, kurz den Abschuss der Feindmaschine. Ringsumher sah ich Matrosen, die sich den Dreck von den Uniformen klopften. Auch ich säuberte meine inzwischen nicht mehr sehr gepflegt aussehende Bekleidung.

»Sind Verluste zu melden?« Niemand antwortete dem Oberleutnant zur See, und es reagierte auch keiner von uns, als er leiser feststellte: »Da haben wir aber Glück gehabt, dass die Flak vorn neben der Straßenkreuzung so gut getarnt ist und uns diese lästigen Bienen vom Leib gehalten hat.« Unser Transportführer legte eine kurze Pause ein, bevor er befahl: »Jetzt wird's eng, Männer. Alles auf die beiden restlichen Fahrzeuge verteilen und abfahren!«

Die Fahrer protestierten: »Wir müssen auftanken, Herr Oberleutnant! Dieser Platz hier in der Nähe der Vierlingsflak ist dafür günstig. Die leeren Fässer können anschließend liegend verstaut werden. Wir gewinnen dadurch mehr Platz!«

»Gut! Machen Sie aber schnell!« Ein paar von uns halfen, die Fässer aus unserem Bus zu heben, sie vor die Tankfüllstutzen zu rollen und die Handpumpen zu betätigen, sobald sie auf den Fässern befestigt waren. Baumann aber rief: »Wenn wir schon in dieser mobilen Brandbombe fahren müssen, dann brauchen wir Notausstiege an beiden Seiten!« Wieder vernahm ich das Klirren zersplitternden Glases. Als einer der Letzten zog mich Heigl kurz vor der Abfahrt wieder auf meinen angestammten Platz am Heck, und dann hörte ich die eindringliche Bitte von Jürgen Krause: »Alle an den Fenstern: Haltet unbedingt die Augen offen! Keiner von uns möchte lebend verbrennen!«

Unser Bus war jetzt mit verängstigten Soldaten voll gestopft, die sich wie in einer Konservenbüchse kaum noch bewegen konnten. Es begann leicht zu regnen, was jedoch keinen von uns völlig zu beruhigen vermochte. Jeder wusste, dass Tiefflieger sich oft schnell und unerwartet wie Habichte auf ihre Ziele stürzten. Wir folgten dem vor uns fahrenden und ebenfalls bis auf den letzten Quadratzentimeter voll besetzten Bus, mieden die Stadt Mülhausen sowie das Rheinufer und fuhren stattdessen am Ostrand der Vogesen über Colmar unbehelligt bis Straßburg. Als ich am späten Vormittag mit meinen Kameraden eilig von den Fässern auf den Kasernenhof einer Infanteriekaserne am Rande der Stadt sprang, spürte ich, wie die Spannung in mir langsam nachließ. Karl Bauer stellte wieder einmal grinsend, aber sachlich fest: »Toni, wenn uns Tiefflieger entdeckt hätten, wären wohl nur wenige von uns übrig geblieben.« Unbeschwert fügte er laut hinzu: »Ich glaube, die U-Boot-Führung blickt längst nicht mehr durch. Einerseits brauchen sie uns für neue Boote, andererseits spielen sie mit uns, als wären wir Jetons auf einem Roulettetisch.«

Karl unterbrach sich augenblicklich, denn hinter uns mahnte Oberfunkmaat Schulz: »Vorsicht, Bauer, keine weiteren Volksreden, wenn ich bitten darf. Lernen Sie doch endlich, Ihr Lästermaul zu halten.«

Minuten später stand ich allein vor einem Maschendrahtzaun am Rand des Kasernengeländes. Der Anblick von Munitionsbunkern und einigen von Erdwällen umgebenen Geschützen einer schweren Flakbatterie wirkten beruhigend. Und ich sah auf einer großen Wiese vor den hinteren Baracken, wie einige Gruppen der Flakmannschaften auf die mir so verhasste Art ihre Infanterieausbildung erhielten. Direkt vor dem Zaun, etwa 60 Meter von meinem Beobachtungsplatz entfernt, brüllte sich ein Unteroffizier die Seele aus dem Leib. Das Alter dieses Flaksoldaten schätzte ich auf etwa 50 Jahre. Als seine Gruppe mit ihren Karabinern nur wenige Meter an mir vorbeilief, erblickte ich unter den Stahlhelmen fast ausnahmslos Kindergesichter. Bei diesem Anblick entfuhr mir halblaut der Kommentar: »Um Gottes willen! Ist das hier etwa die Wacht am Rhein?«

Unbemerkt hatte sich Hans Ferdinand neben mich gestellt und gab mir recht: »Scheint so, Toni. Nur diese Kinder, die dubiose Wunderwaffe und natürlich wir in neuen Booten können den Untergang des Tausendjährigen Reiches noch verhindern.«

»Alle U-Boot-Fahrer antreten zum Befehlsempfang!« Der Oberleutnant riss uns aus unseren Gedanken. Wir wandten uns vom Kasernenhof und den sehr jungen Rekruten ab. Jeweils zwölf Mann wurden auf eine Bude verteilt, und alle hatten ihre Uniformen wieder in einen ordentlichen Zustand zu bringen. Den Rest des Tages verbrachten wir mit mehr oder weniger tiefschürfenden Gesprächen sowie einigen Skatrunden und Schachpartien. Ein findiger Matrose hatte irgendwo einen »Volksempfänger« organisiert und das Radiogerät in Baumanns Bude installiert. Wir lauschten den Klängen des Wunschkonzerts und hörten Nachrichten. Die Zeiten der Sondermeldungen waren längst vorbei. Inzwischen scheute sich so mancher nicht mehr, angesichts des immer näher heranrückenden Frontverlaufs bissige Kommentare zu geben.

Nachts schliefen wir wie die Toten. Erst am Abend des folgenden Tages standen wir in schnurgeraden Reihen wieder vor dem Oberleutnant zur See. »Der Dienstälteste oder jeweils höchste Dienstgrad einer Bootsbesatzung fährt mit seinen Männern noch heute Nacht zu seiner neuen Dienststelle! Ich händige jeder Gruppe einen Marschbefehl aus!« Oberfunkmaat Schulz wurde als Erster aufgerufen, und da ich günstig stand, konnte ich hören: »Sie fahren morgen fahrplanmäßig um 9.25 Uhr nach Plön bei Kiel!« Das Wort »fahrplanmäßig« schien dieser einzige Marineoffizier am Ort besonders zu betonen. Es folgte: »Sie können mit Ihren Männern wegtreten.«

Anderntags schlenderten wir in kleinen, lockeren Gruppen zwanglos von der Kaserne in die Stadt und dort in Richtung Bahnhof. Keiner von uns hatte sich vom Rest seiner Zigaretten oder seinen Reserveschuhen trennen müssen, und es fragte auch niemand, woher die Rucksäcke stammten, die ein paar von uns trugen. Wir hatten einen kleinen Umweg zur Besichtigung des Münsters eingeplant, und als wir dort eintrafen, befand ich mich zufällig fast an der Spitze unserer kleinen Schar. Wir gingen unwillkürlich langsam und schwei-

gend, denn wir konnten uns dem Ehrfurcht gebieten-
den Eindruck nicht entziehen, den das prachtvolle goti-
sche Bauwerk auf uns machte. Gemeinsam blickten wir
hinauf zum Nordturm, der mit seinen 142 Metern die
Häuser der Altstadt weit überragte. Als gelernter Orgelbauer war ich natürlich vor allen Dingen gespannt
darauf, wie die Orgel im Innenraum gestaltet war,
als Gottlieb Baumann einige Meter hinter mir fragte:
»Schulz! Kannst du glauben, dass die noch ein neues
Boot für uns haben? Ich kann's ganz einfach nicht. Zurzeit scheint doch alles aus dem Ruder zu laufen.«

Unwillkürlich blieb ich stehen, um die Antwort von
Schulz zu hören. In diesem Augenblick begann einige
Meter vor mir jemand wütend zu brüllen: »Kennen Sie
den Deutschen Gruß nicht! Wollt ihr ihn etwa nicht
kennen? Die Angehörigen aller Waffengattungen haben mit ausgestrecktem Arm zu grüßen! Ihre Kinkerlitzchen werde ich Ihnen sofort gründlich austreiben
und auch Ihrem Sauhaufen anständiges Grüßen bei-
bringen!«

Mit den Kameraden drängte ich nach vorne und
blickte direkt in das zornrote Gesicht eines jungenhaft
aussehenden Leutnants des Heeres. Ein paar unserer
Männer hatten ihn wie gelernt durch an ihre Mützen
gelegte Hände gegrüßt. Ich blickte mich kurz um und
sah nur überraschte, verdutzte Gesichter. Auf dem
Waffenrock des Leutnants prangten lediglich das Band
des Eisernen Kreuzes Zweiter Klasse und das Parteiab-
zeichen der NSDAP. Dies hatte wohl auch Maschinenmaat Baumann gesehen, denn er kommentierte urgemütlich, aber deutlich: »Na, ein besonders großer Held
scheint er ja nicht gerade zu sein.«

»So eine Unverschämtheit! Das werde ich mir nicht bieten lassen!« Der Leutnant sprang auf eine der Steinstufen vor dem Portal zur Kathedrale und befahl mit schneidender Stimme: »Legen Sie alle Ihr Gepäck hier vor mir ab!«

Nur langsam und widerwillig befolgten wir seinen Befehl. Ich legte als einer der Letzten meinen zwar schwergewichtig wirkenden, jedoch beinahe federleichten Rucksack zu den anderen. Das schien dem in seiner Offiziersehre gekränkten Leutnant zu lange zu dauern, denn er begann auf seinem Podest und nur einen Meter vor meinen Augen, ungeduldig auf seinen blank polierten Stiefeln auf und ab zu wippen. Fast erschrak ich ein wenig, als er plötzlich erneut laut brüllte: »Im Gänsemarsch und in genau zwei Metern Abstand voneinander mit Deutschem Gruß in strammer Haltung an mir vorbeigehen!« Um größeres Unheil zu vermeiden, spurtete ich bis zum Ende der sich bildenden Schlange und schenkte dabei den neugierigen Passanten, die ringsum stehen geblieben waren, nur wenig Beachtung. Kaum war ich als Letzter an dem Offizier vorbeidefiliert, hörte ich hinter mir: »Das Ganze kehrt! Jetzt von rechts nach links!« Diesmal war ich der Erste in der Reihe. Wenig später folgte: »Na also! Sie können es doch ganz ausgezeichnet. Warum denn nicht gleich nach Vorschrift?« Die Stimme des Leutnants triefte vor Hohn. »Zur Gedächtnisstütze werde ich jetzt mit Ihnen ein bisschen weiterüben! In Dreierreihen antreten!« Diesem Befehl folgten wir offenbar nicht schnell genug, denn ich sah, wie die Halsadern über den Kragenspiegeln seiner Offiziersuniform sichtbar anschwollen, als der Mann rief: »Still gestanden! Rechts um! Im Laufschritt marsch! Volle Deckung! Sprung auf, marsch, marsch! Das Ganze kehrt!« Wir kochten vor Wut.

So drillte er uns einige Minuten in übelster Weise. Wir lagen gerade in voller Deckung, da bemerkte ich, dass sich erboste Zivilisten zwischen uns und den tobenden Offizier drängten. In diesem Moment sagte Oberfunkmaat Schulz zu uns: »Die Münsterbesichtigung muss leider ausfallen. Jeder nimmt jetzt sein Gepäck wieder an sich. Wir marschieren geschlossen zum Bahnhof. Als Letzter gehe ich.« Während wir uns erhoben und wieder einmal den Dreck von unseren Uniformen klopften, fügte Schulz leise und rasch hinzu: »Sollte uns dieser wild gewordene Brüllaffe etwa folgen, dann zeige ich ihm unseren Marschbefehl und mache ihn persönlich dafür haftbar, wenn wir unseren Zug verpassen sollten.«

Der Leutnant schien allerdings mit den aufgebrachten Zivilisten so beschäftigt zu sein, dass er uns aus den Augen verlor. Beim nun sehr zügig erfolgenden Marsch zum Bahnhof hatten wir noch mehrmals nach Heeresdienstvorschrift zu grüßen. Schließlich waren wir überrascht, dass unser Zug fast pünktlich mit uns abfuhr.

In der Nähe von Darmstadt hatten alle Mitleid mit Baumann. Alle Unterhaltungen verstummten, als er von seinem Platz aufsprang und ans Fenster trat. Er war entsetzt: »Um Gottes willen, wie sieht's denn hier aus? Hoffentlich ist meiner Frau nichts passiert! Können denn die ihre Bomben jetzt schon ungestört überall abladen? Vorgestern erst hab' ich doch noch einen Brief an mein Gretchen zur Post gegeben ...« Schulz legte ihm eine Hand auf die Schulter: »Gottlieb, unser dicker

Herr Göring scheint machtlos zu sein. Aber tröste dich. Bei Bomben ist es doch wie mit allen anderen Knallfröschen. Nicht jede von ihnen trifft. Deiner Frau ist sicher nichts geschehen.« Wir hofften, dass das stimmte.

Wir hatten es fast vermutet: In Plön gab es kein Boot für uns. Während der ersten von zwei Nächten in dortigen Marinebaracken flogen feindliche Kampfverbände über uns hinweg. Wenig später erzitterte die Erde, als Bomben in und um Kiel einschlugen. Erst am dritten Tag erhielten wir einen neuen Marschbefehl: nach Danzig. Wir konnten unserem Informanten Karl Bauer kaum glauben, was er uns kurz vor unserer Abfahrt zuraunte: »In der Danziger Werft warten Lüdden, Kießling, Benetschik und die meisten der anderen auf uns. Meenen nicht, der hat ein eigenes Kommando bekommen.« Heigl stieß ihn lachend vor die Brust: »Du alte Quasselstrippe! Du solltest einfach Nachrichtensprecher werden, dann wüssten wir alle immer im Voraus, wo's langgeht.« Bauer ließ sich durch die kleine Unterbrechung nicht beeindrucken und fuhr im Brustton der Überzeugung fort: »Ihr werdet schon sehen! Unser neues Boot soll zwar moderner sein als U 188, aber es ist noch nicht ganz fertig. Fast der gleiche Bootstyp, aber verbessert. Die warten dort wirklich auf uns! Wir sind doch eine kampferprobte Besatzung!«

In den folgenden Tagen mussten wir erneut feststellen, dass die Lage außer Kontrolle zu sein schien. Bei Rostock gingen unsere Lok und einige der Waggons in Flammen auf, und wir konnten am Himmel währenddessen keinen einzigen deutschen Flieger entdecken. Wie durch ein Wunder blieb unsere Gruppe vollzählig und unversehrt. Die Stimmung aber erreichte einen bisher nie dagewesenen Tiefpunkt, als wir unseren Weg zu Fuß fortsetzen mussten. Trotzdem munterten wir uns gegenseitig mit markigen Sprüchen auf. Vor allem Karl Bauer schien unverwüstlich zu sein: »Jungs, wir dürfen diesen Krieg nicht verlieren! Wir müssen das drohende Unheil abwenden! Ich jedenfalls glaube nicht so sehr an unseren Führer als vielmehr an die Macht dieser neuen Wunderwaffe! Wir müssen doch nur noch kurze Zeit durchhalten. Alles andere wird sich finden.« Wir schwiegen angesichts von so viel Zuversicht und fragten uns, ob Karl wohl selbst glaubte, was er da erzählte.

Den Rest der Strecke fuhren wir auf verschiedenen Lastwagen und die letzten 50 Kilometer sogar mit einem Mannschafts-Transportwagen der Kriegsmarine, einem sogenannten MTW, den Lüdden für uns organisiert hatte. »Wenigstens auf unseren Alten können wir uns verlassen!« Dieser Meinung waren wir alle. Spät am Abend trafen wir in Danzig ein und übernachteten in der uns bekannten Kaserne. Das Wiedersehen mit den hier bereits einquartierten Kameraden glich einem Familienfest. Nach den Hungertagen unterwegs freuten wir uns vor allem über die schmackhaften und großzügig bemessenen Essensrationen. Wir schöpften wieder ein wenig Hoffnung, ahnten aber auch, dass wir sehr bald wieder auf einem Boot von Hartbrot und ähnlicher Bordverpflegung würden leben müssen.

Am folgenden Vormittag standen wir angetreten vor Kaleu Lüdden, der uns knapp mitteilte: »Herr Meenen wurde befördert und hat ein eigenes Kommando bekommen!« Karl Bauer neben mir stieß mir unauffällig in die Seite. »Wer an seiner Stelle zu uns kommen wird, ist noch ungewiss. Wir gehen jetzt gemeinsam zur Werft, damit Sie alle das neue Boot besichtigen können. Herr Kießling und ich bleiben bis zur endgültigen Fertigstellung hier.« Unser Kaleu machte eine kleine Kunstpause, bevor er bekanntgab: »Sie fahren einstweilen zusammen mit Leutnant Benetschik an den Tegernsee in ein Erholungsheim für U-Boot-Fahrer!« Vor Freude hätte ich beinahe laut losgeschrien. Alle um mich herum murmelten aufgeregt, und ich sah das sonst stets ernste Gesicht unseres Alten einen kurzen Augenblick strahlen. Vor Ungeduld und Freude konnte ich kaum noch ruhig stehen. Keiner von uns sehnte sich nach der Enge in einem neuen Boot, auch wenn es noch so gut konstruiert und solide gebaut sein mochte.

Gleich nach unserer Ankunft am Tegernsee versammelte uns Leutnant Benetschik im Aufenthaltsraum unseres Heimes, dem Hotel Eden, um sich. Er war so leutselig, wie ihn keiner von uns bisher kennengelernt hatte: »Von heute an können Sie tun und lassen, was Sie wollen. Schöpfen Sie neue Kraft für das, was vielleicht schon sehr bald auf uns zukommen wird. Natürlich möchte ich keinerlei Klagen hören und betrachte es als eine Selbstverständlichkeit, dass sich jeder von Ihnen stets vorbildlich benimmt und niemals ohne Papiere ausgeht. Vorerst können wir uns überall frei bewegen. Wenn wir uns abrufbereit zu halten haben, werde ich Ihnen das früh genug mitteilen. So, und jetzt wird uns die Herbergsmutter unsere Zimmer zeigen.«

Laut und ausgelassen wie Schuljungen bezogen wir Zweibettzimmer. Nicht zufällig traten Heigl und ich in denselben Raum, der einfach, aber urgemütlich eingerichtet war. Kaum hatten wir unsere Uniform und die Wäsche in dem ungewohnt geräumigen Schrank verteilt, meinte der Franzl lachend zu mir: »Du, Toni, ich fahre jetzt nach Pullach. Du weißt schon, zu meiner Elli. Sie weiß Bescheid und wartet schon sehnsüchtig auf mich. Was hast du denn für heute geplant?«

»Franzl, ich werde nach Grafing fahren, meine Familie überraschen und mir dort mein Fahrrad und ein paar Zivilklamotten holen. Wenn wir hier schon Narrenfreiheit genießen dürfen, dann mache ich's wie du, nämlich gründlich.«

In froher Erwartung drängten wir zusammen auf die Straße Richtung Bahnhof. Trotz unserer sehr angeregten Unterhaltung achteten wir gründlich darauf, dass uns kein ähnliches Missgeschick wie in Straßburg widerfuhr. Erst am Bahnhofsvorplatz in München trennten sich unsere Wege, und mein Freund bestieg die Straßenbahn. Wegen eines heraufziehenden Gewitters beschloss ich, die Zeit bis zur Abfahrt meines Zuges im Wartesaal des Heimes zu verbringen, das für durchreisende Soldaten gegenüber dem Bahnhofsgebäude eingerichtet worden war.

Als ich den rauchgeschwängerten Raum betrat, musste ich zunächst wieder einmal stramm grüßen. Suchend blickte ich mich um, und meine Blicke blieben an den graugrünen, unergründlichen Augen einer blonden Luftwaffenhelferin hängen. Sie stand etwa drei Meter vor mir, war wohl im Begriff zu gehen und schwang gerade ihren Rucksack auf die Schulter. Überwältigt von so viel Anmut, gab ich mir einen Ruck. Mit zwei raschen Schritten stand ich an der Seite der jungen Schönheit. Sie hatte es wohl bemerkt und war geschmeichelt, denn sie ließ es gern geschehen, dass ich ihr half, ihren Rucksack zurechtzurücken. Meine Stimme klang etwas belegt, als ich leise fragte: »Darf ich Sie zu Ihrem Zug begleiten?«

Die Augen der jungen Frau in der schmucken Uniform blitzten mich schelmisch an. Ich fühlte, wie sich mein Pulsschlag erhöhte. Eine ungewohnte Spannung überkam mich, als ich ihre dunkle, klare Altstimme hörte: »Wenn Sie wollen, können Sie mich sogar bis in meine Luftwaffenbaracke in Murnau begleiten. Ob meine Truppführerin dort die Anwesenheit eines Mannes im Lager dulden wird, scheint allerdings völlig ausgeschlossen.«

»Mit Ihnen fahre ich glatt bis ans Ende der Welt.« Schon gingen wir gemeinsam auf die Tür zu. Ich versuchte den Eindruck zu erwecken, dass ich meine Freundin hier abholen wollte. Einige Soldaten riefen uns hämische Bemerkungen nach, die ich geflissentlich überhörte. Wir überquerten munter plaudernd den Bahnhofsplatz, ein Wort ergab das andere, und ich staunte über mich selbst, als ich tatsächlich mit Michaela den Zug nach Murnau bestieg. Grafing konnte noch einen Tag auf mich warten. Für die heutige Nacht würde sich in Murnau sicher irgendeine Schlafstelle finden.

Der sommerliche Abendhimmel über München war mit dunklen Regenwolken bedeckt, als der Personenzug langsam nach Süden rollte. Die Innenbeleuchtung in den Waggons war wegen der Fliegergefahr nicht eingeschaltet. In unserem Wagen saßen nur wenig Mitreisende, und so kamen die sehr lebenslustige Luftwaffenhelferin aus dem Rheinland und ich uns rasch und fast ungestört näher. Michaela teilte mir bereitwillig mit, dass sie gerade 14 Tage Urlaub bei ihren Eltern in Frechen bei Köln hinter sich hatte und froh darüber sei,

230

nicht in Essen dienstverpflichtet zu sein – oder in einer der anderen Städte, die ständig von Bomben bedroht waren. »Toni, auch wenn meine Truppführerin ein ausgesprochenes Ekel ist, die sich selbst eine Menge Freiheiten erlaubt, aber uns alles verbietet, so habe ich es in Murnau trotzdem gut getroffen.« Immer noch sehr beeindruckt von ihrer Altstimme und ihrem rheinischen Dialekt, lauschte ich Michaelas Worten, dann küssten wir uns wieder. Ihr schien der Schalk im Nacken zu sitzen, denn sie hatte einen Einfall: »Könntest du dir vorstellen, mein Bruder zu sein?«

»Wie kommst du denn darauf?«

»Denk doch mal nach, Toni. Wenn es mir gelingt, dich bei meiner Vorgesetzten als mein Bruder auszugeben, dann könntest du sicher bei uns im Lager übernachten. Sie hat was übrig für obdachlose Helden.« Wir kicherten beide wie die Kinder und begannen sogleich, uns gedanklich auf die Unterredung mit Michaelas Vorgesetzter vorzubereiten, bei der ich nichts verlieren, nur gewinnen konnte.

Eine Stunde später stand ich in einer Luftwaffenbaracke vor dem Schreibtisch des angeblichen Ekels mit den Schulterklappen eines Leutnants. Die Frau erwies sich mir gegenüber als unerwartet leutselig, befragte mich neugierig zu meinen U-Boot-Erlebnissen, und es erstaunte mich, dass sie mich nicht nach meinen Papieren fragte. Dies führte ich darauf zurück, dass Michaela ihr gleich zu Anfang glaubhaft geschildert hatte, dass wir uns in München zufällig getroffen hätten, uns schon lange nicht mehr gesehen hatten und ich nur wenige Tage in Tegernsee blieb, bevor ich wieder auslief. Nur einmal brachte mich die Dame kurz aus der

Fassung: »Wie kommt es, dass Sie gar keinen rheinländischen Dialekt sprechen?«

Geistesgegenwärtig antwortete ich: »Ach wissen Sie, bei der Marine spricht man hochdeutsch, so habe ich es mir angewöhnt. Wenn ich jedoch Ihr Angebot annehmen und mich in Ihrem Gästezimmer einige Stunden lang mit meiner Schwester unterhalten darf, dann wird mir mein rheinischer Schnabel ganz sicher rasch wieder wachsen.« Da schmolzen die letzten Bedenken der Truppführerin dahin.

Später, in einem Zimmer der Baracke, das eigentlich für höhere Besucher des Lagers vorgesehen war, freuten wir uns gemeinsam über unseren gelungenen Streich. Michaela stellte lachend fest: »Toni, das haben wir beide fein zusammengebastelt. Man kann doch die passenden Umstände nicht abwarten, sondern muss sie selbst herbeiführen!« Ganz unbeschwert genossen wir die verbleibenden Stunden miteinander. Schon im Morgengrauen musste Michaela ihren Dienst in einer Telefonvermittlungsstelle antreten. Ich ging vergnügt zum Bahnhof. Noch mehrmals traf ich mich mit Michaela im zerbombten München, und einmal erregte ich den Neid meiner Kameraden, als sie mich am Tegernsee besuchte. Doch so rasch, wie wir uns gefunden hatten, verloren wir uns bald wieder aus den Augen.

Die Zeit verstrich. Ende November 1944 mussten wir jeden Tag pünktlich um 22 Uhr im Erholungsheim sein, und es schien nur noch eine kurze Frist, bis wir nach Danzig abreisen mussten. Seit ein paar Tagen hatte ich Halsschmerzen und versuchte vor den Kameraden zu verbergen, dass mich immer wieder Fieberschauer überkamen, ich mich sehr unwohl fühlte. Einige Zeit gelang mir das ganz gut, doch dann bemerkte es Leutnant Benetschik, und er befahl mir, unverzüglich einen Arzt aufzusuchen.

Nach einer kurzen, gründlichen Untersuchung stellte der alte Landarzt vorwurfsvoll fest: »Weshalb kommen Sie denn jetzt erst zu mir? Sie müssen doch schon längere Zeit starke Schmerzen haben. Sie sind ein wandelndes Bazillenschiff!« Der Mediziner betrachtete mich traurig, bevor er mir eröffnete: »Zu Ihren Kameraden kann ich sie auf keinen Fall wieder zurück lassen, den Vorwurf der Wehrkraftzersetzung möchte ich mir unter allen Umständen ersparen!« Wahrscheinlich habe ich ihn sehr niedergeschlagen angesehen, denn er sagte dann: »Natürlich kann ich verstehen, dass Sie gern bei Ihren Kameraden bleiben möchten. In Ihrem derzeitigen Zustand sind Sie jedoch eine unverantwortliche Ansteckungsgefahr für alle. Ich werde Sie sofort im Luftwaffenlazarett Hanselbauer in Bad Wiessee zur Mandeloperation anmelden. Ihre Kameraden müssen Sie leider ziehen lassen.«

Schon am Nachmittag desselben Tages saß ich auf einem Operationsstuhl, hielt eine Blechschale unter mein Kinn und ließ alles so geduldig über mich ergehen, wie es mir möglich war. Es wäre übertrieben zu sagen, der Arzt sei sehr behutsam mit mir umgegangen. Er entfernte meine Mandeln mit einer Schlinge und brüllte mich sogar an, als ich dabei zu würgen begann. Nach überstandener Tortur erhielt ich wegen angeblicher Ansteckungsgefahr ein kleines Einzelzimmer im Dachgeschoss, wo ich mich zunächst sehr rasch erholte. Dann jedoch traten Komplikationen ein, die meinem Stationsarzt unerklärlich waren.

Während meines Aufenthalts als einziger Matrose im Hotel Hanselbauer war ich unter all den verwundeten Luftwaffensoldaten natürlich etwas ganz Besonderes. Die Rot-Kreuz-Schwestern verwöhnten mich heimlich vom ersten Tag an bis zu meiner Entlassung am 23. Dezember. Überraschend wurde mir ein vierzehntägiger Genesungsurlaub gewährt. Mein schönstes Weihnachtsgeschenk!

Zwar ohne meinen Vater, aber immerhin zum ersten Mal seit meiner Einberufung feierte ich im Kreise meiner Lieben Weihnachten in der vertrauten heimatlichen Winterlandschaft. Während dieser Tage, an denen Mutter und meine Schwestern mich liebevoll umsorgten, ertappte ich mich hin und wieder dabei, dass mir die gewohnte Kameradschaft und der eiserne Zusammenhalt auf dem Boot fehlten. Ich schalt mich einen Narren. War ich denn noch normal? Weshalb fühlte ich mich auf unerklärliche Art wie ein einsam Gestrandeter auf einer friedlichen Insel, anstatt es zu Hause ganz einfach zu genießen?

Schließlich erhielt ich den Marschbefehl in ein Marinedurchgangslager in Zeven bei Bremen. Als ich dort am 7. Januar 1945 in eine der Buden eingewiesen wurde, erkannte ich schon an der Tür den Maschinengefreiten Effing von U 188, der gerade seinen Seesack geschultert hatte und im Begriff war, die Bude zu verlassen. Er war einer der Fahrer des Busses, mit dem Lüdden und andere Offiziere in Bordeaux abgefahren waren, um kurz danach in französische Gefangenschaft zu geraten, aus der sie aber wieder befreit werden konnten. Wir begrüßten uns so herzlich wie Brüder. Mein Blick fiel auf sein schwarzes Verwundetenabzeichen, und ich fragte ihn sogleich: »Heinz, bist du denn wieder vollkommen gesund?«

»Klar, Toni! Die Ärzte haben mich wieder zusammengeflickt. Außerdem war ich auf Genesungsurlaub. Jetzt fahre ich nach Kiel und komme wieder auf ein Boot. Schade, dass Roy beim Überfall der Résistance auf unseren Bus gefallen ist.«

Heinz Effing wollte nun erfahren, wie unsere Radtour verlaufen war und wurde dann sehr ernst: »Was völlig anderes: Vorgestern habe ich gehört, dass es unseren Lüdden nicht mehr gibt. Er erstickte im Qualm, als er im Hafen in Kiel ein brennendes Unterkunftsschiff nicht rechtzeitig verlassen konnte. Die Jungs haben jetzt einen neuen Alten.« Er bemerkte meine Betroffenheit, denn bevor er sich anschickte, die Bude zu verlassen, klopfte er mir noch freundschaftlich auf die Schulter: »Übrigens, über der Ostsee gibt's jetzt auch Feindflugzeuge. Sogar schon russische. Der Neue, der deinen Platz auf dem Turm bekam, ist bei einem Flugzeugangriff gefallen. Mach's gut, Toni. Ich wünsche dir eine gute Zeit hier in diesem eiskalten Durchgangslager.« Sinnend blickte ich Effing nach und achtete kaum auf die neugierigen Fragen der anderen, die in ihren Mänteln auf den Betten der ungeheizten Bude saßen und unseren Wortwechsel interessiert verfolgt hatten.

Die wenigen Baracken des Duchgangslagers waren überfüllt mit Matrosen ohne Schiffe. In der ebenfalls kaum beheizten Schreibstube konnte mir niemand genauer mitteilen, wann und wo ich wieder auf einem U-Boot eingesetzt würde. Stattdessen fragte man mich, ob ich nicht zufällig jemand kennen würde, der tischlern könne. »Warum?«, fragte ich zunächst so unverfänglich wie möglich. »Gefragt habe ich Sie und nicht umgekehrt!« Der Schreibstubenhengst war ein schon leicht ergrauter Oberbootsmann und reagierte unwillig auf meine Frage. »Als Orgelbauer habe ich selbst Tischler gelernt, Herr Oberbootsmann!«

»Na also! Warum nicht gleich? Wir brauchen dringend eine neue Fachkraft in unserer Werkstätte, nachdem die alte der Heldenklau entführte. Trotzdem fordert man von uns das tägliche Soll an Holzbauteilen. Sie melden sich sofort beim Meister und machen sich nützlich!«

»Jawoll, Herr Oberbootsmann!«

Beim Verlassen der Schreibstube war ich froh, künftig nicht untätig in der Bude sitzen zu müssen, und betrat die Werkstätte. Dort war es mollig warm. Ich schlüpfte in einen der braunen Arbeitskittel und begann umgehend nach den mir erteilten Anweisungen an der Hobelbank zu arbeiten. Während der ersten Stunden in der zum Werkraum umfunktionierten Baracke beäugten mich einige der Matrosen und der Tischlermeister noch etwas misstrauisch.

Der Meister war ein sehr hagerer Zivilist im Alter von etwa 60 Jahren. Schon am zweiten Tag beauftragte er mich in freundlichem Ton mit kleinen Sonderaufgaben. Außerdem erlaubte er mir, künftig meinen Seesack mitzubringen und jeden Tag Hobelspäne und andere Holzabfälle als Heizmaterial für unsere Bude mitzunehmen. Dies sorgte schon am selben Abend immerhin dafür, dass unsere Bude wärmer, wenn auch nicht gerade überheizt wurde. Kameraden aus kälteren Räumen kamen zu uns, um sich aufzuwärmen. Dabei erörterten wir miteinander vorsichtig die Kriegslage

info@rosenheimer.com · www.rosenheimer.com

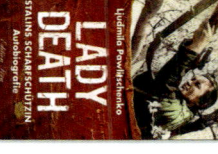

○ Lady Death
€ 19,95 [D]

○ Front ohne Helden
Im Schatten Stalingrads
Franz Taut
€ 12,95 [D]

○ Die russische Agentin
€ 12,95 [D]

Die russische Agentin
Drama im Berliner Untergrund 1942
Franz Taut

○ In der Hölle der Ostfront
€ 12,95 [D]

In der Hölle der Ostfront
Schicksal eines jungen Soldaten
Arno Sauer

○ Die Letzten der Kompanie
€ 12,95 [D]

Die Letzten der Kompanie
Kriegswinter in Russland
F. John-Ferrer

○ Das Boot U 188
€ 12,95 [D]

Das Boot U 188
Der Bericht des Matrosen Anton Staller
Klaus Willmann

○ Mit ihnen ritt der Tod
€ 12,95 [D]

Mit ihnen ritt der Tod
Die erste Kosakendivision
Franz Taut

○ Der Hölle entkommen
€ 12,95 [D]

Der Hölle entkommen
Flucht aus der Kriegsgefangenschaft
Eberhard Bortscheff

○ Die Versprengten
€ 12,95 [D]

Die Versprengten
Ostfront im Winter 1945
F. John-Ferrer

○ Das Ende vor Augen
€ 12,95 [D]

Das Ende vor Augen
Soldaten erzählen aus dem Zweiten Weltkrieg
Christian Huber

Edition Förg

Am Stocket 12

D-83022 Rosenheim

www.rosenheimer.com

Name

Straße/Hausnummer

PLZ/Wohnort

Telefon

E-Mail

○ Senden Sie mir **halbjährlich** kostenfrei
und unverbindlich – bis auf Widerruf –
Ihren Verlagskatalog.

○ Ich möchte die rückseitig angekreuzten
Bücher **kaufen** und **portofrei** (innerhalb
Deutschlands) zugesandt bekommen.
Meine Bezahlung erfolgt auf Rechnung.
Ich habe **14 Tage Zeit**, um den Auftrag zu
widerrufen. Meine Daten werden nicht
an Dritte weitergegeben.

Edition Förg

der vergangenen Monate: Am 21. Oktober 1944 war Aachen besetzt worden. Entlang der Pfälzer Grenze stand der Westwall in Gefahr, nicht mehr gehalten werden zu können. In Ostpreußen kämpfte die Rote Armee längst auf deutschem Boden und bedrohte Schlesien. Rumänien hatte unter sowjetischem Druck Deutschland den Krieg erklärt, Bulgarien in Moskau einen Waffenstillstand geschlossen und Italien längst schon die Seiten gewechselt. Von allen Seiten stürmte es heran, und vielen in diesem Marinedurchgangslager war es schleierhaft, wie die Fronten in verzweifelten Abwehrkämpfen überhaupt noch gehalten werden sollten.

Nur zögernd beteiligte ich mich an diesen Diskussionen. Die anderen schienen sich besser zu kennen, ich war ja tagsüber nicht anwesend. Schließlich wusste man, wie schnell ein unbedachtes Wort als Wehrkraftzersetzung gewertet werden konnte, wenn es einem unserer unnachsichtigen Marinerichter zur Kenntnis gebracht wurde. Vielleicht dachten auch andere ähnlich wie ich: »Sollen doch die Alliierten im Westen den Rhein überschreiten. Die lieben uns zwar auch nicht, sind aber das kleinere Übel. Vielleicht enden dann endlich die ununterbrochenen Angriffe aus der Luft, unter denen unsere Zivilbevölkerung so sehr zu leiden hat. Aber was ist mit dem Osten? Was geschieht, wenn die Front dort endgültig zusammenbricht? Uns kann doch nur noch ein Wunder retten! Gibt es denn diese Wunderwaffe nun wirklich?« Für meine Person war ich jedenfalls davon überzeugt, dass ich kleiner, unbedeutender U-Boot-Fahrer das Kriegsglück kaum noch irgendwie beeinflussen konnte. In diesen Tagen dachte ich oft an die Worte meines Vaters: »Jetzt sollte es uns wenigstens noch gelingen, unsere Haut zu retten.«

Zunächst war ich froh, ein paar Wochen in der Tischlerwerkstätte arbeiten zu dürfen, und verhielt mich ruhig. Das Durchgangslager indessen machte seinem Namen alle Ehre, denn viele wurden abkommandiert. Mit fortschreitender Zeit begann ich schon zu hoffen, dass kein Boot mehr für mich übrig geblieben war.

Etwa Mitte März lag einige Tage lang ein noch nicht ganz 19 Jahre junger Matrose aus Hannover in meiner Bude. Der Junge verhielt sich ausgesprochen zurückhaltend, wirkte sehr verschlossen, und als er einen Marschbefehl auf ein in der Ostsee operierendes Schnellboot erhielt, war er am Morgen plötzlich verschwunden. Schnell sprach sich herum, dass er sich irgendwohin, wahrscheinlich nach Hause zur Mutter hatte absetzen wollen und dass nach ihm gefahndet würde. Schon zwei Tage später brachten Feldjäger ihn zurück. Ich fühlte grenzenlose Erleichterung darüber, dass ich nicht zu dem Exekutionskommando eingeteilt worden war, das ihn im Hof des Durchgangslagers vor angetretener Mannschaft und in Anwesenheit eines Marinerichters erschießen musste. Wegen meiner kriegswichtigen Arbeit in der Werkstatt blieb mir sogar das Antreten bei dieser Hinrichtung erspart.

Ende März fühlten wir im Marinedurchgangslager den Frühling, vor allem aber das Ende des Krieges nahen. Für mich gab es trotz aller Durchhalteparolen inzwischen keinen Zweifel mehr daran, dass unsere Wunderwaffe nicht mehr zum Einsatz kommen würde. In meiner Bude lag ich jetzt nur noch mit einem einzigen Kameraden zusammen, der als Maschinist eines Schnellbootes auf der Ostsee verwundet worden war. Er war als genesen aus einem Lazarett bei Kiel ins Lager gekommen und wartete jeden Tag auf seine Abkommandierung. Andere waren längst wieder auf Schiffe, manche auch zum Infanterieeinsatz befohlen worden. Für mich hoffte ich weiterhin inständig, dass die U-Boot-Führung keine Verwendung für mich finden würde oder mich sogar vergessen hätte.

Am 8. April stand ich mit unserem Tischlermeister an der Hobelmaschine und fertigte Holzteile, deren Verwendung mir Rätsel aufgab. Schon am frühen Morgen hörten wir im nahen Bremen wieder einmal Bomben fallen, arbeiteten jedoch unbeirrt weiter. Gegen Mittag blickte ich kurz durch die mit feinem Holzmehl überzogenen Fensterscheiben und stellte fest, dass es aus tief hängenden, vom Wind rasch über das Land getriebenen dunklen Wolken zu regnen begann. Für den Rest dieses Tages, vielleicht sogar für längere Zeit, würden die leidgeprüfte Stadt und ihr Umland Ruhe vor Bomberverbänden oder Tieffliegern haben. Während ich das dachte, rief mich ein sehr alter Matrosengefreiter mit einem Glasauge in die Schreibstube.

»Hier, unterschreiben Sie!« Der Oberbootsmann schob mir einen Marschbefehl über den Schreibtisch zu und fügte mit undurchdringlicher Miene hinzu: »Ihr Seesack wird von hier in die für Sie zuständige Last gebracht. Entnehmen Sie nur Ihr U-Boot-Päckchen und das Nötigste. Sie können in einer Stunde mit einem Laster bis Bremen fahren. Wenn Sie noch eine Karte nach Hause schreiben wollen, können Sie diese vor Ihrer Abfahrt hier bei mir abgeben.« Er reichte mir eine Postkarte und einen Bleistift und fügte hinzu: »Wie Sie in Bremen zu Ihrem Boot gelangen, ist Ihre Sache. Vermeiden Sie aber jedweden Umweg.« Überraschenderweise erhob sich der sonst so unnahbare Mann, um mir die Hand zu reichen: »Staller, machen Sie's gut!«

In Bremen stieg ich in der Nähe der Vegesack-Werft vom Laster, um irgendwo auf dem Werftgelände oder dem, was davon noch übrig war, zu meinem neuen Boot zu gelangen. Die Stadt war nicht wiederzuerkennen. Ringsum gab es Trümmer über Trümmer, zerbombte Ruinen mit bizarren Formen, ausgebrannte Fensterhöhlen vor rauchenden Aschehalden und Schuttberge, in denen geisterhafte Gestalten nach Resten ihrer Habe wühlten. Überall nur alte Männer, dürre Frauen und hohlwangige, bleiche Kinder, leere, ausdruckslose Gesichter und gebeugte Rücken. Der traurige Anblick eines etwa fünfjährigen Mädchens, das mit einem blutigen Kopfverband vor einem Schutthaufen stand und seine dort herumsuchende Mutter beobachtete, rührte mich zutiefst. Mir kam in den Sinn, dass diese Kinder niemals ein Verwundetenabzeichen bekommen würden. An geborstenen Fassaden aber war zu lesen: »Unsere Mauern brechen, unsere Herzen nicht«.

War hier in der Nähe nicht unser U-Boot-Heim gewesen? Ich konnte es nicht mehr finden. Wohnte hier nicht damals unsere U-Boot-Mutti? Erschüttert stand ich minutenlang an der Ecke vor der Wirtschaft, in der wir vor unserer ersten Übungsfahrt mit U 188 manchmal Gäste gewesen waren. Das Haus war eines der wenigen, das noch unbeschädigt war. Auf der Straße vor dem Eingang lagen Möbelstücke, verstaubter Hausrat, Wäschekörbe voll zerbeultem Geschirr, angesengte Betten, Matratzen und auch Kinderwagen. Hinter diesem Trödlerladen des Elends war an der Hauswand ein rotes Plakat befestigt: »Wer plündert, wird erschossen«. Elendes Dasein einer leidgeprüften Bevölkerung unter der Knute der braunen Machthaber.

Bis in mein Innerstes aufgewühlt, wollte ich weitergehen, als ich hinter mir hörte: »Ihre Papiere, bitte!« Drei Feldjäger mit schussbereiten Maschinenpistolen hatten mich wahrscheinlich schon längere Zeit beobachtet. Vorschriftsmäßig grüßend, dachte ich böse: »Das klappt also nach wie vor.« Der Feldwebel studierte meine Papiere sehr eingehend, bevor er sie mir zurückgab: »U-Boot? Gibt's das noch?«

»Das möchte ich doch annehmen, Herr Feldwebel!«, entgegnete ich so forsch wie möglich.

»Nun, dann machen Sie mal schnell, dass Sie an Bord kommen!«

Eine Stunde später stand ich fassungslos vor einem uralten Boot aus der Vorkriegszeit, konzipiert für 36 Mann. Vermutlich war es bisher nur noch zu Übungszwecken, wahrscheinlich aber überhaupt nicht mehr verwendet worden. Verbittert fragte ich mich, wo man jetzt wohl noch ungestört üben konnte. Boot und Besatzung eine Einheit? Das schien mir eine Farce zu sein. Wohl zu Recht befürchtete ich, dass 35 Männer und ich in diesem veralteten Stahlrohr kurz vor Kriegsende sinnlos verheizt werden sollten. Um ganz ehrlich zu sein: In diesem Augenblick erwog ich ernsthaft, irgendwo unterzutauchen. Aber dann dachte ich an die Exekution im Durchgangslager, an die allgegenwärtigen Kettenhunde und auch die Fahrt mit dem LKW hierher: Wir waren auf einer Allee an drei Bäumen vorbeigekommen, an denen ich drei Feldgraue hängen sah.

Beim Vorbeifahren deutete der schon grauhaarige Fahrer des Lasters durch die Frontscheibe auf die Erhängten. Jeder von ihnen trug ein Pappschild vor der Brust mit der Beschriftung: »Ich bin ein Feigling«. Der Fahrer meinte bei diesem Anblick halblaut: »Junge, Junge. Abhauen lohnt sich doch auch nicht.«

Mit meinen Papieren in der Hand stand ich jetzt verzweifelt am Kai und verglich die in meinen Marschpapieren eingetragene Bootsnummer mit derjenigen auf dem winzigen Turm des Bootes. Zu mir drangen Reparaturgeräusche. Die fragenden Blicke der auf dem Deck langsam auf und ab gehenden Wache entgingen mir völlig. »Sind Sie etwa der Matrosenobergefreite Staller?« Erschrocken wandte ich mich um, stand stramm, grüßte mit an meine Schiffchenmütze angelegter Hand und rief laut: »Jawoll!«

Der Mann, der auf mich zukam, war etwa 30 Jahre alt, mit einer blauen Hose und einem dunkelblauen Rollkragenpullover bekleidet, und die blaue Offiziersmütze über seinen blonden Haaren ließ mich vermuten, dass er der Leitende Ingenieur sein könnte. Als er meinen Gruß auf gleiche Art lässig erwiderte, sah ich dunkle Ölspuren an seinen Händen. Der Mann erinnerte mich irgendwie wohltuend an Kießling auf U 188, als er jetzt meine Annahme bestätigte: »Staller, ich bin Oberleutnant Seidl und hier der LI.« Bei diesen Worten wies er auf das Boot. »Wir warten schon auf Sie. Zahlenmäßig sind wir komplett, aber es liegt noch eine Menge Arbeit vor uns. Kommen Sie mit mir. Wir haben den Befehl erhalten, uns flussabwärts nach Bremen-Vegesack abzusetzen, sobald unsere Diesel wieder funktionieren. Wir sollen mit einem Schnorchel ausgestattet werden und können zurzeit nicht tauchen.« Er deutete auf ein kreisrundes Loch, das hinter dem Turm direkt über dem Dieselraum in den Druckkörper geschnitten war. Diese Öffnung hatte ich zuvor selbst schon bemerkt, ohne mir darauf einen Reim machen zu können. Mein neuer LI ging vor mir über ein starkes Holzbrett an Bord und fragte über die Schulter: »Schnorchel kennen Sie doch?!«

»Jawohl! Damit kann man unter Wasser Frischluft ansaugen, Abgase abstoßen und mit Dieselkraft fahren!«

»Richtig! Das Gerät sollte eigentlich hierher geliefert werden, ist jetzt aber nach Bremen-Vegesack umgeleitet worden.«

Der LI war mir vom ersten Augenblick an sehr sympathisch. Ich kletterte hinter ihm durch ein enges Turmluk in eine im Vergleich zu U 188 sehr beengte Zentrale, wo sich ein Leutnant und ein Kaleu über eine Seekarte beugten. Es roch nach Öldunst. Aus dem für mich ungewohnt nahen Heckraum des kleinen Bootes kamen ohrenbetäubende Hammerschläge und das Zischen von Schweißbrennern, was unangenehme Erinnerungen in mir wachrief. Die gesamte Innenröhre war von Arbeitslärm erfüllt. Der LI meldete: »Staller ist eingetroffen!«

Die beiden Offiziere richteten sich gleichzeitig auf, standen ungewohnt nah vor mir, und ich meldete mich zur Stelle. Der Kaleu sah sehr jugendlich aus. Er blickte mich mit stahlblauen Augen durchdringend an und stellte dazu nassforsch fest: »Na endlich! Willkommen an Bord, Staller! Wird auch langsam Zeit, dass wir wenigstens personell vollständig werden! Sie waren mit Lüdden auf U 188?«

»Jawoll, Herr Kaleu!«

»Gut so. Wenigstens wieder ein erfahrener U-Boot-Fahrer an Bord.« Er ging offenbar davon aus, dass ich seinen Namen schon kannte, und deutete nun auf den Leutnant. »Leutnant Marker ist unser erster WO. Sie sind seiner Wache zugeteilt. Die anderen werden Sie noch kennenlernen. Machen Sie sich rasch mit dem Boot vertraut. Danach überprüfen Sie als Erstes unsere Waffen! Vor allem unsere Flak und die MGs!«

Der LI war derweil längst durch das Schott zum Dieselraum geklettert, und ich fragte mich verunsichert, ob dieser eingebildete junge Schnösel tatsächlich mein Kommandant sein sollte. Leutnant Marker blickte kurz auf meine Stofftasche mit der Bordausrüstung und erklärte: »Ihre Koje finden Sie im Bugraum, Staller.«

Zunächst ging ich durchs Boot und machte mich mit den Mitgliedern der Besatzung bekannt. Dabei stellte ich fest, dass mit Ausnahme der Dieselleute nur wenige erfahrene U-Boot-Fahrer an Bord waren, was mich zutiefst beunruhigte. Während ich Hände schüttelte und den Alten in die Augen blickte, wurde mir klar, dass ich mit diesen überwiegend unerfahrenen Männern, die teilweise zudem noch erschreckend einsatzwillig wirkten, kaum eine Überlebenschance haben würde. Innerlich bebend fragte ich mich: »Muss ich jetzt am Ende etwa doch noch in dieser überalterten Stahlgurke absaufen?« Da kam mir ein tröstender Gedanke: »Tauchen können wir zurzeit ja nicht. Es könnte doch sein, dass ich gerade auf dem Turm bin, wenn hier auf der Weser Bienen oder auf offener See feindliche Korvetten oder Zerstörer diesem alten Kasten den Gnadenschuss verpassen. Von dort oben kann ich mich vielleicht durch einen Sprung ins Wasser retten. Im Augenblick sind wir bei diesem Schmuddelwetter wenigstens noch einige Zeit vor Fliegern sicher.«

Die Waffenkammer unter der Zentrale war enger als ein Sarg, doch der außerordentlich gute Zustand der MGs, der Handfeuerwaffen und Munition überraschte mich. Mit der kleinkalibrigen Flak an Deck dagegen konnte nur ein ganz ausgezeichneter Schütze eine für uns rettende Wirkung erzielen. Mit fortschreitender Zeit verspürte ich Hunger. Wie und woher der Smut an seiner kaum als solche zu bezeichnenden Kochstelle das ausgezeichnete Abendessen zauberte, fragte keiner.

Unser dritter WO, Oberbootsmann Stahl, wurde zusammen mit mir am nächsten Vormittag zu einem flussaufwärts gelegenen Marinedepot befohlen. Mit einer kleinen werfteigenen Barkasse sollten wir dort die genau aufgelisteten Lebensmittel für die Besatzung abholen. Stahl saß während der kurzen Fahrt auf der Weser am Ruder und nahm seine qualmende Stummelpfeife nicht aus dem Mund, als er mich aufforderte: »Der Himmel ist zwar dicht, aber trotzdem: Gut beobachten! Den verdammten Bienen ist nicht zu trauen! Ich halte mich vorsichtshalber nahe am Ufer.«

Nach etwa einer halben Stunde betraten wir eine nur wenige Meter vom Ufer entfernte Lagerhalle. Staunend betrachtete ich die bis fast unter die Decke aufgestapelten Vorräte des bisher unbeschädigten Depots. Zutiefst ergrimmt dachte ich: Da draußen hungern Frauen mit ihren Kindern, und hier lagert alles, was das Herz begehrt. Noch während ich überlegte, wurde mir schlagartig klar, wie es dem Smut möglich war, uns so ausgezeichnet zu verpflegen. Stahl kam hier öfter her.

Er schien den mit seinen Schätzen geizenden Stabszahlmeister in seiner gepflegten Uniform gut zu kennen, denn ich hörte ihn fast vertraulich sagen: »Herr Stabszahlmeister! Wir haben doch genügend Platz auf unserer Barkasse. Wollen Sie etwa diese Büchsen mit ungarischem Rindergulasch, diese leckeren Kartoffeln und die anderen Köstlichkeiten den Bomben zum Fraß vorwerfen? Geben Sie doch Ihrem Herzen einen Stoß! Sobald wir startklar sind, müssen wir auf See wieder von Hartbrot leben. Die Jungs könnten einen kleinen Fettvorrat gut gebrauchen.« Stahl schien den Depotverwalter überzeugt zu haben, denn wir luden viel mehr in die Barkasse, als auf unserer Liste stand.

Auf der Rückfahrt hatte Stahl eine duftende Zigarre im Mund und warf mir grinsend eine Stange Zigaretten zu. Der Smut schien schon auf uns gewartet zu haben, als wir längsseits neben dem Turm festmachten.

Zwei Tage später stand ich bei hereinbrechender Dunkelheit mit Leutnant Marker, Bootsmann Schreiber und dem noch unerfahrenen Gefreiten Scholz auf dem Turm, als wir die Weser abwärts fuhren. Die Diesel waren nur notdürftig repariert. Sie sollten in Bremen-Vegesack mit Bordmitteln nochmals gründlich überholt werden, bevor der Schnorchel eingebaut werden konnte. Wohin unsere Reise dann gehen sollte, war mir nach wie vor schleierhaft.

Ein Schnorchel für uns war in Vegesack nicht angeliefert worden. Unser Kommandant tobte. Der ruhende Pol im Boot schien LI Seidl zu sein, der unserem Kaleu vorschlug, in unmittelbarer Nähe eines im Bau befindlichen U-Boot-Bunkers zu ankern. »Die Baustelle hat Gleisanschluss. Hier soll doch unser Schnorchel eintreffen. Den Steuerborddiesel muss ich mir mit meinen Männern ohnehin noch sehr gründlich vornehmen, und für den Backborddiesel kann ich auch noch nicht garantieren. Seetüchtig sind beide noch nicht, Herr Kaleu!«

»Die Panzer der Tommys kommen immer näher. Sie dürfen uns keinesfalls hier überraschen.«

Ich kletterte gerade zusammen mit Oberbootsmann Stahl hinter den beiden zur Brücke hinauf und konnte den Rest der Diskussion nicht mehr verstehen.

Stahl und ich hatten uns in den vergangenen Tagen ein wenig angefreundet. Er hatte mehrere Feindfahrten überlebt, kannte meine Befürchtungen. Wir wussten voneinander, dass wir, zum Gehorsam gezwungen, uns beide nicht danach sehnten, für dieses wahnwitzige Regime sinnlos zu sterben. Gerade hatten wir erneut den Auftrag erhalten, im Marinedepot Nachschub abzuholen, und sprangen vom Turm an Deck. »Hat inzwischen jemand diesen Kahn betreten?«, fragte Stahl den jungen Matrosen, der als Deckwache eingeteilt war. »Nein, Herr Oberbootsmann!« Der Matrose nahm stramme Haltung an, und Stahl bemerkte: »Schon gut. So formvollendet verkehren wir auf einem U-Boot nicht.«

Als wir in eine fremde Barkasse kletterten, deren Herkunft mir schleierhaft war, klärte Stahl mich auf: »Tja, Staller ... Dieses vollgetankte Prachtstück gehört zu den Bewachern der Zwangsarbeiter, die dort«, er deutete zur Baustelle am Flussufer, »diese Ungetüme von U-Boot-Bunkern bauen. Unser Kaleu scheint gute Beziehungen zu haben, denn dort durfte ich es entleihen.«

Bei der Fahrt entlang dem Ufer der Weser war der Himmel über uns nur lückenhaft bewölkt. Ich hatte zu unserer Sicherheit ein Fernglas bei mir, um Tiefflieger rechtzeitig erkennen zu können. Stahl schien sich völlig auf mich zu verlassen, blickte aber dennoch hin und wieder prüfend Richtung Flussufer. Wir hatten Bremen schon hinter uns gelassen und waren etwa noch eine Seemeile vom Depot entfernt, als lautes Sirenengeheul einsetzte. Stahl gab Vollgas. Der Bug der Barkasse hob sich aus dem Wasser, und wenige Minuten später konnten wir direkt am Kai des Depots festmachen. In der Stadt und auch weiter flussabwärts in der Nähe unseres Bootes und der Bunkerbaustellen ratterte Flakfeuer, das mit den zahlreichen Bombeneinschlägen und dem grollenden Brummen starker Flugzeugmotoren zu einem schaurigen Inferno anwuchs.

»Mal sehen, wer hier noch zu Hause ist!« Stahl stemmte sich gegen ein großes Schiebetor, und schon standen wir in der Lagerhalle vor den sauber aufgestapelten Schätzen. Niemand war zu sehen. Stahl ergriff die Deichsel eines kleinen Transportkarrens mit Gummireifen und stellte sachlich fest: »Nur keine falsche Bescheidenheit, Staller. Die Herren bleiben sicher nur so lang im Keller, bis dieser Spuk vorüber ist. Sehr viel Zeit haben wir also nicht, um uns hier nach Belieben zu bedienen. Nur das Beste aussuchen!«

Mehrmals spurteten wir mit unserem voll beladenen Transportkarren zwischen dem Lager und unserer Anlegestelle hin und her. Nach etwas mehr als 20 Minuten schoben wir das Tor wieder zu und liefen zu der Barkasse, die nun tief im Wasser lag. Niemand hatte uns gestört. Wir hatten sehr umsichtig ausgewählt und sogar bereits auf den Karren geladene Kartons wieder heruntergeworfen, um sie durch Nahrhafteres zu erset-

zen. Langsam tuckerten wir mit unserer Beute flussabwärts. Jetzt stand ich mit gespreizten Beinen am Bug
und lehnte meinen Rücken gegen die aufgestapelten
Kartoffel- und Mehlsäcke, große Kartons mit Fleisch-
und Fischkonserven sowie Hartwürsten. Vor uns war
es in Bremen und seinen immer noch arbeitenden Werf-
ten wieder ruhiger geworden. Die ohnehin nicht mehr
sehr effektvolle Flakabwehr war verstummt und das
vereinzelte Brummen abdrehender Flugzeuge wurde
stetig schwächer.

Wieder einmal wandte ich mich um, um den Himmel hinter uns abzusuchen. Dabei schaute ich kurz
in das ernste Gesicht von Stahl, der stehend steuerte
und gerade noch über unseren Warenstapel hinweg-
blicken konnte. Leise sagte er zu mir: »Weiter beobachten, Staller! Bienen können überall herumschwir-
ren. Aber was anderes: Gestern, als ich an der Zentrale
vorbeiging, habe ich eine interessante Unterhaltung
mitbekommen. Der Kommandant ist mehr als unge-
halten, weil unser Schnorchelchen einfach nicht eintreffen will. Er befürchtet, dass die Engländer schneller bei unserem Boot sein könnten als dieses Wunder
der Technik. Unser LI bekam vom Alten den Befehl,
die Diesel umgehend zu reparieren und das für den
Schnorchelmast vorgesehene Loch hinter unserem
Turm wieder mit Stahlblech abzudichten. Seidl hielt
ihm entgegen, dass dadurch das Boot bei Sturm sogar
über Wasser volllaufen könne. Das hat der Kaleu aber
als weit übertrieben zurückgewiesen.« Stahl überlegte kurz, bevor er hinzufügte: »Zurzeit weiß niemand,
wo sich die U-Boot-Einsatzzentrale befindet. Sie hat
allerdings befohlen, dass wir ohne Schnorchel nach

Norwegen schleichen sollen, um uns von dort aus am Endsieg beteiligen zu können. Staller, als alter Hase an Bord sollten Sie Bescheid wissen, aber natürlich schweigen: Das wird heute wohl unsere letzte Fahrt auf der Weser gewesen sein.«

»Das kann ja heiter werden«, entgegnete ich nur und suchte wie gewohnt weiter den Himmel ab. Als ich nochmals kurz zu Stahl blickte, sah ich ihn ruhig und so gelassen lächeln, als würde er noch deutlich mehr wissen, als er mir anvertraut hatte. Dabei war mir klar, dass es sinnlos wäre, weitere Fragen zu stellen.

Mit unserer reichen Beute wurden wir am Boot freudig begrüßt. Der Smut führte das Kommando, holte jeden verfügbaren Mann herbei, und binnen weniger als zehn Minuten war die Barkasse entleert und konnte zurückgebracht werden.

Es begann schon zu dunkeln, als ich die Einzelwache auf dem Turm antrat. Unten im Dieselraum wurde laut gearbeitet. Kurz zuvor hatte ich sehen können, dass im E-Raum ein alter Junkers-Pressluftverdichter zerlegt auf dem Flurboden lag.

Beim Luftangriff am vergangenen Nachmittag waren einige Bomben auch auf die noch im Bau befindlichen U-Boot-Bunker in der Nähe unseres Ankerplatzes gefallen. Ein nicht weit vom Ufer entferntes, vor wenigen Stunden noch stattliches Gehöft hatten die englischen Bomber in Schutt und Asche gelegt. Ein paar schwarzbunte Kühe lagen mit ausgestreckten Beinen tot auf der Weide. Die dahinter liegenden Bunkerteile schienen unbeschädigt zu sein. Als knapp 50 Meter vom Boot eine Bombe an Land explodierte, zuckte ich reflexartig zusammen. Da weit und breit kein Flugzeug zu hören oder zu sehen war, konnte es sich nur um einen Zeitzünder gehandelt haben.

Die Detonation war gerade erst verhallt, da glaubte ich meinen Augen nicht zu trauen: Am Rand der riesigen Baustelle entdeckte ich dunkle Schatten. Interessiert korrigierte ich die eingestellte Entfernung an meinem Glas. Ein grau uniformierter Bewacher ging an der Spitze einer kleinen Gruppe von Männern und ein weiterer folgte an deren Ende. Es waren Zwangsarbeiter, bekleidet mit schwarz-weiß gestreiften Anzügen und ebensolchen Mützen. Jeder von ihnen trug zwei Blecheimer. Mir wurde schlagartig klar, dass es sich um KZ-Insassen handeln musste. Der vordere Posten ging zielstrebig, langsam und hoch aufgerichtet auf die ihm am nächsten gelegene Rinderleiche zu. Sie waren jetzt noch 40 oder 50 Meter von dem aufgedunsenen Kadaver entfernt, da kam unerwartet Leben in die bisher träge dahintrottenden Männer. Die abgemagerten Gestalten wurden schneller, stolperten auf die Kuh zu und begannen sich dort regelrecht zu balgen. Durch meine Okulare konnte ich deutlich erkennen, wie der zuvor aufgeblasene Körper der Kuh in sich zusammensackte. Ich konnte mir gut vorstellen, wie stinkende Gase aus dem Tierleib entwichen, und fühlte Ekel, aber mehr noch tiefes Mitleid mit diesen Hungernden. Es war kaum zu fassen! Beide Wachen standen völlig unbeteiligt daneben und rauchten Zigaretten. Bei diesem Anblick war ich zugleich erschüttert, wütend, zutiefst beschämt und traurig. In Lorient und Bordeaux waren die Bunker von den Angehörigen einer deutschen Arbeitsorganisation erbaut worden. Und jetzt dies? Wie Schuppen fiel es mir von den Augen, in meinem Hals würgte es. Wie hatten die es nur geschafft, diese Wirklichkeit so lange vor uns zu verbergen?

Sollten wir in Gefangenschaft geraten, dann würde man uns doch grausam für solche Verbrechen büßen lassen! Ich wusste nicht mehr, was ich denken oder glauben sollte, in mir war nur noch Leere.

Mit dieser Beobachtung und meinem Entsetzen beschäftigt, registrierte ich zunächst nicht, dass es im Boot merkwürdig still geworden war. Marker, der erste WO, kam mit den zwei restlichen Männern unserer Wache zu mir auf den Turm, die Diesel sprangen an und Abgase entwichen geräuschvoll aus den beiden Heckrohren. »Was ist denn jetzt los?«, fragte ich flüsternd meinen Nachbarn. Marker hatte mich gehört und erklärte leise: »Wir fahren nur bis Bremerhaven. Dort werden die Schnorchelöffnung abgedichtet, die Diesel nochmals überprüft, und dann kann's losgehen.«

Das diffuse Nachtlicht ließ die Konturen unseres kleinen Bootes auf dem grauschwarzen Wasser der Weser zu einem undeutlichen Schatten zerfließen, als wir uns langsam vom Ufer lösten. Jetzt entdeckte Marker in seinem Glas ebenfalls das Gewühle, das inzwischen an mehreren der Kuhkadaver am Ufer entstanden war. Er fragte mich: »Was ist denn dort drüben los, Staller?« Mit rauer Stimme teilte ich ihm kurz mit, was dort vor sich ging. Der Leutnant konnte nicht reagieren, denn in diesem Augenblick erschien der Kommandant auf dem Turm und sprach ihn an: »Endlich haben Seidl und seine Männer es geschafft, unsere Diesel halbwegs flott zu machen. Meines Erachtens hat das lange genug gedauert. Das spricht nicht gerade für die Fronterfahrung unseres LIs.«

»Jawohl, Herr Kaleu!«

Drei Tage lagen wir in Bremerhaven. Der Kommandant wurde richtig nervös, als gemeldet wurde, dass englische Panzerverbände immer weiter vorrückten. Der LI aber meldete die Diesel immer noch nicht klar. Auch für die Seetüchtigkeit der Abdichtung der Schnorchelöffnung wollte und konnte Seidl nicht garantieren. Schon am Abend des zweiten Tages hörten alle, dass der Kommandant in der Zentrale den LI anherrschte: »Wir sitzen doch hier wie eine Maus in der Falle! Jetzt zeigen Sie gefälligst endlich mal, was Sie angeblich können! Ich habe Befehl, in spätestens 24 Stunden auszulaufen. Wenn Sie diese längst überfällige Reparatur bis dahin nicht geschafft haben, bringe ich Sie und Ihre Männer vors Kriegsgericht!«

»24 Stunden. Jawoll, Herr Kaleu!« Die Dieselreparatur schien tatsächlich gelungen, denn am späten Abend nach dieser Drohung liefen wir aus. Wie ein Dieb in der Nacht schlich sich unser antikes Boot aus dem Hafen. Marker, wir drei Männer der Brückenwache und der Kommandant standen auf dem Turm. Wir nahmen Kurs auf die Helgoländer Bucht, und ich hörte, wie der Kommandant befahl: »Volle Fahrt voraus!« Wieselflink verschwand er im Turmluk. Sekunden später war er über die Bordsprechanlage zu vernehmen: »Männer! Wir haben unseren Auftrag pflichtgemäß zu erfüllen. Wir müssen dieses Boot nach Norwegen bringen, damit es von dort aus weiterkämpfen kann! Aus zuverlässiger Quelle weiß ich genau, dass schon in den nächsten Tagen unsere Wunderwaffe zum Einsatz kommt. Die Welt glaubt, wir seien schon besiegt. Sie wird staunen, wenn sie stattdessen feststellen muss, dass wir dazu fähig sind, unsere Gegner so vernichtend zu schlagen, wie noch niemals zuvor ein Feind besiegt worden ist. Mir wurde zugesichert, dass wir von deutschem Boden aus englische, russische, sogar amerikanische und andere Feindstädte praktisch verschwinden lassen können!« Er holte Luft und fuhr fort: »Wie Sie alle wissen, waren die Opfer des alliierten Luftterrors zumeist Frauen und Kinder sowie alte Leute und Wehruntüchtige. Meine Familie beispielsweise verbrannte in Dresden. Davon aber möchte ich jetzt nicht sprechen.«

An dieser Stelle legte der Kommandant eine eindrucksvolle Kunstpause ein. »Einige von Ihnen scheinen etwas mutlos zu sein. Aber dafür besteht kein Anlass! Bald schon wird jeder feststellen können, was für eine Wunderwaffe deutscher Erfindergeist geschaffen hat.«

Ich dachte nur: »Das glaubt der ja wohl selber nicht.«

Die Ansprache wurde jäh unterbrochen. Ein merklicher Ruck durchfuhr das Boot, und unregelmäßige Auspuffgeräusche am Heck sowie das nachlassende Rauschen der Bugwelle ließen keinen Zweifel, dass die Dieselmotoren ihre Dienste verweigerten. Wir dümpelten kraftlos auf den Wellen, und ich stellte mir vor, wie Feindflieger uns bei Tagesanbruch als Zielscheibe benützten.

In der Zentrale fand ein lauter Wortwechsel statt. Minuten später hörte ich hinter meinem Rücken den Kommandanten resigniert zu Marker sagen: »Mit diesem Boot ist tatsächlich nichts mehr los. Jetzt hat doch bei dieser kurzen Strecke auch noch der andere Diesel gestreikt. Der LI meint, wir können mit Tricks vielleicht gerade noch Wilhelmshaven erreichen und dort reparieren.« Da ich achteraus zu beobachten hatte, konnte ich nicht sehen, wie sich der Kommandant über das Sprachrohr beugte, doch ich konnte hören, dass er die Kursänderung befahl. Danach erkundigte er sich bei Marker: »Marker, was ist Ihre Meinung zu dieser Entwicklung?«

»Ganz überraschend ist das nicht, Herr Kaleu.« Der Kommandant schwieg. Sein Gesicht konnte ich nicht sehen, doch ich hörte, wie er wieder in die Zentrale hinunterkletterte. Nicht einmal bei Tag kann man in andere Menschen hineinblicken und ihre Gedanken erahnen und noch viel weniger bei Dunkelheit, wenn man ihre Mienen nicht erkennen kann. Keiner von uns Männern auf der Brücke sprach ein Wort. Jeder starrte in sein Glas. Doch ich war mir fast sicher, dass die anderen genau wie ich heilfroh waren, mit diesem schwimmenden Sarg nicht untergehen zu müssen. Ich begann zu hoffen, dass uns das mit etwas Glück auch künftig erspart blieb. Warum nur kamen die Tommys nicht etwas schneller aus Holland nach Ostfriesland? Wohl fast alle an Bord wünschten sich inzwischen heimlich, dass es nicht gelingen möge, die Diesel rechtzeitig wieder einsatzfähig zu machen. Jedenfalls ertappte ich mich bei der Überlegung, dass Gefangenschaft besser wäre als der Tod, auch wenn wir befürchten mussten, dass unsere Gegner Rache für die ihnen durch uns U-Boot-Fahrer zugefügten Verluste nahmen. Hoffnungsfroh und irgendwie erleichtert dachte ich trotzig: »Und wenn schon! Das werde ich auch noch überleben!«

Als wir gegen Mitternacht in Wilhelmshaven von Bord gingen, war ich nicht unglücklich. Der LI, seine Männer und auch der Kommandant blieben im Boot, während die anderen Besatzungsmitglieder mit Marker und einem Matrosen vom Standort zur nahe gelegenen Marinekaserne gingen. Auf der kurzen Wegstrecke versuchte ich die Stadt zu erkennen, die etwas vom Ufer entfernt lag. Doch wegen der Fliegergefahr war alles gründlich abgedunkelt, und ich konnte nicht den geringsten Lichtschimmer wahrnehmen.

Erst am Morgen, als wir unsere Buden verließen, konnten wir feststellen, dass es in der Kaserne noch ein paar andere U-Boot-Fahrer gab, die es aus den verschiedensten Gründen hierher verschlagen hatte. Gegen Mittag erfuhren wir, dass unser Boot überraschenden Besuch von einer technischen Untersuchungskommission erhalten hatte. Nicht nur ich war deshalb beunruhigt. Keiner sprach es aus, doch jeder fragte sich, ob unsere Motoren tatsächlich so defekt waren, wie die Dieselmannschaft und der LI gemeldet hatten.

Gegen Mittag sahen wir Seidl mit seinen Männern in die Kaserne kommen. Wir waren noch nicht lange genug zusammen, um uns so gut zu kennen, doch ich glaubte, Erleichterung in ihren müden Gesichtern zu sehen. Minuten später stürmte ein Matrosengefreiter in unsere Bude und rief: »Kein Boot dem Feind! Geht ans Fenster, vielleicht könnt ihr von hier aus sehen, wie euer altes Prachtstück in die Luft gejagt wird. Das Sprengkommando ist schon dabei, seine Pflicht zu erfüllen!« Als auch ich zum Fenster eilte und dabei kurz in die Gesichter der anderen blickte, sah ich ernste, keinesfalls aber traurige Mienen.

Zwei Tage lang verharrten wir in nervöser Ungewissheit, lenkten uns mit endlos langen Skatrunden ab, wunderten uns darüber, dass Meer und Himmel so ruhig blieben und dass wir kaum Vorgesetzte zu Gesicht bekamen. Weil alle wussten, dass der Krieg in einigen Tagen zu Ende war, feierten wir schon mal mit ein paar Flaschen Schnaps, die ein cleverer Kamerad irgendwo organisieren konnte. »Hoch die Tassen!« Wir konnten unser Glück noch gar nicht fassen: Wir hatten überlebt! Die Großküche der Kaserne handelte wohl auch nach der Devise »Nichts dem Feind«, denn wir aßen so reichlich und gut, wie schon lange nicht mehr. Allerdings durften wir die Kaserne nicht verlassen.

Am 3. Mai 1945 gegen neun Uhr stampften UvDs durch alle Flure und befahlen uns zum Appell auf den Kasernenhof. Viel langsamer als sonst, jedoch sehr gespannt, nahm ich einen Platz in den langen Reihen ein. Vor uns in der Nähe des Kasernentors stand, ebenfalls angetreten, eine größere Anzahl von Marineoffizieren. Alle blickten mit todernsten Gesichtern zum Kasernentor. Dann hörten wir näher kommendes Kettengerassel und Motorenlärm. »Das sind doch Panzer!«

»Wir kommen in Gefangenschaft!«

»Ob die uns U-Boot-Fahrer gleich aussondern?«

»Egal! Hauptsache ist, dass für uns dieser Krieg endlich zu Ende ist!« Alle redeten durcheinander. Schon seit einigen Tagen hatte ich mir angewöhnt, mich durch die Vermutungen der Kameraden nicht noch mehr beunruhigen zu lassen, und starrte daher schweigend über den Kopf eines kleineren Matrosen hinweg auf einen britischen Panzer, der mit laufendem Motor vor dem Kasernentor stand und sein Kanonenrohr auf uns richtete. »Nanu? Will der etwa Hackfleisch aus uns machen, wie Goebbels prophezeit hat?« Stahl stand neben mir, als ich ihn dies fragen hörte. Jetzt fuhr ein kleines offenes Fahrzeug langsam am Panzer vorbei und hielt 20 Meter vor der Gruppe der Offiziere an. Der Fahrer blieb im Jeep sitzen, und ein britischer Offizier entstieg mit einer mir bisher unbekannten Lässigkeit dem Fahrzeug. Er ging locker in dennoch soldatischer Haltung auf die Gruppe zu, aus deren Reihen sich ein Offizier löste, dessen Dienstgrad ich nicht erkennen konnte.

Der Deutsche grüßte den Briten, indem er die Hand an seine Mütze legte. Dann übergab er dem Engländer seinen Offiziersdolch. Dieser grüßte ebenfalls – allerdings fiel mir auf, dass er die Innenfläche seiner Hand dabei nicht abwärts, sondern nach vorne gerichtet hielt. Er ergriff den Dolch, schien ihn einen kurzen Augenblick zu betrachten und abschätzend in seiner Hand zu wiegen. Dann aber verbeugte er sich kurz und höflich vor seinem Gegner und reichte ihm seinen Dolch zurück. War das britische Ritterlichkeit, an die bisher keiner so recht hatte glauben können?

Weitere britische Offiziere fuhren in den Kasernenhof ein und verhandelten einige Zeit mit den ranghöchsten Offizieren des Standorts. Wir alle verfolgten schweigend, wie den Briten dabei auch Listen überreicht wurden. Ein älterer Maat aus Seidls Dieselmannschaft bemerkte dazu sarkastisch: »Das nenne ich deutsche Gründlichkeit. Wahrscheinlich erhalten die Tommys jetzt unsere Namenslisten.«

Der Panzer am Tor rollte weiter, und die britischen Offiziere setzten sich einer nach dem anderen wieder zu ihren Fahrern in die Jeeps.

Nun trat der deutsche Standortkommandant vor unsere Reihen und rief: »Die englischen Offiziere bestätigten uns soeben, dass für den norddeutschen Raum

Waffenruhe vereinbart ist, an die wir uns auf Ehrenwort zu halten haben! Wir sind von diesem Augenblick an ihre Gefangenen, bewachen uns jedoch selbst!« Wegen des ringsum aufkommenden leisen Stimmengemurmels in unseren Reihen befahl er: »Ruhe! Mehr Disziplin bitte! Wir behalten alle unsere Uniformen mit den Dienstgradabzeichen sowie unsere Orden und Ehrenzeichen. Jeder Mann bleibt weiterhin zu unbedingtem Gehorsam verpflichtet. Bei der vereinbarten Waffenruhe wurde den Engländern zugesichert, dass jeder Deutsche ihre Anweisungen oder die der ebenfalls hier anwesenden Kanadier befolgen wird. Ab sofort muss die noch vorhandene Verpflegung rationiert werden, da die Alliierten die große Zahl ihrer Gefangenen vorerst nicht versorgen können!« An dieser Stelle blickten Stahl und ich uns kurz an und dachten dabei wohl beide an das schöne Versorgungsdepot bei Bremen. Dann lauschten wir wieder den Worten des Offiziers. »Ungehorsam wird weiterhin nach deutschem Kriegsrecht unnachsichtig geahndet. Verhalten Sie sich dementsprechend – so wie vor dieser Waffenruhe! Sie werden jetzt sofort sämtliche Schusswaffen, die in der Kaserne vorhanden sind, hier auf dem Kasernenhof ablegen. Von diesem Augenblick an ist der Besitz von Schusswaffen bei Todesstrafe verboten. Das war fürs Erste. Wegtreten!«

Mit ein paar Kameraden war ich dazu eingeteilt, die in der Kaserne befindlichen Waffen und alle dazugehörige Munition ordentlich auf dem Hof zu stapeln. Kaum hatten wir die Waffenkammern geleert, fuhren schon britische Lastkraftwagen vor, und wir waren über eine Stunde lang intensiv damit beschäftigt, diese mit Karabinern, MPs, Maschinengewehren und dergleichen zu beladen. Als sie abfuhren, folgten ihnen alle Blicke. Was die Kameraden wohl dachten, fragte ich mich. Ich jedenfalls war nicht traurig darüber, die Schusswaffen nicht mehr um mich haben zu müssen.

Als wir an diesem Tag zur Essensausgabe drängten, teilten uns ein paar erboste Matrosen mit, dass sie dort hatten beobachten können, wie die Küchenbullen Wasser in die für uns Mannschaften bestimmten Kochkessel gossen, nachdem die Offiziere im Kantinenraum gespeist hatten. Trotzdem waren wir erstaunt, dass der Essenausgeber an diesem Tag unsere Kochgeschirre mit dünnflüssiger Suppe undefinierbaren Geschmacks füllte. Dabei schien er darauf bedacht, dass niemand zu viel bekam. Unseren Protesten hielt er ungerührt entgegen: »Jungs! Nachschub kommt ganz sicher keiner mehr. Wir müssen ab heute streng mit unseren Vorräten haushalten. Kein Mensch kann wissen, wie lange wir damit zurechtkommen müssen. Außerdem liefern die Tommys fast stündlich neue Gefangene bei uns ab, auch Versprengte von der Luftwaffe und dem Heer!«

Am Nachmittag gab es für uns U-Boot-Fahrer eine Überraschung. Ein mit unseren Seesäcken beladener englischer Armeelaster hielt auf dem Hof. Als mein Name aufgerufen wurde, griff ich froh nach meinem Seesack, den ich längst verloren geglaubt hatte. Wir hätten uns jetzt alle umkleiden können, doch es kursierte das Gerücht, dass wir ab morgen zu irgendeinem Arbeitseinsatz abkommandiert werden sollten, und hielten unsere U-Boot-Päckchen für die bessere Arbeitskleidung.

Am folgenden Morgen holten uns tatsächlich kanadische Lastwagen ab und brachten uns an die Küste zu verlassenen deutschen Geschützstellungen. Den ganzen Tag über schleppten wir unter strenger Bewachung der Kanadier Artillerie- und Flakmunition aus den Erdbunkern zu den Lastwagen. Dabei waren wir angenehm überrascht, wie freundlich die Bewacher uns behandelten. Einige von ihnen steckten uns sogar heimlich Zigaretten zu, wenn sie sich von ihren Vorgesetzten unbeobachtet glaubten. Wir waren Gefangene und als solche froh darüber, den Krieg überlebt zu haben. Die Sieger schienen ähnlich zu empfinden. Es herrschte so etwas wie eine zwar verschieden geartete, aber dennoch gemeinsam empfundene Freude darüber, dass dieses Morden endlich beendet war. Dennoch erschrak ich immer wieder, sobald Flugzeugmotoren zu hören waren. Uns allen schien diese plötzlich eingekehrte Ruhe ein wenig unheimlich, auf alle Fälle aber schwer zu begreifen.

Bis der letzte Munitionsbunker geleert war, vergingen zwei arbeitsreiche Wochen. Dabei wurden die Essensrationen von Tag zu Tag kleiner. Schon am Abend des zweiten Arbeitstages hörten wir aufgebrachte Matrosen rufen. Auch wir beugten uns aus den Fenstern unserer Buden. Dazu klopften wir mit unseren Essbestecken lärmend gegen die Kochgeschirre. Wir waren so aufgebracht, weil wir schlechter verpflegt wurden als die Offiziere. Es gab einen Sprechchor: »Dick und kräftig war die Suppe, Matrosen haben sie getrunken!« Ein altgedienter Maat mahnte uns zur Ruhe: »Aber Jungs, woher sollen denn die Tommys so rasch die Verpflegung für so unerwartet viele Gefangene herbeischaffen?« Sogleich wurde er laut unterbrochen: »Pah! Dann sollen diese Herren gefälligst genauso hungern wie wir!«

261

Der Maat ließ sich nicht beirren und sprach ruhig weiter: »In den vergangenen Tagen sind so viele Soldaten und Zivilisten vor den Russen geflohen und über die Elbe zu uns gekommen. Die Amis im Süden der Elbe schicken die Ostfrontflüchtlinge angeblich einfach wieder zum Russen zurück! Seid froh darüber, dass ihr hier sein könnt!«

»Das sind wir ja! Aber nenne mir nur einen vernünftigen Grund dafür, warum die Herren Offiziere besser verpflegt werden sollen als wir!«

Noch während unserer Aufräumungsarbeiten hatte uns am 8. Mai die Nachricht vom Tod Adolf Hitlers und der bedingungslosen Kapitulation des Deutschen Reiches erreicht. Wir nahmen dies ausnahmslos still und fast gelassen hin. Nur wenige kommentierten das endgültige Kriegsende: »Die Wunderwaffe haben jetzt wohl die anderen.« Oder: »Dieses Tausendjährige Reich kam mir sehr lang vor, obwohl es nur zwölf Jahre dauerte.«

»Angeblich sollen wir jetzt gemeinsam mit den Westmächten gegen die Sowjets kämpfen!«

»Mir doch egal. Hauptsache, ich lebe noch.« Auch mir schien dies die Hauptsache zu sein, doch ich dachte auch an meine ungewisse Zukunft. Hoffentlich war ich bald zu Hause. Ich wusste wenigstens, wo das war, andere hatten weniger Glück. Denn ihre Heimatorte lagen im Osten Deutschlands und waren längst von den Sowjets überrannt. Viele wussten nicht, ob ihre Angehörigen rechtzeitig vor den anstürmenden Russen hatten fliehen können.

Mitte Mai wussten die Tommys wohl selbst nicht mehr, wie sie uns verpflegen sollten. Kanadier fuhren uns mit Lastern aus der Kaserne. Auf unserer Ladefläche standen überwiegend Matrosen mit ihren Seesäcken. Wir hegten völlig unterschiedliche Vermutungen, wohin diese Reise gehen würde. Die hoffnungsvollste davon war, dass wir einfach entlassen wurden. Stattdessen aber verteilten uns die Kanadier auf ein paar Dörfer in Ostfriesland, und so sprang ich mit einigen anderen Matrosen in Pilsum vom Laster. Ein deutscher Marineleutnant stand auf der Straße neben einem englischen Offizier vor dessen Jeep und erklärte uns: »Sie dürfen sich hier nördlich des Ems-Jade-Kanals frei bewegen.« Er deutete mit ausgestrecktem Arm auf eine Ziegelei am Dorfrand und fügte hinzu: »Dort ist ein Smut mit einer Feldküche, der für Sie und alle, die sich hier im näheren Umland aufhalten, kocht, soweit es möglich ist!« Dann warnte er uns: »Eines aber ist strengstens untersagt: Niemand darf den Kanal überschreiten! Wir haben uns hier in Küstennähe zur Verfügung zu halten. Der Kanal ist die Demarkationslinie und wird streng bewacht!«

Zusammen mit sechs anderen nahm ich Quartier im Stall eines großen Gehöfts. In einer leeren Rinderbox – die Kühe befanden sich auf der Weide – richteten wir uns so gut wie möglich ein. Zunächst erkundeten wir die Umgebung und boten unsere Arbeitskraft ein paar betagten Landwirten an. Dies war jedoch vergebens, denn andere waren uns schon zuvorgekommen. Somit spielten wir viel Skat und schlenderten auf schmalen Feldwegen durch die Viehweiden. Am dritten Tag standen wir wieder einmal vor der Gulaschkanone des Smuts; wieder konnte dieser unsere Kochgeschirre nur mit gekochten Saubohnen füllen, und unser Murren schien ihn kaum zu berühren. Als jedoch einer in der langen Warteschlange nach vorne rief: »He, Hannes! Kannst du denn nicht endlich was Vernünftiges kochen?«, gab der Smut ungeduldig zurück: »Tut mir ja leid für euch, Jungs! Aber etwas anderes habe ich nicht geliefert bekommen! Versucht doch, mal wieder selbst für euch zu sorgen. Ihr seid doch früher immer so einfallsreich gewesen!«

Auch mir knurrte der Magen, und als ich das hörte, dachte ich bei mir: »Damit hat der Smut nicht unrecht. Weshalb habe ich einen Beruf gelernt und kann zudem mit Holz und Hobel umgehen?«

Noch am selben Nachmittag begann ich mich im Dorf umzusehen. Nach einer längeren Unterhaltung überließ mir ein alter Wagnermeister die kleine Kammer über seiner Werkstätte und meinte: »Wir müssen doch zusammenstehen, Junge. Meine Frau und ich warten auch sehnsüchtig auf die Heimkehr unseres Sohnes. Geh' doch gleich mal rüber zu unserem Dorfschmied. Der Hein schmiedet sicher gern die Werkzeuge, die du zum Klavier- und Orgelstimmen brauchst.«

Tags darauf stimmte ich mit meinen etwas klobigen, aber durchaus brauchbaren Geräten das Klavier im Dorfkrug. Während meiner Lehrzeit als Orgelbauer in München hatte mein damaliger Lehrmeister immer wieder mein gut ausgeprägtes Musikgehör gelobt, und jetzt stellte ich zufrieden fest, dass ich es während der vergangenen Jahre nicht verloren hatte. Das alte, aber solide gebaute Instrument in der Gaststube war total verstimmt, doch gegen Mittag klang es wieder wie neu. Es erfüllte mich mit tiefer Befriedigung, als sich die alte Oma an die Tasten setzte und mit strahlendem Gesicht sehr gut zu spielen begann. Ihre Tochter war die derzeitige Wirtin und stand mit den beiden kleinen Töchtern hinter ihr, während sie gar nicht mehr aufhören wollte zu spielen. Endlich erhob sich die alte Frau, drückte mich fest an sich und rief spontan: »Junger Mann, Sie haben sich nicht nur ein Mittagessen sondern mindestens auch ein Abendbrot bei uns verdient. Kommen Sie doch gleich mit in die Küche.«

Es ergab sich im Handumdrehen, dass wir beim Du waren. Beim Anblick der duftenden Bratkartoffeln, Spiegeleier und des frischen Spinats begann ich zu schlucken. Ich musste mich sehr beherrschen, um mich nicht ungebührlich zu bedienen. Die Hausfrau hingegen ermunterte mich mehrmals, doch zuzugreifen. Ihre kleine Tochter, die vierjährige Marlene, erklärte mir munter kauend und sehr vertrauensvoll: »Weißt du, Toni, unser Papa ist noch in Russland. Aber er hat erst vor einem halben Jahr einen Feldpostbrief geschrieben. Oma sagt, dass er bald nach Hause kommen wird!«

Die Wirtin sah es mir wohl an, dass es mir nicht mehr so recht schmecken wollte. Sie versuchte deshalb, von diesem Thema abzulenken: »Da unsere gesunden Männer ausnahmslos eingezogen worden sind, müssen wir doch selbst für uns sorgen, Toni. Wir hier auf dem flachen Land kommen dabei noch einigermaßen über die Runden. Der Dorfkrug ist zwar zurzeit nur wenig einträglich, doch wir haben ja noch unsere Landwirtschaft. Oft frage ich mich aber, wie alte Leute oder Frauen mit ihren Kindern in den Kellerruinen von Hamburg oder anderen zerbombten Städten überleben können. Du hast sicher selbst schon gesehen, wie einige dieser Ärmsten der Armen jeden Tag durch die

Dorfstraße ziehen, um ihre letzten Wertgegenstände gegen Lebensmittel einzutauschen. Man nennt das zwar hamstern, aber eigentlich müssen sie schlicht betteln, um zu überleben. Natürlich geben wir, was möglich ist. Aber für so viele reicht es einfach nicht.«

In diesem Augenblick klopfte es an der Tür. Ein alter, ziemlich selbstbewusster Bauer stand im Türrahmen und sagte: »Guten Appetit! Lasst euch von mir nicht stören. Habe eben gehört, wie gut euer Klavier wieder klingen soll!« Der Mann ließ niemand zu Wort kommen, sondern wandte sich gleich an mich: »In meiner Wohnstube steht auch ein Klavier, das nicht mehr so recht will. Kommen Sie doch eben mal mit zu mir!«

Ich überdachte rasch das Angebot und wog es gegen das ausstehende Abendessen hier im Dorfkrug ab. Dann antwortete ich: »Natürlich, sehr gern! Beim Stimmen habe ich jedoch festgestellt, dass ich mein Werkzeug noch etwas verbessern muss. Spätestens morgen bin ich bei Ihnen.« Der nach Dorfsitte so selbstverständlich Eingetretene erklärte mir ausführlich, wo ich seinen Bauernhof finden konnte, bevor er uns wieder verließ. Von der Wirtin erfuhr ich dann, dass einer seiner Söhne in der Luftschlacht über England den Tod gefunden hatte und ein anderer in Stalingrad als vermisst galt. Onkel Gustav, wie er im Dorf genannt wurde, hoffte jetzt, dass wenigstens sein jüngster Sohn wieder gesund aus Amerika heimkehrte. Denn dorthin hätten ihn die Amis verschifft. Nur seine Trude, die 19 Jahre alte Tochter, war Onkel Gustav und seiner Frau geblieben.«

Früh am nächsten Morgen stand ich in der sauber gepflegten Wohnstube des mit einem eindrucksvollen Reetdach versehenen Bauernhauses. Der Hausherr bestand darauf, dass ich ihn Onkel Gustav nannte, und erklärte: »Mein Jüngster, der Heinrich, spielt doch so gut auf unserem Klavier. Wenn er aus Amerika zurückkehrt, dann soll es so gut klingen wie das im Dorfkrug. Aber dieses verstimmte, alte Stück gibt in letzter Zeit sogar ganz von selbst ganz eigenartige Töne von sich.« Er sah mich an und bemerkte mein ungläubiges Staunen, denn er fuhr fort: »Ja, ja! Nun guck doch nicht so unverschämt, du junger Matrose! Das ist wirklich so! Wir wissen nicht, was es sein könnte! Vielleicht kannst du das ja beim Stimmen herausfinden. Ich muss gleich zu ein paar Soldaten, die auf meinen Feldern arbeiten. Meine Frau Elsbeth und die Trude kannst du fragen, wenn du was brauchst.«

Die Tochter des alten Ehepaares kam trotz ihrer drallen Körperformen leichtfüßig aus der Küche geeilt und wich von nun an keinen Augenblick mehr von meiner Seite. Ihre langen Blondzöpfe reichten ihr bis zu den Hüften, und ich gestand mir ein, dass mich ihre verführerisch blitzenden dunklen Augen und ihr lockender Kirschmund sehr beunruhigten.

Als ich die dunkelbraune Holzblende vor den Klaviersaiten entfernte, entdeckte ich im unteren Teil des Klangkörpers hinter den Saiten ein Mäusenest mit ein paar neugeborenen Mäusen darin. Das also war der Grund für die unerklärlichen Töne! Als ich Trude meine Entdeckung zeigte, begannen wir beide gleichzeitig herzlich zu lachen. Sogleich drang Mutters Stimme durch die weit geöffnete Küchentür: »Es ist zwar sehr schön, dass in diesem Haus endlich mal wieder gelacht wird, doch der Anlass zu dieser Fröhlichkeit würde auch mich interessieren.«

»Ach Mutti, der junge U-Boot-Fahrer aus Bayern erzählte mir soeben, auf einem Bauernhof einmal ein Mäusenest im Klavier gefunden zu haben!« Trude legte kurz einen Finger vor ihren Mund, blinzelte mir zu und sprach dann weiter: »Bei uns ist das leider nicht so einfach. Es wird wohl noch dauern, bis unser alter Klimperkasten diese unheimlichen Töne nicht mehr von sich gibt. Erst dann kann er mit dem Stimmen beginnen.«

Wir nickten uns verschwörerisch zu. Rasch verfrachtete ich das Nest mit den Jungmäusen in Trudes dargebotene Schürze, und sie huschte damit flink aus der Stube. Während des ganzen Tages täuschte ich Geschäftigkeit vor, sobald ich mich von Trudes Eltern beobachtet fühlte. In dieser Nacht schlief ich nicht auf dem Strohsack in meiner Dachkammer und genoss wunderbare Mahlzeiten, wie sie zu dieser Zeit nur sogenannte Selbstversorger auf dem Land zubereiten konnten. Trude und ich verbargen unser Geheimnis geschickt vor ihren Eltern. Das von mir gestimmte Klavier klang erst kurz vor dem Mittagessen des zweiten Tages wieder harmonisch. Mutter Kraus wurde aus dem Dorfkrug geholt, es probehalber zu spielen. Beide Klavierbesitzer versprachen, meine Arbeit weiterzuempfehlen. In den folgenden Nächten schlich ich mich regelmäßig zu Trude, wo ich so gut verpflegt wurde, dass ich vor der Feldküche unseres Smuts nicht mehr Schlange stehen musste.

Einige Tage später fuhr ich mit einem geliehenen Fahrrad an die Küste zum malerisch gelegenen Fischerdorf Greetsiel. Die Wirtin des Dorfkruges in Pilsum hatte mich dem dortigen Pastor wärmstens empfohlen. Der Seelenhirte und ich waren uns vom ersten Augenblick an schon deshalb sympathisch, weil sein einziger

Sohn Flakschütze auf U 843 war. Dieses Monsunboot fuhr bei der Heimreise nur wenige Stunden vor Kiel auf eine Mine. Der Sohn des Pastors überlebte. Nach dem Essen führte mich der Pfarrer in die Kirche, wo ich feststellte, dass er ein ausgezeichneter Organist war. Als er mir seine Kirchenorgel zum Stimmen anvertraute, war ich glücklich, dass sein anfängliches Misstrauen in mein fachliches Können rasch dahinschwand.

Beim gemeinsamen Mittagessen des folgenden Tages erstaunte mich der Pastor, denn er war über unsere Monsunboote besser informiert als ich selbst. »Auf U 843 haben wenigstens unser Sohn und elf andere überlebt. Aus anderen Booten konnten sich viel weniger retten und aus den meisten niemand. Die Bilanz ist grauenerregend. Von den 45 Booten, die zum Indischen Ozean in Marsch gesetzt wurden, gelten 34 als versenkt; auf dem Hinweg, auf dem Rückweg oder im Bereich der sogenannten ›Glücklichen Inseln‹, von denen Sie ja eine kennen. Nur U 188 und einem weiteren Boot gelang die Rückkehr. Einige dieser Boote sind unterwegs in Gefangenschaft geraten oder befinden sich in den Händen der noch kämpfenden Japaner. Bis jetzt aber sind das 76 Prozent Verluste! Eine Rekordernte des Todes, wie sie mir von keinem anderen Kriegsschauplatz bekannt ist. Meine Frau und ich sind Gott so dankbar, dass unser Sohn verschont blieb.«

»Herr Pastor, woher haben Sie denn diese Zahlen?«

Mein Gastgeber hob leicht die Schultern: »Junger Mann, ich bin gut bekannt mit einem hohen Marineoffizier in Kiel.«

Drei Tage lang blieb ich in Greetsiel. Ich genoss die Aufgabe und freute mich, dass der Pastor mich an einige

Amtskollegen weiterempfahl. Nachdem ich mich verabschiedet hatte, brachte ich das Fahrrad nach Pilsum zurück und reiste fünf Tage später, dank Trudes Reiseproviant gut versorgt, per Bahn nach Emden. Am späten Vormittag betrat ich die Wasserburg Hinte, nachdem ich die zu ihr gehörigen weitläufigen Ländereien durchwandert hatte. Hier in der Burg sollte ich einen während der vergangenen Jahre etwas vernachlässigten Flügel stimmen. Der große, sehr hagere Hausherr und seine einfach, aber gut gekleidete Gattin begrüßten mich zuvorkommend. Noch bevor ich mit meiner Arbeit beginnen konnte, bat mich das vornehme Ehepaar an einen weiß gedeckten Tisch in einem ebenerdig gelegenen kleinen Zimmer. Der Hausherr klärte mich auf: »Unser Haus ist zurzeit mit Flüchtlingen belegt, auch unser großes Wohnzimmer.« Bei diesen Worten bot er mir einen Stuhl am runden Eichentisch an, von dem aus ich gut in den mit alten Bäumen bestandenen Park blicken konnte.

Als eine alte Köchin stolz lächelnd das Essen auf den Tisch stellte, entging der Dame des Hauses meine Überraschung nicht, denn sie fragte mich: »Herr Staller, wann haben Sie denn zuletzt Rehrücken gegessen?«

»Tut mir leid, aber das kann ich Ihnen beim besten Willen nicht genau sagen, Frau Baronin.«

Ihr Mann erzählte: »Ein englischer Major begeht mit mir zusammen mein Revier, denn wir dürfen ja zurzeit nicht schießen. Unser Gastjäger zeigt sich jedoch immer sehr großzügig und überlässt uns von jedem erlegten Stück mehr als genug. Er selbst ist mehr an den Trophäen interessiert, sodass auch für die hungernden Flüchtlingsfrauen und ihre Kinder Wildbret da ist. Meine Frau und ich sind ja allein und brauchen nicht sehr viel für uns.« Er schwieg einen Augenblick, und ich sah seinen kurz geschorenen, grauen Oberlippenbart zucken. »Wissen Sie, unser Sohn ist als Panzeroffizier bei Charkow gefallen.«

Mein ehrlich ausgedrücktes Bedauern schien er kaum zur Kenntnis zu nehmen, denn er erkundigte sich interessiert: »Wie haben Sie denn die Turbulenzen der Kriegsjahre überstanden?«

Anfangs etwas zögerlich, erzählte ich einige der wichtigen Ereignisse meiner Fahrten, doch sie wollten beide mehr erfahren und fragten interessiert nach. Als ich meinen letzten und kürzesten Aufenthalt auf dem defekten alten Boot erwähnte, nickte der Hausherr zustimmend und sprach nachsinnend und mehr zu sich selbst: »Jedes Opfer ist nur dann berechtigt, wenn es einer guten Sache dient. Sinnlose Opfer hingegen – so heldenhaft sie auch scheinen – sind Torheit. Sie hatten wohl sehr verständige Kameraden an Bord.« Er blickte mir freundlich, aber forschend ins Gesicht und fragte mich völlig überraschend: »Waren Sie enttäuscht, als wegen dieser Dieselmotoren für Sie der Krieg zu Ende war?«

Ich entschloss mich trotz leiser Bedenken zur Ehrlichkeit und antwortete: »Im Gegenteil, Herr Baron; ich fahre schon seit Monaten mit leichtem Gepäck.«

»Was wollen Sie denn damit sagen?«

»Dass ich schon lange alles über Bord geworfen habe, was in diesem Krieg hinderlich war, nämlich jedweden Gefühlsballast. Schon bei der letzten Fahrt auf U 188, aber auch danach konnte mich nichts mehr erschüttern.«

Mein Gesprächspartner erhob sich abrupt, und ich stand ebenfalls auf. Der Baron schien leicht besorgt, als er mir mit väterlicher Geste seine Hand auf die Schulter legte: »Herr Staller! So dürfen Sie nicht reden. Sie sind sehr jung und haben Ihr Leben noch vor sich. Zynismus aber ist der Feind des Lebens. Sie brauchen doch Ideale!«

»Welche Ideale soll man denn noch haben?« Ein wenig erschrak ich selbst über den frostigen Klang meiner Stimme. Er schien kurz nachzudenken, dann sprach er beschwörend auf mich ein: »Glauben Sie mir, es gibt noch Ideale, wenn man sie von den falschen Parolen unterscheiden kann. Es ist sehr schwer für mich, nach all dem Irrsinn, den Sie erleben mussten, Worte zu finden, die nicht nach Phrasen klingen. Den Glauben an das Gute im Menschen, an das Gute in dieser Welt dürfen Sie niemals verlieren; andernfalls würde alles im Chaos versinken.«

»Aber wir befinden uns doch in einem fürchterlichen Chaos!«

Der Herr Baron trat ans Fenster, blickte zu den spielenden Flüchtlingskindern hinaus und antwortete, ohne sich umzudrehen: »Das bestreite ich nicht, Herr Staller. Einen Vorteil aber hat das alles doch auch: Wir sind die braunen Machthaber endgültig los, hoffentlich für immer! Sie sind einer der ganz Wenigen Ihrer Waffengattung, die den Wahnsinn überlebt haben. Was aber nützen heile Knochen, wenn Sie nicht dazu fähig sind, ein neues Deutschland und eine friedlichere Welt aufzubauen? Sie haben doch einen sehr schönen Beruf! Konnten Sie sich denn nicht doch den Glauben an die alten, unverrückbaren Menschheitsideale bewahren?«

Er wandte sich wieder um, warf einen kurzen Blick auf seine Frau und sah wohl auch mein ratloses Gesicht, als ich zustimmte: »Doch, Herr Baron.«

»Im Ersten Weltkrieg war ich Kompaniechef, und ich weiß genau, wovon ich spreche. Es gab damals wie heute Schlimmeres als eine tödliche Verwundung, nämlich die seelische Vernichtung des Menschen. Auf der Brücke Ihres U-Bootes sahen Sie stolze Schiffe mit ihren Besatzungen untergehen und in Deutschland Menschen vor den Trümmern ihrer Habe. Sie verloren Ihre Freunde ohne erkennbaren Sinn. Millionen Deutsche mussten ihr Leben einsetzen, viele waren von der Notwendigkeit dieses Einsatzes nicht überzeugt. Vom Leid, das dieser Krieg auch über andere Völker gebracht hat, einmal ganz zu schweigen. Wir können es nicht mehr ändern. Wir brauchen deshalb den festen Willen, jetzt eine neue, eine bessere Welt aufzubauen. Und dazu sollten Sie beitragen.«

Nur der Pfarrer in Grafing hatte schon einmal ähnlich eindringlich zu mir gesprochen, als er mir nach meiner Schulentlassung im Jahre 1937 dazu riet, den Beruf des Orgelbauers zu erlernen. Jetzt aber stand ich diesem Mann gegenüber, der mir fast flehentlich in die Augen sah. Sein Blick schien noch stärker um mich zu ringen als seine Worte. Ich fragte mich, weshalb dieser Mann ein so großes Interesse an mir zu haben schien. Leicht verunsichert brachte ich heraus: »Danke, Herr Baron. Soll ich gleich damit beginnen und mich Ihrem Flügel widmen?«

Wie befreit begannen wir beide zu lachen. Er winkte ab und forderte mich auf: »Nein! Machen Sie doch zuerst einmal einen Spaziergang mit mir. Unser Flügel steht auch morgen noch hier. Meine Frau ist heute sicher nicht in der Stimmung, Fingerübungen zu machen.« Dabei blickte er zu seiner Gattin, die lachend ihren Kopf schüttelte. Kurz darauf schritten wir durch frisch bestellte Felder und ausgedehnte Viehweiden mit schwarzbunten Rindern. Jetzt erst fiel es mir auf, dass sich mein Gastgeber auf einen Stock stützte und leicht hinkte. Er sah meinen Blick und meinte leicht verächtlich: »Das ist meine kleine Kriegserinnerung, damit ich die glorreichen Tage von 1914 bis 1918 nicht zu leicht vergesse. Herr Staller, ich wollte es Ihnen im Beisein meiner Frau nicht sagen, aber Sie erinnern mich sehr an meinen Sohn, auch wenn Arthur größer und etwas breitschultriger war als Sie.«

Nachts schlief ich auf dem klappbaren Feldbett des englischen Offiziers im kleinen Wohnzimmer, stimmte am Morgen eifrig den Flügel, und nachdem ich mich am frühen Nachmittag von der Schlossherrin verabschiedet hatte, stand ich noch kurz mit dem Hausherrn zusammen im Park. Er klopfte mir kurz und fast freundschaftlich auf die Schulter: »Unser Deutschland ist zurzeit völlig befreit von allem Flitter und Standartengold. Im Augenblick ist es nur noch ein blutendes Etwas. Es wird, wie ich glaube, noch elender und bettelarm werden. Für das Deutschland von morgen zu leben, das ist mutig. Es wird nicht leicht für Sie und die anderen jungen Menschen werden.« Fast glaubte ich, meinen Vater vor mir zu haben, als der völlig beherrschte alte Herr mich mit gütigen Augen betrachtete und leise ergänzte: »Das alles musste wohl so kommen, damit wir Deutschen endlich wieder wir selbst werden. Wissen Sie, eine Regierung, die keine Tugenden aufzuweisen hat, kann niemals zum Wohl eines Volkes wirken.« Er drückte mir fest die Hand. »Leben Sie wohl, junger Mann! Kommen Sie bald und gesund nach Hause! Bauen Sie viele gute Orgeln, damit Ihr Leben endlich Sinn hat.«

Anderntags erwachte ich wieder auf dem Strohsack in meiner Dachkammer, kletterte auf der Leiter hinunter in die Werkstatt des alten Wagnermeisters und griff hilfreich ein, als ich sah, wie sich der Alte vergeblich abmühte, ein schweres Speichenrad allein auf die Ladefläche eines großen Erntewagens zu heben. Einige Tage vergingen ohne Beschäftigung. Die Sonne ging über Ostfriesland auf und unter, wie überall auf dieser Welt. Mehrmals war auch ich wieder gezwungen, mich in die lange Warteschlange vor der Gulaschkanone einzureihen, um meinen Hunger mit gekochten Saubohnen zu stillen. Manchmal kam Trude nachts zu mir und brachte mir Essbares von zu Hause mit. Am glücklichsten fühlte ich mich, wenn ich wieder über Land fahren konnte, um für Essen und einen kleinen Lohn, die Reichsmark hatte ihre Kaufkraft längst verloren, Orgeln oder Klavieren wieder zu gutem Klang zu verhelfen.

Ende Juni war ich in Jever, entstaubte und stimmte eine Orgel und war mehrere Tage mit den Klavieren einiger Familien beschäftigt. Dabei fand ich in einer Gaststätte am Stadtrand, die schon von Flüchtlingen überbelegt war, ein notdürftiges Quartier. Der Gastwirt war einige Tage zuvor sehr krank aus russischer Gefangenschaft zurückgekehrt. Von ihm erfuhr ich, was es bedeutete, den Sowjets in die Hände gefallen zu sein. Als ich die Leiden dieser Männer mit meinem Los verglich, war ich mehr als zufrieden und fühlte mich trotz meiner mangelnden Freiheit geradezu als Glückspilz.

Den Sommer über bekam ich weiterhin immer wieder Gelegenheitsarbeiten vermittelt und konnte die Saubohnenkanone zumeist meiden. Ende August wartete ich mit den anderen Kameraden in Pilsum täglich darauf, auf dem Gelände eines ehemals deutschen Fliegerhorstes bei Wittmund zusammengezogen zu werden. Seit Tagen schon kursierte hartnäckig das Gerücht, dass wir von dort aus entlassen werden sollten.

Als ich mit meinem Seesack in Pilsum auf die Ladefläche eines kanadischen Lasters kletterte, war ich allzu gern dazu bereit, an diese Entlassungsgeschichte zu glauben und bebte schon vor Freude. Das Maschendrahttor an der Einfahrt zum Flugplatzgelände stand weit offen und war unbewacht. Danach fuhr der LKW mit uns an leeren Hangars und Baracken vorüber. Rechts und links warteten junge Männer in überwiegend marine- oder fliegerblauen Uniformen. Einige von ihnen winkten Bekannten zu. Ich forschte ebenfalls nach vertrauten Gesichtern. Da sah ich den Hermann. Der Maschinenmaat hatte mich auch entdeckt und gestikulierte aufgeregt mit beiden Armen. Minuten später begrüßten wir uns überschwänglich. Hermann Mair war der Sohn der Wirtin in der Griesstraße in Grafing und zu Hause jedem als der »Grieswirtshermann« bekannt. »Mensch, Toni!«, rief er fröhlich, »du hast es also auch überlebt!«

»Wie du siehst, war ich den Haifischen zu mager!«

»Das kann ich von mir nicht behaupten. Ich würde sagen, Unkraut vergeht nicht, und Fettaugen schwimmen immer oben! Wir zwei waren eben nicht totzukriegen, auch wenn zwei Minensucher unter meinem Hintern weggesackt sind!« Hermann berichtete, dass er zweimal »in den großen Teich« gefallen war, aber jedes Mal übrig blieb. »Als ich beim zweiten Mal unseren Kahn versinken sah und mit meiner Schwimmweste im Wasser hing, fischten die Tommys mich raus und brachten mich auf ihre Insel. Seit zwei Tagen warte ich nun hier auf meine Entlassung.«

Wir standen vor dem Hangar, in dem wir unsere Seesäcke auf frisch aufgeschüttetem Stroh gelagert hatten, und blickten erwartungsvoll einem ankommenden Militärlaster entgegen, der eine neue Fuhre Menschen brachte. Hermann griff aufgeregt nach meinem Oberarm, und dann riefen wir beide über den Platz: »Schorsch! Franz!«

Wir warteten nur kurz, dann kam Franz Pfeilschifter in seiner Fallschirmjägeruniform auf uns zugerannt. Er deutete froh über seine Schulter zurück und rief lachend: »Die Marine ist natürlich wieder etwas langsamer. Wenn aber der Rauscher Schorsch mit seinem Seesack auch hier ist, sind wir tatsächlich vier Grafinger! Das kann doch nicht wahr sein!« Dicht hinter ihm hörten wir schon den Schorsch: »Mit bekannten Nordlichtern habe ich zwar gerechnet, aber mit euren Gesichtern niemals!«

Unsere Freude war riesengroß. Bis in die Nacht hinein tauschten wir unsere Erlebnisse aus, und mehrmals fragten wir uns, ob unser Heimatort Grafing, der ja nicht weit entfernt lag von München, nicht vielleicht auch von Bomben zerstört worden war.

Als Erste wurden in den folgenden Tagen die in Schwaben Beheimateten entlassen. Viele aus dem Osten konnten nicht nach Hause und wurden deshalb von Kameraden zunächst einmal mit zu sich nach Hause genommen. Endlich war es auch für uns so weit. Am 31. August 1945 – es begann schon leicht zu dämmern – rollte ein langer Güterzug mit ehemaligen Angehörigen der Kriegsmarine, darunter auch entlassene Wehrmachts- und Luftwaffensoldaten, von Bremerhaven Richtung Süden. Keiner von uns dachte während der langen Fahrt durch die laue Sommernacht an Flucht. Weshalb auch? Wir fuhren doch nach Hause!

»Warum fahren eigentlich bewaffnete Kanadier im Personenwagen am Zugende mit uns mit?« Schorsch Rauscher stand neben mir an der weit geöffneten Schiebetür. Er sprach aus, was jeder dachte. Hermann Mair fügte hinzu: »Bevor wir abfuhren, konnte ich sehen, wie diese Burschen eine Menge Proviant in ihren Waggon trugen. Vielleicht müssen sie den bis zum Hauptbahnhof in München bewachen, bevor wir mit unseren Entlassungsscheinen von dort aus allein weiterreisen dürfen.« Wir lachten und machten uns keinerlei Gedanken darüber, weshalb Heimkehrer noch bewacht wurden, blickten glücklich und zufrieden in die vom Mond beschienene Landschaft hinaus und versuchten abwechselnd ein wenig zu schlafen. Unsere Heimkehrerfreude wurde jedoch getrübt, wenn wir an rußgeschwärzten Ruinen vorbeirollten oder langsam durch bis zur Unkenntlichkeit zerbombte Bahnhöfe fuhren. Nur dreimal hielt der Zug für längere Zeit an, und die Kanadier gaben uns zu verstehen, dass wir auf freiem Feld unsere Notdurft verrichten sollten.

Bei München wurde unser Güterzug ohne erkennbaren Grund langsamer. Pfeilschifter stand neben mir.

Wir sahen, wie vor und hinter unserem Wagen mehrere der Männer die Gelegenheit nutzten: Sie sprangen aus dem Zug. Einige winkten uns und auch unseren Bewachern zu. Nichts geschah. »Recht ham's. Warum denn den langen Umweg über München machen, wenn's hier in der Umgebung dahoam san?« Unwillkürlich mussten wir beide lachen, weil Franz Pfeilschifter plötzlich wieder bayrisch sprach. »Toni, das muss an der Luft liegen! Wir ham's ja auch bald geschafft.«

Wir wurden umgeleitet. Der Zug rollte in scharfem Tempo an Münchens Südbahnhof vorbei, danach langsamer an der Ruine des Ostbahnhofs, und wir alle fragten uns, wohin denn jetzt die Reise gehen sollte. Bald darauf standen wir vier Grafinger sehr beunruhigt an der Tür des Waggons und blickten hinaus zu unserem schönen Heimatort, der draußen zwischen grünen Hügeln und Wäldern rasch an uns vorbeiglitt. »Verdammt!«, rief Pfeilschifter. »Weshalb fährt denn dieser Kerl dort vorne auf seiner Lok so schnell? Hier könnten wir so schön abspringen!«

Gegen Mittag des 1. September standen wir auf dem Gelände des ehemaligen Militärflughafens in Mietraching bei Bad Aibling und sahen uns plötzlich von Amerikanern umringt, die auf ihren Helmen die weißen Buchstaben »MP« aufgemalt hatten und ihre Waffen drohend auf uns gerichtet hielten. Von Minute zu Minute wurden wir stiller und misstrauischer. Nicht weit von unserem Wagen entfernt sahen wir einen amerikanischen Offizier unter einem Sonnenschirm an einem Tisch sitzen und mit unserem kanadischen Transportoffizier verhandeln. Endlich schienen sich die beiden geeinigt zu haben. Der Kanadier stieg mit seinen

Soldaten wieder in den Bewacherwagen am Zugende. Dort lehnte er sich weit aus dem Fenster und gab mit seinen Armen winkend dem Lokführer das Zeichen zur Abfahrt.

Am Bahnhof in Rosenheim standen wir dicht neben einem anderen Gefangenentransport. Wieder wurden wir von Amerikanern umringt. Keinem war es möglich, den Zug zu verlassen. Hinter mir hörte ich, wie sich einige von uns mit den Gefangenen im anderen Zug unterhielten, und beobachtete einen Amerikaner in unserer unmittelbaren Nähe. Gleichzeitig sah ich einen alten Eisenbahnarbeiter, der langsam an unserem Zug entlangging und dabei von Zeit zu Zeit mit einem Hammer an Waggonräder oder irgendwelche Leitungen klopfte. Langsam kam der Alte immer näher. »Was soll denn der ganze Zirkus?«, hörte ich Kameraden rufen. »Was wollen denn die Amis von uns?«

»Die Engländer haben uns doch entlassen!« Plötzlich erschrak ich, als ich hörte: »Wir sollen den Franzosen übergeben werden! Wahrscheinlich müssen wir in Frankreich in einem Bergwerk arbeiten!«

In all diesem Stimmengewirr vernahm ich jetzt die Rufe des Grieswirtshermann: »Papier hab' ich schon. Wer von euch leiht mir denn kurz mal einen Bleistift?« Wer ihm das Gewünschte zusteckte, konnte ich nicht erkennen, doch nun bat Hermann mich: »Toni, stell dich mal so, dass dieser nervöse Kaugummiheini dort draußen mich nicht sehen kann.« Ich wandte dem Ami meinen Rücken zu und sah Hermann mit einem kurzen Bleistiftstummel malen: »Wir sind vier Grafinger! Stellt bitte das Signal in Oberelkofen auf HALT! Wir möchten aussteigen!«

So könnte es gehen, dachte ich hoffnungsvoll, setzte mich vor dem hinter mir tief gebückt kauernden Hermann auf den Boden und ließ meine Füße aus der Tür baumeln. Der Amerikaner wurde misstrauisch und gab mir durch unmissverständliche Handzeichen und auch mit seiner MP zu verstehen, ich sollte mich wieder vollständig in den Waggon zurückbegeben. Aus den Augenwinkeln sah ich, wie der alte Eisenbahnarbeiter Hermanns Zettel in der Tasche seiner ölverschmierten Hose verschwinden ließ und dann schneller weiterging. Indessen versuchte ich den Anschein zu erwecken, als würde ich die Anweisung des Überseesoldaten nur ungern befolgen. Langsam stand ich wieder auf und drückte dabei dankbar Hermanns Arm. »Hermann, hoffentlich beginnen die Kanadier nicht auch noch zu spinnen, wenn sie uns in Elkofen abspringen sehen.«

»Egal!« Pfeilschifters Stimme klang zum Äußersten entschlossen. »Noch einmal fahre ich nicht an Grafing vorbei.«

»Ich auch nicht«, stimmten wir drei anderen ihm zu. Unser Fallschirmjäger blickte auffordernd um sich. »Jungs! Je nachdem, wo wir anhalten … es kann dort von einem sehr hohen Bahndamm ein bisschen steil nach unten gehen. Wir kennen das Gelände und werden auf alle Fälle springen. Lieber breche ich mir ein paar Knochen, bevor ich bei den Franzmännern in eine Grube einfahren muss.«

Noch in Rosenheim stellten wir uns mit unserem Gepäck vor die in Fahrtrichtung rechts gelegene Tür. Ich hörte ein paar Kameraden: »Lasst mich auch zur Tür! Ich will's auch probieren!«

Wieder fuhr der Güterzug durch die uns so vertraute Landschaft, raste mit hohem Tempo an der Ortschaft Aßling vorbei, und als er sich Elkofen näherte, wurden wir zunehmend aufgeregter. Schorsch Rauschers Stimme verriet seine innere Anspannung: »Hat der Alte in Rosenheim etwa doch nichts erreichen können?« Auch wir wurden unruhig und warteten sprungbereit, nämlich breitbeinig vor der Tür stehend. Doch als die Zugbremsen endlich laut zu kreischen begannen, suchten unsere Hände unwillkürlich nach einem sicheren Halt.

Als Erster hechtete Franz Pfeilschifter mitsamt seinem Rucksack hinaus, Hermann Mair folgte ihm. Schorsch und ich schleuderten unsere Seesäcke hinaus und sprangen fast gleichzeitig aus dem nur noch in Schrittgeschwindigkeit fahrenden Zug. Die zweigleisige Bahnstrecke führte an dieser Stelle an einem Waldrand etwa zehn Meter über dem Atteltal entlang. Wie Kinderbälle kullerten wir den Abhang hinab. Nur vereinzelte Büsche bremsten unseren Fall. Unten auf der Ebene angelangt, blieb ich reglos liegen und schielte vorsichtig hinauf zu dem wieder schneller werdenden endlos langen Güterzug mit seiner lebendigen Fracht. Gleichzeitig sah ich in Fahrtrichtung vor mir noch weitere Männer aus dem Zug springen. »Werden sich die Kanadier ruhig verhalten?«, fragte ich mich. Zwischen den Zweigen eines Busches hindurch blickte ich dem letzten Wagen so lange nach, bis er endlich weit vor mir im Wald verschwunden war.

In diesem Augenblick hörte ich Hermann sagen: »Franz, das bisschen Springen ist doch gar nicht so schlimm! Wie du siehst, können wir alle wieder aufstehen, auch wenn wir nicht so elegant abrollten wie du!«

Der Fallschirmjäger jedoch jodelte seine Freude laut in die abendliche Heimatlandschaft hinaus. Wir begannen froh und befreit zu lachen, nur Schorsch meinte in verächtlichem Tonfall: »Ob die Kanadier wohl inzwischen wieder wach geworden sind? Die hätten uns doch sehen müssen! Na egal, geschossen haben sie jedenfalls nicht auf uns!«

Hermann Mair rief dazwischen: »Die haben uns ganz sicher gesehen! Diese feinen Burschen haben uns schlicht und einfach laufen lassen!« Und ich fügte hinzu: »Mit denen haben wir großes Glück gehabt!«

Vor uns verschwanden ein paar Gestalten im nahen Wald. Wir freuten uns, schulterten unser Gepäck und gingen dann mit langen Schritten auf einer frisch gemähten Nasswiese auf den Waldrand zu. Dort, im Dämmerlicht unter den Wipfeln von Tannen und Fichten, folgten wir eine kurze Strecke neben dem Bahndamm einem schmalen Pfad, gingen dann am Bahnhofsgebäude von Oberelkofen vorbei und danach auf einer schmalen Schotterstraße hangabwärts. Unten im Wiesengrund verwandelte sich unser Weg zu einer Allee, die uns an den in der Abendsonne blinkenden Spiegelweihern vorüberführte. Bald darauf ließen wir die ersten Häuser der kleinen Ortschaft Unterelkofen hinter uns. Vor uns überragten das rote Ziegeldach und der Schlossturm von Unterelkofen das dichte Blattgewirr alter Eschen, Ahorne und Kastanienbäume. Hier war das alte Adelsgeschlecht der Rechbergs beheimatet. Wir waren jetzt auch bald zu Hause! Auch wenn wir es selbst kaum glauben konnten, wir hatten es alle vier überstanden! Jeder von uns hatte auf andere Art diesen verdammten Krieg überlebt!

Wahrscheinlich waren die anderen genauso aufgeregt wie ich, als wir in der offenen Eingangstür zur Schlosswirtschaft den Wirt sahen. Der Mann blickte uns neugierig entgegen. Schorsch Rauscher meinte lachend: »Schaut doch! Der Pullover Paule! Den Pullover hat der alte Wirt immer noch! Aber seine Kleidung hängt jetzt an ihm herunter wie ein leerer Mehlsack!«

»Stimmt«, pflichtete ich ihm bei. »Der Paule steht längst nicht mehr so gut im Futter wie vor dem Krieg.«

Der Wirt hatte uns jetzt erkannt, denn es kam Leben in ihn. »Buam! Rein zu mir! Bei mir geht doch kein Heimkehrer vorbei, ohne seine Mass zu trinken. Kommt, ich lade euch ein!«

»Eigentlich wollen wir heim!«, wandten Pfeilschifter und ich beinahe gleichzeitig ein und mussten lachen. Pullover Paule aber meinte gekränkt: »Jetzt haben eure Leute so lang auf euch gewartet, dass es auf die paar Minuten auch nicht mehr ankommt! Also, was ist?«

Leicht widerstrebend folgten wir dem Alten in die Gaststube. Zunächst erklärte er uns weitschweifig, dass er in diesen lausigen Zeiten nur noch Dünnbier ausschenken könne. Wir vier setzten uns inzwischen auf eine der Holzbänke unter den dunklen Deckenbalken der Gaststube. Wir waren die einzigen Gäste. Zunächst schaute ich durch eines der Fenster in der dicken Außenmauer des Hauses hinauf zum Schloss, das vom dichten Laub der alten Bäume fast verborgen wurde. Ich dachte nach. Keiner von uns Frühheimkehrern, und nach Paules Angaben waren nur sehr wenige schon wieder zu Hause, hatte während der vergangenen Monate auch nur eine einzige Zeile von zu Hause erhalten. Die Post funktionierte noch nicht. Deshalb fragte ich jetzt den Wirt, ob in Grafing alles heil geblieben wäre.

»Freilich! Bei uns ist nicht viel passiert; es wurde ja nicht mehr gekämpft. Nur vor vier Wochen ist oben bei Oberelkofen ein mit Panzern beladener Zug der Amis ungebremst in einen wartenden Zug hineingefahren. Alle Güterwaggons waren mit Heimkehrern aus dem Westen Deutschlands vollgestopft. Es gab viele Tote. Auch zwei Amerikaner starben. Ein paar der Verunglückten liegen oben auf einem eigens angelegten Friedhof. Die zwei Amis haben sie nach Amerika geflogen. Übrigens, Toni! Dein Vater ist schon seit drei Wochen zu Hause! Er hat mir erzählt, wie er den Russen entkommen ist!«

Aufgeregt sprang ich auf und rief: »Ist das wahr?«

»Freilich! Oder hab' ich dich schon mal angelogen?!« Pullover Paule schien nur kurz eingeschnappt zu sein und hob dann abwehrend beide Arme, als ihn die drei anderen mit Fragen überschütteten. »Immer schön der Reihe nach. Also: Toni, bei euch zu Hause seid ihr ab heute wieder komplett. In vielen anderen Familien sind ein Bub oder mehrere oder der Vater gefallen oder vermisst. Das werdet ihr selbst bald hören.« Er betrachtete uns kurz, und ich sah, dass Franz Pfeilschifter ganz ungeduldig und erwartungsvoll in die listigen Augen des Gastwirts blickte, als dieser mitteilte: »Franz, ich hab' weder von deiner Familie, derjenigen des Grieswirts oder von den Angehörigen Rauschers etwas Ungewöhnliches gehört.« Uns allen fielen jede Menge Steine vom Herzen.

Pullover Paule schien sich über unsere überraschende Heimkehr ehrlich zu freuen. Dass wir neugierig waren, verstand sich von selbst, und so erzählte er bereitwillig weiter: »Die Amis kamen am 1. Mai zu uns. Es lag sogar Schnee an diesem Tag. Angeblich eroberte uns eine Strafeinheit, die Amis haben ja auch so etwas wie Strafkompanien. Diese Kampftruppe war zu uns nicht gerade freundlich, aber auch nicht allzu gehässig. Nach dem, was man jetzt alles über die KZ-Lager zu hören bekommt, müssen wir uns wundern, dass sie nicht mit viel Härte vorgingen. In Grafing haben sie es allerdings geduldet, dass polnische, russische und auch französische Zwangsarbeiter drei Tage lang ungehindert plünderten. Im Schusser-Keller lagerten Weine, Liköre, Schnaps und auch Sekt eines Münchner Hotels. Die Hotelverwaltung glaubte, dass ihre Alkoholvorräte hier bei uns vor Bomben sicherer wären als direkt in der Stadt. Nun ja. Nach der Plünderung soll der verschüttete Inhalt der Flaschen zentimeterhoch auf dem Kellerboden gestanden sein. Die Kerle waren zumeist zum Plündern zu besoffen. Trotzdem soll es Vergewaltigungen gegeben haben. Das aber kann ich nicht mit Sicherheit sagen.«

Unsere Krüge waren längst geleert, und es drängte mich nach Hause. Deshalb war ich froh, als sich Franz Pfeilschifter erhob, dem Wirt freundlich auf die Schulter klopfte und dazu bemerkte: »Danke, Paule! Aber jetzt müssen wir heim.« Auch wir anderen bedankten uns. Der Wirt verabschiedete uns und fügte hinzu: »Schöne Grüße an eure Eltern!«

Geradezu im Rekordtempo gingen wir von Unterelkofen bis zum Ortsrand von Grafing. Hier verabschiedete sich Franz Pfeilschifter, um über eine Wiese zur Turnhalle zu gelangen, in der seine Eltern wohnten und die Gaststätte bewirtschafteten. Und dann, kurz bevor wir die Griesstraße erreichten, sah ich meine Schwester auf einem Fahrrad auf uns zukommen. »Anneliese!«, schrie ich so laut, dass sich meine Stimme überschlug. Sie bremste dicht vor uns, ließ ihr Rad achtlos zu Boden fallen und fiel mir schluchzend in die Arme. Dabei stammelte sie: »Oh mein Gott! Toni! Wir hatten die ganze Zeit gedacht, du würdest nicht mehr heimkommen, weil du noch einmal auf ein Boot musstest!« Sanft fasste ich meine Schwester mit beiden Händen an den Schultern, schob sie ein wenig von mir weg und betrachtete sie liebevoll. »Groß bist du geworden, Anneliese.«

»Und hübsch dazu!«, rief der Grieswirtshermann. »Anneliese! Wir leben auch noch, haben wir keinen Kuss verdient?« Er grinste breit. »Der Pfeilschifter Franz hat uns beigebracht, wie man von einem Zug abspringt! Da siehst du, dass Unkraut eben nicht vergeht!« Immer noch lachend griff Hermann nach Rauschers Arm und zog ihn mit sich fort. »Komm, Schorsch! Gleich sind wir auch zu Hause und lassen uns umarmen!«

Ein paar Augenblicke war ich mit Anneliese allein und erriet ihre Gedanken, als ich sie meinen Seesack betrachten sah. Sogleich dämpfte ich ihre Hoffnungen. »Nein, diesmal nicht, Schwesterherz. Da ist nur dreckige Wäsche drin. Habt ihr noch Zigaretten übrig?« Sie wurde leicht verlegen. »Nur noch sehr wenige. Wir brauchten sie doch immer, um dafür Lebensmittel einzutauschen.«

Zu Hause lief Anneliese vor mir die Treppe zu unserer kleinen Wohnung hinauf und rief: »Der Toni! Der Toni ist da!« Schon umringten mich in der engen Wohnküche meine Eltern und meine beiden anderen

Schwestern. Alle riefen aufgeregt und gleichzeitig durcheinander und umarmten mich. Vor allem Mutter hörte nicht auf zu schluchzen. Ich aber fühlte mich wie schon vormals nach einer der gut überstandenen, gefahrvollen Zeitabschnitte in meinem bisherigen Leben: Wie von den kraftvollen Schwingen eines Adlers emporgetragen, der mich aus einem Wolkenwirbel in stillere Zonen rettet. Ich war zu Hause! Ganz bewusst bemühte ich mich schon während dieser nicht enden wollenden Begrüßung, meine Seele von all den durchstandenen Todesängsten und grauenvollen Szenen zu befreien, die ich hatte erleben müssen. Nicht, um sie zu vergessen, sondern um neue Kräfte zu sammeln, denn schon in diesem Augenblick fühlte ich, dass ich auch künftig nicht würde schwach sein dürfen. Erst als es um mich herum langsam ruhiger wurde, gewahrte ich meine Großmutter mütterlicherseits still am Tisch sitzen:

»Ja, Oma! Wohnst du etwa auch bei uns?«

»Ja, Toni. Ich schlaf' doch in deiner Kammer.«

»Das macht aber nichts, Toni. Für dich finden wir schon noch einen Platz.« Vater, dem es immer schon gelungen war, seine wahren Gefühle hinter einer allgegenwärtigen Fröhlichkeit zu verbergen, schlug mir bei diesen Worten kraftvoll auf die Schulter. Er grinste. Dann saßen wir bis spät in die Nacht in unserer kleinen Küche froh zusammen.

Schon am nächsten Vormittag, als ich bekleidet mit meiner kurzen Lederhose zum Rathaus ging, um mich dort anzumelden, bestätigte sich meine Ahnung vom Vortag, nämlich dass ich auch weiterhin all meine seelischen Kräfte benötigen würde. Einige Bekannte schüttelten mir zwar freundlich die Hände, doch ich glaubte dabei mehrmals einen latenten Vorwurf zu spüren. Man machte mich als U-Boot-Fahrer – »Ihr wart doch eine Elitetruppe!« – mit dafür verantwortlich, dass Deutschland jetzt in vier Besatzungszonen aufgeteilt und jeder noch so kleine Ort mit Flüchtlingen und Heimatvertriebenen überfüllt war. Ich hörte Dinge wie: »Toni! Jetzt haben wir doch ein fast unlösbares Problem! Meinst du denn nicht auch?« Nach außen ganz gelassen, fragte ich mich selbst: »Ist es ein Verbrechen, wenn ein Soldat für sein Vaterland gekämpft hat, nein, kämpfen musste? Wo hätte ich mich denn jahrelang verbergen sollen, um nicht eingezogen zu werden? Ich habe mich doch nur freiwillig gemeldet, um dem gefürchteten Arbeitsdienst zu entgehen.«

Natürlich wusste ich vorher schon, dass in unserem vom Krieg geschundenen Land für die jetzt auf engstem Raum zusammengedrängten Menschen die Lebensmittel hatten rationiert werden müssen. Als mir aber Gemeindeinspektor Huber in seiner stickigen Amtsstube meine Lebensmittelkarten in die Hand drückte und ich einen der aufgedruckten Abschnitte betrachtete, die beim Lebensmitteleinkauf in Geschäften abgetrennt und einbehalten werden mussten, war ich entsetzt: »50 Gramm Fleisch pro Woche«, stand da. Staunend fragte ich mich, wie denn in drei Wochen an meinem 22. Geburtstag die Mutter einen Schweinebraten auf den Tisch stellen wollte, wie sie gestern versprochen hatte. Woher nehmen und nicht stehlen? Dann fiel mir ein, dass meine Zigaretten zwar längst verbraucht waren, Vater aber in Jugoslawien noch einen größeren Posten griechischer Zigaretten organisiert hatte, mit denen Mutter einkaufen konnte.

Unten auf der Straße kam die Mutter eines meiner Freunde auf mich zu. Sie drückte meine Hand und begann sogleich zu weinen: »Ach, Toni, unser Fritz glaubte doch längst nicht mehr an einen Sieg! Trotzdem musste er in den letzten Kriegswochen vor Berlin sein Leben lassen. Toni, du warst doch Freiwilliger. Hast du denn zum Schluss noch an die Durchhalteparolen und diese Wunderwaffe glauben können?«

»Nein. So wie viele andere auch habe ich während der letzten Zeit nur noch versucht, zu überleben.«

»Nein? Und trotzdem hast du dich freiwillig zur Kriegsmarine gemeldet?«

Resignierend zuckte ich nur mit den Schultern, denn ich war es leid geworden, mich fortwährend zu rechtfertigen.

Als ich wieder in unserer Wohnküche anlangte, in der es nach gekochten Rüben roch, schien Vater zu erraten, was mich bedrückte. »Toni! Wir waren niemals so tief unten. Deshalb kann es von jetzt an nur aufwärts gehen. Denk dir bitte nichts dabei, wenn irgendjemand glaubt, dir Vorwürfe machen zu müssen. Ich wurde auch schon oft gefragt, weshalb ich schon zu Hause bin. Es gibt so viele kerzengerade Bäume, aber nur wenige aufrechte Menschen. Wir zwei können es doch nur als lächerlich empfinden, dass es hier bei uns plötzlich keine Nazis mehr gibt. Ausgerechnet wir beide sollen welche gewesen sein? Darüber werde ich mit niemandem mehr diskutieren.«

»Schon gut, Vater. Trotzdem bedrückt es mich. Je weiter es mich von der Heimat fortgetrieben hat, umso schöner war mein Bild von ihr und ihren Menschen. Und jetzt das!« Vater saß lächelnd am Küchentisch und sprach, als habe er schon länger über dieses Thema nachgedacht: »Die Zeiten ändern sich eben. Hoffentlich auch die Menschen. Was soll's denn, Toni? Meine Einstellung kennst du schon seit deinen Kindertagen. Im März 1932 musste ich dich und die Anneliese als Gegenleistung für eine Autofahrt im Wagen meines Freundes in Neuötting zu strengstem Stillschweigen verpflichten. Ihr wart noch kleine Kinder, als ihr mit uns Flugblätter gegen die Nazis auf die Straßen der Dörfer warft. Aber ich muss es zugeben: Niemand von uns ahnte damals, was da wirklich auf uns zukommen würde.« Die Erinnerung an diese Geschichte stand sehr deutlich vor mir. Ich setzte mich gespannt lauschend zu Vater an den Tisch.

»Toni! Die Gewaltherrschaft der Nazis und ihre Folgen brachten viele erst zur Besinnung, als es schon zu spät war. Auch das Ausland hat nach meinem Dafürhalten viel zu spät reagiert. Aber Bub, durchlebtes Leid und Unglück, das uns nicht gebrochen hat, kann uns nur stärken und nimmt uns für die Gerechtigkeit in die Pflicht. Außerdem ... auch unsere Besatzer hier, die US-Amerikaner, sind doch erst dann zu großen Fürsprechern der Menschenrechte geworden, nachdem sie die Indianer in ihrem großen, weiten Land fast ausgerottet und den Rest von ihnen in Reservate eingewiesen hatten. Von der Sklaverei einmal ganz zu schweigen.«

»Vater, ich weiß, was du mir damit sagen willst. Wie hätte ich im Krieg den Gehorsam verweigern können?«

»Das musst du doch mich nicht fragen, Toni. Auch ich musste übrigens wiederholt wider besseres Wissen meine Soldatenpflicht erfüllen, um nicht von überzeugten

Parteianhängern an die Wand gestellt zu werden.« An dieser Stelle unterbrach sich Vater nachdenklich und sprach dann weiter: »Vor allem in den letzten Kriegsmonaten war es oftmals schwierig für mich. Und wenn man die andere Seite betrachtet? Da gab es auch Befehle und die Pflicht der Bomberpiloten, die verheerende Todesfracht über unseren Städten abzuwerfen. Ich bin zwar kein akademisch gebildeter Mensch, aber ich behaupte, dass man aus gutem Stahl keine Nägel und aus guten Menschen keine Soldaten machen sollte. Genau das aber geschah im Namen der Völker auf beiden Seiten. Einer meiner Kompaniechefs, der mir sehr wohlgesonnen war, sagte einmal in einer ruhigen Stunde zu mir: ›Man kann alle Leute einige Zeit und einige Leute alle Zeit, aber nicht alle Leute alle Zeit zum Narren halten.‹ Dieser Ausspruch ist von Abraham Lincoln, und ich habe ihn mir fest eingeprägt.«

Vaters Worte waren wie Balsam für meine wunde Seele, und ich erinnerte mich auch an die Abschiedsworte, die mir der Burgherr von Hinte in Ostfriesland auf den Weg gegeben hatte. Wieder ganz gefasst, informierte ich Vater: »Ich möchte so bald wie möglich wieder etwas Nützliches tun, nämlich Orgeln bauen. Glaubst du, dass die Firma Siemann in München den Bombenhagel überstanden hat und schon wieder arbeitet?«

»Finde es doch einfach raus, Toni! Wenn nicht, dann kannst du ja auch hier Klaviere stimmen, im Tausch gegen Essen. Für Reichsmark können wir uns ja doch nichts mehr kaufen. Die nehmen Bäcker, Metzger oder sonst jemand nur noch zusammen mit Lebensmittelmarken. Die wollen ja alle nur noch tauschen; auch die Bauern.«

»Ja. Warum denn sollte es hier auch anders sein als in Norddeutschland?«

Am Tag darauf stand ich in München erschüttert vor einem verkohlten Trümmerhaufen, aus dem längst schon alles Verwertbare entfernt worden war. Nichts war von der ehemals so stolzen Orgelbaufirma Siemann übrig geblieben. Zwischen den Mauerresten beiderseits der Karlstraße war nur ein schmaler Gehweg freigeschaufelt. Eine hagere, groß gewachsene Frau schleppte zwei Eimer mit noch brauchbaren Ziegelsteinen an mir vorüber. Um ihr ehemals gutes Kleid zu schützen, hatte sie eine zerkratzte Latzschürze aus Leder von unbestimmter Farbe vorgebunden, und unter ihrem turbanartigen Kopftuch lugten einige graue Haarsträhnen hervor. Von ihr erfuhr ich, dass die Familie Siemann im Keller ihres Hauses ums Leben gekommen war und jetzt einer ihrer Angestellten irgendwo auf dem Land in einem Schuppen damit begonnen hätte, in seinem Beruf zu arbeiten. Jetzt blickte mir die Trümmerfrau forschend ins Gesicht: »Kommst du vom Land? Bist du etwa verwandt mit den Siemanns?«

»Nein, nein. Ich habe bis 1941 hier gearbeitet, bis ich meinen Einberufungsbefehl bekam.«

»Was? Wie alt bist du denn?«

»Zweiundzwanzig.«

Die Trümmerfrau lachte unsicher und stellte die Ziegelsteine zu ihren Füßen ab. »Du siehst aber viel jünger aus.«

Statt zu antworten, ergriff ich ihre beiden Eimer und fragte: »Wohin damit?«

»Danke! Gleich dort vorne im Keller unter dieser Ruine wohne ich. Wir sind fast schon da.«

Auf dem Rückweg hielt ich noch einmal kurz vor den Trümmern meiner ehemaligen Arbeitsstelle und fasste den Entschluss, mein Leben zunächst einmal wie in Ostfriesland zu fristen. Den Rest würde zwar nicht die Suppe des Smuts, aber sicher Mutters Rübensuppe und der Rest von Vaters Zigaretten zustande bringen. Voller Ingrimm über all das Geschehene, aber auch voll von Hoffnungen und wieder erwachender Lebensfreude dachte ich: »Lass' dich nicht unterkriegen, Toni. Irgendwann wirst du wieder Orgeln bauen, dich vielleicht einmal selbstständig machen. Es sind doch in den vergangenen Jahren mehr als genug dieser Instrumente zerstört worden. Andere konnten während des Krieges nicht gepflegt werden und mussten zwangsläufig verkommen. Da muss doch jemand was tun!«

Zu Hause überraschte mich die Mitteilung, dass Vater und ich mit anderen der schon Heimgekehrten, einigen Heranwachsenden und auch älteren Männern für die kommenden zwei bis drei Wochen von der amerikanischen Militärregierung zum Arbeitseinsatz in den Ebersberger Forst beordert waren. Dafür sollte es einen geringen Stundenlohn in Reichsmark geben. Sollten wir am kommenden Montag nicht pünktlich zur Arbeit erscheinen, würden uns die Lebensmittelkarten entzogen.

»Was sollen wir denn im Wald, Vater?«

»Die Amis wollen ihren französischen Mitstreitern wohl etwas Gutes tun. Wir müssen für Frankreichs Kohlebergwerke Grubenholz im Staatsforst fällen, ablängen und auf einer Abfuhrstraße aufschichten.«

»Das klingt gerade nicht erheiternd, Vater. Es ist aber wesentlich besser, als wenn ich die Stützhölzer in irgendeinem Stollen in Frankreich einbauen müsste.«

Vater lachte: »So ist's recht, Toni! Man kann vielem im Leben auch eine gute Seite abgewinnen.«

Die Gemeindeverwaltung Grafings hatte jedem, der an dieser Holzaktion beteiligt war, einen Textilbezugsschein für einen Arbeitsanzug zur Verfügung gestellt, denn ohne Schein durfte offiziell auch kein Textilgeschäft Bekleidung abgeben. Wir waren deshalb fast einheitlich mit blauen Overalls bekleidet.

Nach dreiwöchiger Arbeit bot die entstandene Kahlfläche im Wald einen traurigen Anblick. Sie war gespickt mit unzähligen Baumstümpfen, doch kein Einziger der abgehackten Äste und Splitter war zurückgeblieben. Der gesamte Wald sah aus wie ausgefegt, denn überall sammelten alte Männer, Frauen und Kinder kostbares Brennmaterial für den bevorstehenden ersten Nachkriegswinter. Manche gruben in mühevoller Arbeit auch Baumstümpfe aus dem Boden. Die Holzsammler beluden Schubkarren oder kleine Leiterwagen und zogen oder schoben diese oftmals kilometerweit zu ihren Wohnungen oder notdürftigen Flüchtlingszimmern. Vor allem die vor den Russen geflohenen Frauen und die Kinder mit ihren tief liegenden Hungeraugen boten jeden Tag einen mitleiderregenden Anblick. Wir konnten diese offensichtliche Not nicht lindern, aber eines wurde uns bei deren Anblick bewusst, nämlich, dass es uns trotz knurrender Mägen und Schwielen an den Händen vergleichsweise gut ging. Mir blutete zudem das Herz wegen all dieser gesunden Stämme, die wir fällen mussten.

Am letzten Arbeitstag ging ich mit Vater müde, hungrig und mit Harz verschmiert auf den Laster zu, der uns wieder nach Grafing zurückbringen sollte. Von hinten hörte ich zuerst rasch näher kommende Schritte und dann die Stimme von Hermann Mair: »Toni! Kommst du heute auch wieder frisch gewaschen zum Tanzunterricht in die Bahnhofswirtschaft? Die Gruber Franziska mit ihrer Grammofonmusik macht doch ihre Sache gut. Auch wenn mir das ausgeschenkte Dünnbier und die angebotene Molke in dieser Schmuddelwirtschaft nicht so recht schmecken wollen … Sicher gibt es auch heute wieder eine Riesengaudi! Also, was ist, kommst du auch?«

»Nein, Hermann, heute leider nicht. Aber ein andermal will ich wieder gern dabei sein und gehe mit dir ins ›Schmutzige Handtuch‹.« Wir lächelten verschwörerisch, denn so bezeichneten wir unter uns diese Gaststätte. Wie zu erwarten war, musste ich Hermann sogleich eine Begründung für meine Absage liefern: »Heute Abend soll ich im Gasthof Post am Marktplatz das Klavier entstauben und stimmen. Du weißt ja auch, dass unsere Befreier die Gaststube als Clubraum beschlagnahmt haben. Vielleicht lohnt sich diese Arbeit für mich.«

»Toni, das wünsche ich dir. Lass dich von diesen Brüdern nicht zu billig abspeisen.«

Als ich gegen Abend die Holzblende vor den Klaviersaiten entfernte, beobachtete ein großer, schlanker Texaner mit schmalem Oberlippenbärtchen und stahlharten graublauen Augen jeden meiner Handgriffe. Ich stand gebückt vor dem Instrument und blickte den Amerikaner von unten an: »Hast du etwa Angst, ich zaubere ein Bömbchen in Saißrainers bestes Stück?« Der sportlich aussehende Besatzungssoldat in seiner tadellos sauberen Ausgehuniform hatte sein Käppi unter eine seiner Schulterklappen geschoben und betrachtete mich verständnislos. Jetzt blickte er kurz auf seine Armbanduhr und forderte mich mit Handbewegungen auf, endlich mit der Arbeit zu beginnen. Schweigend und ohne Hast machte ich mich daran, sehr konzentriert zu stimmen, und ließ mich dabei durch die Anwesenheit meines Beobachters nicht beirren. Später füllte sich der Clubraum sehr rasch mit laut lärmenden amerikanischen Soldaten, die auf Stühlen und Bänken Platz nahmen. Viele von ihnen legten dabei ihre braunen Schnürstiefel auf die Tische und lehnten sich bequem zurück. Es war gut, dass ich deutlich früher herbestellt worden war, denn bei diesem Lärm wurde das Stimmen fast unmöglich.

Direkt neben mir ließ sich ein wohlgenährter Afroamerikaner auf einen freien Stuhl fallen und betrachtete mich neugierig. Dabei biss er genüsslich in ein dick mit gekochten Schinkenscheiben belegtes Weißbrot. Er bemerkte wohl, dass ich bei diesem Anblick unwillkürlich schlucken musste. Sehr gemächlich stand er wieder auf, ging zur Theke, kam kurz darauf mit einer Dose Cola und einem weiteren Schinkenbrot zurück und drückte mir beides in die Hand. Dankbar zwang ich mich trotz meines knurrenden Magens dazu, langsam zu essen und zu trinken. Kaum war ich damit fertig, forderte mich der Texaner von vorhin zum Weiterarbeiten auf. Nur noch einige routinierte Handgriffe, dann befand sich die braun gebeizte Frontverkleidung des Klaviers wieder an Ort und Stelle. »I'm ready!«, verkündete ich lässig.

Sofort schwang sich der Amerikaner auf den Drehstuhl vor den Tasten, dann sah ich, wie er seinen Kopf leicht seitwärts neigte, vornübergebeugt einige Akkorde anschlug und dabei angestrengt lauschte. Er hielt kurz inne, und dann staunte ich nicht schlecht, denn der Amerikaner begann virtuos Jazzmusik zu spielen. Minutenlang war in dem rauchgeschwängerten Clubraum nur noch sein Spiel zu hören. Dabei dachte ich neidlos: »Also, spielen kann er. Das hätte ich diesem Unsympathen nicht zugetraut! Ansonsten kann mir dieser arrogante Kerl gestohlen bleiben.«

Der Klavierspieler erhob sich abrupt. In seinen harten Augen glaubte ich jetzt so etwas wie Anerkennung zu sehen, als er in das wieder auflebende Stimmengewirr hinein bemerkte: »Okay! That's right!« Zwar wusste ich sehr wohl, was er damit meinte, doch ich stellte mich unwissend und begann so unverschämt zu grinsen, wie es mir möglich war. Dazu hob ich meine Hand dicht vor sein Gesicht und rieb Daumen und Zeigefinger aneinander. Unter meinem linken Oberarm hatte ich meine Leinentasche mit der Stimmgabel und meinen Werkzeugen eingeklemmt und hörte hinter mir den Schwarzamerikaner lachen, während sich die Miene des Texaners verdüsterte. Sehr langsam und zögernd griff er nun in die Brusttasche seiner braunen Uniformjacke und zog eine fast volle Schachtel Chesterfield hervor. Umständlich klopfte er eine Zigarette halb heraus und bot mir diese an. Mit seiner freien Hand deutete er gleichzeitig zur Ausgangstür. Innerlich wütend und nach außen seelenruhig, griff ich nach der ganzen Zigarettenschachtel, schob sie in meine Hosentasche, machte auf dem Absatz kehrt und ging langsam zur Tür. Sekundenlang war es völlig still in der Gaststube, die von unbefugten Deutschen nicht betreten werden durfte. Doch noch bevor ich den Ausgang erreichte, erklang ringsum vielstimmiges Männerlachen. Ein direkt neben der Tür sitzender, noch sehr junger GI hielt sich prustend beide Hände vor den Mund. Dann erhob er sich und folgte mir hinaus auf den menschenleeren Marktplatz. »Hallo boy! That's for you!« Mit diesen Worten drückte mir der junge Amerikaner lachend eine ungeöffnete Schachtel Camel in die Hand, kauderwelschte dazu einige unverständliche Worte und ging wieder zurück in den Clubraum.

Zu Hause legte ich meine Ausbeute stolz auf den Küchentisch und bemerkte dazu: »Wieder ein wenig gängige Währung im Haus! Jeden Tag ein verstimmtes Klavier in einem amerikanischen Clubraum, dann wären wir bald aus dem Schneider.«

In den kommenden Wochen fuhr ich mit meinem Rad über Land und fragte mich von einem verstimmten Klavier zum nächsten durch. Dabei musste ich mangels genügender Instrumente meinen Radius mehr und mehr erweitern. Im Spätherbst half ich bei ein paar Bauern zusammen mit Vater und den Schwestern bei der Kartoffelernte. Diese damals so kostbaren Knollen mussten per Handarbeit aus dem Boden gerodet werden, Erntemaschinen waren noch unbekannt. Vater kannte als Angehöriger der Landkrankenkasse viele Landwirte und war bei den Bauern beliebt, was uns beim Hamstern und als Erntehelfer sehr zugute kam. Unser Gesamteinkommen betrug insgesamt etwa dreißig Zentner Kartoffeln, die wir im Keller von Lehrer Kleiner in der Frühlingsstraße einlagern durften. Wir schätzten uns glücklich und entwickelten uns zu Überlebenskünstlern.

Etwa zur gleichen Zeit verließ die Familie Pfeilschifter Grafing, und die Turnhalle pachtete Herr Leo

Steinfeld, ein sehr versierter und routinierter Viehhändler jüdischen Glaubens. Mit uns jungen Leuten im Ort hatte dieser Mann vom ersten Tag seiner Ankunft an eines gemeinsam: die Überlebensfreude. Auf der Bühne der Turnhalle saß ein gutes, von ihm zusammengestelltes Orchester aus München, das für sein gutes Essen gepflegte Tanzmusik erklingen ließ. Hinter der Bühne wurde zudem ein reger Tauschhandel betrieben, an dem sich jeder beteiligen konnte, der etwas anzubieten hatte. Da dies bei mir und noch weniger bei meiner neuen Freundin Elfriede sehr selten der Fall war, waren wir zumeist nur als Gäste in der Halle.

Eines Abends saß ich mit Leo Steinfeld an einem der Tische. Die Halle war von regem Leben erfüllt, und ich beobachtete meine Freundin, die von Schorsch Rauscher zum Tanz gebeten worden war. So als handelte es sich um die selbstverständlichste Sache der Welt, erklärte mir Steinfeld: »Toni, du sollst jetzt auch das Leben genießen! Du musst schlicht und einfach versuchen, die Jahre, die dir ein paar Wahnsinnige gestohlen haben, nachzuholen. Schau dich doch um! So viele junge Mädchen und Frauen sind jetzt allein und möchten nach dieser schrecklichen Zeit etwas vom Leben haben!«

»Herr Steinfeld, aber die interessieren mich doch alle nicht. Ich bin doch nur in eine verliebt.«

»Weiß schon, Toni, in deine Elfriede aus dem Sudetenland. Hab' doch gesehen, wie gut deine hübsche Elfriede mit dir tanzt. Das ist gut so! Auch Liebe ist ein Gottesgeschenk. Bekommt nicht jeder.«

Trotz aller Liebe konnten Elfriede und ich in den folgenden Jahren nicht heiraten. Dies hatte mehrere Gründe: Einmal war der Wohnraum wegen der Flüchtlingsnot streng rationiert, zum anderen war es für mich trotz der tatkräftigen Unterstützung meiner späteren Frau und auch trotz der Mithilfe meines Vaters schwierig, in meinem Beruf Fuß zu fassen. Aber schließlich gelang es mir doch. Nach Überwindung zahlreicher Schwierigkeiten konnte ich mich als Orgelbauer selbstständig machen. Immer noch durchströmt mich ein tiefes Glücksgefühl, wenn ich in einer Kirche eine meiner Orgeln höre.

Der ehemalige E-Maschinenmaat auf U188, Gottlieb Baumann aus Darmstadt, organisierte als Erster von uns ein jährliches U-Bootfahrer-Treffen, das anfangs wegen noch fehlender Anschriften damaliger Kameraden nur schwach besucht war. Zu Pfingsten 1953, ich war schon drei Jahre mit Elfriede verheiratet, fuhr ich mit ihr und vielen zwiespältigen Gefühlen und Erwartungen zu meinem ersten Jahrestreffen nach Höchst im Odenwald. Die überaus herzlichen Begrüßungen jedoch übertrafen alle meine Erwartungen. Wieder einmal traf Gottlieb Baumann in seinem uns allen noch vertrauten hessischen Dialekt den Nagel auf den Kopf, als er Heigl und mir die Hände schüttelte: »Wer sagt's denn? Unsere Bazis haben auch hierhergefunden und auch ihre Frauen mitgebracht. Richtig so. Einer alleine kann sich ja gar nicht so freuen, dass er zu den Überlebenden gehört!«

Ein Wort ergab das andere. Bei den Gesprächen wurde auch in mir so manche grauenvolle Erinnerung wieder wachgerufen. In Anbetracht der Sinnlosigkeit der Opfer, der vielen jungen Menschenleben, die auf beiden Seiten spurlos in den Fluten der Weltmeere untergehen mussten, wurde uns wieder so richtig bewusst, welch unbeschreibliches Glück wir von U 188 gehabt hatten. Unsere ehemaligen Vorgesetzten Meenen, Benetschik, Korn, Schulz und wir anderen konnten es kaum begreifen, dass gerade unser Boot nicht so wie die meisten der anderen unterging. Jetzt erst, als wir vor gefüllten Weingläsern saßen, wurde uns klar, welche Strapazen uns in diesem Boot über Wochen und Monate hinweg auferlegt worden waren. Elfriede hörte schweigend zu. Nur einmal fragte sie: »Aber Toni, warum hast du mir das alles nicht schon früher mal erzählt? Das muss ja furchtbar gewesen sein.« Andere Ehefrauen schienen ähnlich zu empfinden.

Im Jahr 1980 war die Reihe an mir, im Hotel Fletzinger in Wasserburg am Inn Quartier für uns ehemalige U-Einhundertachtundachtziger und ihre Frauen zu besorgen. Wir arbeiteten alle längst wieder in unseren Zivilberufen, und einer fuhr inzwischen als Kapitän auf einem Handelsschiff. Ausnahmslos waren wir eingefleischte Zivilisten und ein paar sogar streitbare Friedensverfechter geworden. Mein Beruf, Orgelbauer, der handwerkliches Können, Musikalität und auch ein gewisses Maß an architektonisch-künstlerischem Einfühlungsvermögen erfordert, war nur wenigen der ehemaligen U-Boot-Fahrer ein Begriff. Als wir auf der Rückfahrt von einem Ausflug nach Bad Wiessee in den Werkräumen meiner Orgelbaufirma standen, wurde ich mit unzähligen Fragen überschüttet. »Toni, wir hielten dich damals für einen richtigen Spinner und haben uns gefragt: Wie kann man nur danach streben, Orgeln zu bauen? Aber anscheinend kann man gut davon leben. Hast du dies alles hier allein, ohne fremde Hilfe aufgebaut?«

In der Stadtpfarrkirche St. Sebastian in der benachbarten Kreisstadt Ebersberg gab Franz Mlnarschik ein Konzert auf einer Orgel, deren Innenleben von mir und meinen Mitarbeitern völlig neu gebaut worden war, ohne dass dabei das Äußere des Instruments verändert werden durfte. Herr Mlnarschik war Musiklehrer am Gymnasium in Grafing und als Organist ein echter Könner. Meine ehemaligen Leidensgefährten lauschten ergriffen, als klangvoll brausende, dann wieder zart schmeichelnde Töne den Kirchenraum durchfluteten. Anschließend erfüllte es mich mit tiefer Befriedigung, dass jetzt auch die letzten Skeptiker unter meinen ehemaligen Kameraden davon überzeugt zu sein schienen, dass Orgelbau ein anspruchsvoller Beruf, ja eine Lebensaufgabe ist. Das freute mich sehr.

Am 28. Februar 1996 schrieb Herr Meenen an alle noch lebenden Besatzungsmitglieder von U 188 einen Brief, der hier mit Erlaubnis des Verfassers auszugsweise sinngemäß, teilweise auch wörtlich, wiedergegeben werden darf: »... Weihnachten 1995 überraschte mich mein englischer Brieffreund Norman Gibson, unser ehemaliger ›Feind‹, mit dem beiliegenden Erinnerungsbüchlein. Gibson fuhr auf der ›Fort Buckingham‹, dem Schiff, das wir von U 188 im Januar 1944 mitten im Indischen Ozean versenkten. Er hat das Büchlein ›Survivors‹ mit Hilfe eines mit ihm befreundeten Journalisten (Binning) und Beiträgen von P. A. Rucklidge sowie des deutschen Funkoffiziers A. Moer verfasst. Rucklidge fuhr auf der ›Fort La Maune‹, die wir wenige Tage nach der ›Fort Buckingham‹ versenkten, und Moer auf der ›Charlotte Schliemann‹, die uns deshalb nicht mehr hatte versorgen können, weil sie von der englischen

Navy im Südindischen Ozean versenkt wurde. Dieses Büchlein schildert ohne jedwedes Ressentiment in echt britischer Fairness die Leiden der britischen, aber auch der deutschen Schiffbrüchigen. Aufgrund der Vermerke im Kriegstagebuch von U 188 bildet unsere Unternehmung 1943/44 praktisch die Rahmenhandlung. Kurzum, es wurde geschrieben zur Erinnerung für uns Überlebende, zum Andenken an die vielen toten Kameraden zur See auf beiden Seiten und vor allem als Mahnung an unsere Kinder, es nie wieder zu einer solchen Katastrophe kommen zu lassen ...«

Unter den Bildern von Gibson und Rucklidge am Schluss des britischen Büchleins ist wörtlich vermerkt:

Seefahrer mögen vielleicht geschwätzig sein, aber für Literatur haben sie wenig übrig. Daher sind viele Geschichten von der See niemals zu Papier gebracht worden. Hier wurde eine kleine Sammlung von persönlich erlebten Weltkriegsgeschichten aufgezeichnet, damit die späteren Generationen sie lesen können. Der Leser wird eine Ahnung davon bekommen, dass viele Geschichten niemals erzählt werden, weil die Überlebenden des Schiffbruchs zu guter Letzt an Aussetzung, Erschöpfung oder durch einen Sturm zugrunde gingen, verloren, ohne eine Spur zu hinterlassen.